合规与变通

在粤外资企业中国员工职场规则观研究

曾丹◎著

HEGUI YU BIANTONG

ZAI YUE WAIZI QIYE ZHONGGUO YUANGONG ZHICHANG GUIZEGUAN YANJIU

中国社会出版社
国家一级出版社 · 全国百佳图书出版单位

图书在版编目(CIP)数据

合规与变通 ：在粤外资企业中国员工职场规则观研究 / 曾丹著．-- 北京 ：中国社会出版社，2022.3
(2024.8 重印)
ISBN 978-7-5087-6721-5

Ⅰ．①合… Ⅱ．①曾… Ⅲ．①外资企业－企业管理－人力资源管理－研究－广东 Ⅳ．①F279.244.3

中国版本图书馆 CIP 数据核字(2022)第 033443 号

合规与变通：在粤外资企业中国员工职场规则观研究

出 版 人：程 伟
终 审 人：李 浩
责任编辑：陈 琛
装帧设计：李 尘
出版发行：中国社会出版社
(北京市西城区二龙路甲 33 号 邮编 100032)
印刷装订：永清县畔盛亚胶印有限公司
版 次：2022 年 3 月第 1 版
印 次：2024 年 8 月第 2 次印刷
开 本：170mm×240mm 1/16
字 数：260 千字
印 张：17.5
定 价：78.00 元

前　言

本书以在粤外资跨国企业的中国员工为研究对象，通过质性访谈获取语料，以编码形式呈现了研究对象的职场规则观，继而对影响其规则观形成的因素加以分析，最终探讨跨文化管理模式的普遍性问题。

从2016年5月到2020年2月，研究者深入访谈了50名就职于地处中国广东省的欧美企业的员工，其中，中国籍员工45名、欧美国籍员工5名。通过运用扎根理论编码方法辅以质性分析软件NVivo12，作者对50个访谈文本进行编码整理，形成了在粤外企中国员工规则观现状框架图。根据质性编码所得，研究对象的职场规则观可归纳为“合规”与“变通”两种倾向。“合规”倾向行为表现为：遵从规范的约束与制衡，肯定制度对人的保护与尊重，笃守道德与诚信准则，认可科学高效的管理模式，认同平等公正的工作氛围等。与此同时，“变通”倾向行为则表现为：滥用领导权力与等级划分，抱怨职权内耗与运作低效，钻营关系、面子与人情，在工作中消极懒怠或阳奉阴违等。根据NVivo12软件统计显示，访谈文本中所描述的“合规”行为约占60.4%，“变通”行为约占39.6%。这说明，受访者所描述的行为中，六成以上体现了对于外资企业制度的接受，近四成表现为以“变通”方式对于企业规则作权宜处理。

针对在粤外企中国员工职场规则观的影响因素分析发现，受访者职场经历和岗位职务等自身因素对其规则观有一定影响，企业文化培训对于受访者规则观影响较大，这尤其体现在法律意识和企业管理理念两个方面。从企业文化延伸至社会历史文化，本书还论证了中西法律制度起源、中西近代经济形态尤其是资本主义的萌芽与发展对于研究对象的规则观形成的影响。

本书认为，跨文化管理模式中涉及企业伦理范畴的原则如“平等、公正、诚信”具有普世性价值，而涉及企业管理范畴的具体制度则跨文化可移植性有限，应当差异对待。如何在东道国文化语境下，以遵守普世性原则为前提，承认管理模式的可移植差异性，谋取整体绩效的最大化，是跨文化管理的未来探索方向。

目　录

第一编　绪　论

第二编　在粤外企中国员工职场规则观质性分析

第三编　规则观与跨文化管理

第一编 绪 论

在华外资企业的发展伴随着国际政治经济形势变化一路向前，以欧美企业为主的外资力量目前已覆盖了中国境内大部分省、自治区、直辖市。广东省作为改革开放的前沿阵地，历来备受外资青睐。随着跨文化管理模式本土化进程进一步加剧，在粤外企中国员工数量激增，其职场规则观的塑造成为跨文化管理的重要任务。

现代企业对规则之看重历来有之，这集中体现在企业对社会法律环境和企业管理制度的一贯诉求。现代外企规则文化具体表现在重视法律、信守规范、以人为本、践行社会责任等方面，是企业管理与企业伦理的有机组合。企业的规则文化源于其所在社会，员工的规则观则深受企业文化和民族文化的交互影响。前人研究显示，相比较以往，外企中国员工的职场规则意识日益加强，但在对商业道德准则和企业管理制度的遵守方面仍亟待提升。

鉴于针对外企中国员工职场规则观的研究为数较少这一现实，在权衡了不同社会研究方法的基础之上，作者决定采用质性访谈法，通过收集语料、转写语料、语料编码等过程，最终确定从纵向与横向两个层面来呈现访谈语料，其中横向层面的语料呈现将以质性编码为引领，以期全面深入地展示研究所得。

第一章　研究背景

外国企业在华投资始于19世纪初，至今已有200余年历史，其间随着国际政治局势动荡而几度沉浮。时至今日，以欧美国家为主的外资企业已在中国大部分省、自治区、直辖市设立分公司或办事处，其生产经营范围涉及各大行业领域。外资跨国企业是中国经济发展的重要组成部分之一，它既是外国文化进入中国大地的一种模式，也是中国国民了解他国文化的一个窗口，更是直面文化差异与碰撞的前沿场地。

第一节　选题背景

进入中国的外资企业一直是各界学者的研究热点。大部分外资企业在进入中国之初，为顺利拿到政府许可，通常选择以合资或合作企业的形式出现，凭借外方雄厚的资金、先进的技术和管理经验，以及中方对市场的熟悉和了解，企业可顺利度过合资或合作之初的高风险期。一般而言，合资/合作企业的基本形式就是中外双方管理人员相对应配置，这不可避免导致在合作过程中大量跨文化交际冲突的发生，因此不少学者在研究在华外资企业时，偏向于从跨文化冲突、跨文化交际障碍等视角出发。

进入21世纪后，许多在华外资跨国企业在中国逐渐站稳脚跟，纷纷倾向于通过扩股、增资和内部收购等方式，成功地控制整个企业，实现从“控股”到“独资”的经营模式①，以保持母公司与海外子公司在管理理

① ANG D. A Study on the Tendency of Sole Proprietorship for American-funded Investment in China and Our Countermeasures [J]. International Journal of Business and Management, 2009, 4 (9): 164.

念和指令下达方面的一致性。纵观在华欧美资企业，由于日益完善的本地化进程，派驻在华子公司内并无或者少有母公司国籍人士在埠①。正是由于跨国公司本土化进程的进一步加剧，实际在其海外子公司内部真正的跨文化交际并不频繁，这也是作者没有循例将在华外资企业内部跨文化交际冲突作为研究视角的主要原因。

（一）选题来源

人力资源本土化是跨国公司在全球化进程中的一大特征。人力资源本土化是指利用东道国本土人力资源对其投资的经济实体进行人员配置，跨国经济实体的管理层本土化是人力资源本土化的重要衡量指标。人力资源本土化有利于跨国公司与东道国建立亲密关系，克服文化和情感差别对企业管理造成的不良影响，还可大大减少外派人员所需的企业管理费用。跨国公司在华实施人才本土化战略的主要方式是以较高的薪酬吸引人才、设立研究开发机构网罗人才、通过并购寻求人才等。许多跨国公司认为，本土化的优秀员工队伍和管理团队熟悉中国的国情，更能理解中国消费者的需求，能帮助企业将母国一流的科学技术及成功的经验植根于中国文化，为其在中国的深入发展奠定基础。随着人力资源本土化的加剧，在华外企内部中国职员的比例持续居高，这是全球跨国公司发展的现实情形，同时也是作者将研究视角聚焦于中国员工的主要原因。

在入职外资企业的中国人群体中，部分人是从学校毕业便直接入职外企，也有部分人是从其他中资企事业单位及其他外企跳槽入职。但共同的一点是，甫一进入以西方文化为主导的欧美外企，他们都将接受来自企业文化的培训，而规则文化正是外企文化中的重要组成部分。

---

① 美国肯塔基大学博士生袁（Yuan）的实证研究显示，在粤美资跨国公司里美籍员工甚少，或有也只是高级管理人员，普通职员往往只有仰视并无接近的机会，更勿提及交流。此现象并非仅仅出现在中国，Young Yun Kim 以一家位于美国中南部地区的日资电脑配件公司为研究对象，发现日籍员工人数仅为全部员工的 4%，且 2/3 以上的美籍员工与日籍同事交流几乎为零。

数据来源：YUAN Wenli. Intercultural Communication and Conflict between American and Chinese Colleagues in China-based Multinational Organizations ［D］. Kentucky：Kentucky University，2006.

KIM YY，PAUL S. Intercultural Challenges and Personal Adjustment—A Qualitative Analysis of the Experiences of American and Japanese Co-workers ［J］. in Richard L. Wiseman & Robert Shuter (eds.) Communicating in Multinational Organizations ［Z］. California：Sage Publications Inc.，1994.

根据荷兰学者冯·特洛比纳（Von Trobina）的研究，社会文化可分为三个层次，即外表层、中间层和核心层。外表层文化是看得到的现实世界，如语言文字、食品、建筑、市场、时装、艺术等，是文化的外显标志。中间层文化通常包含着规则与行为。规则是人们关于正确与错误的共同认识和约定，由此可以形成正式的法律制度或非正式的社会控制；而行为则是人们在生产与生活中受规则指导所产生的各种活动，是核心文化的一种折射。核心层文化决定好与坏的定义，与人们共同享有的理想密切相关，一般包括价值观念、伦理道德等，核心层直接决定了中间层的形式和表现①。由此可见，一个群体对社会规则的认知、心理与行为取向实际上是该群体文化核心层如道德观、价值观的重要体现。

本书的研究对象为在华外资跨国企业的中国员工，这是一个特殊群体。他们的成长背景扎根于中国文化，身处以外国企业文化为主导的职场之中，他们的职场规则观之形成深受中外文化影响，能够在一定程度上体现中外文化核心价值，但同时也不可避免地会对在华外企的规则文化构成影响甚至促其改变。具体而言，本书以在粤欧美跨国企业的中国员工为研究对象，通过质性访谈方法，了解这一群体面对企业规则文化在知识、心理和行为层面的表现，对影响其规则观形成的因素加以分析，最终探讨跨文化管理模式的普世性问题。

（二）选题意义

本书采用质性访谈方法，从在粤外企中国员工职场规则观入手，描述现实并分析影响因素，进而提升和丰富跨文化管理领域的相关理论，具有一定的理论意义和实践意义。

本书选题的理论意义主要体现在以下三个方面：

（1）对对象国别文化研究的推动。在跨文化比较方面，本书将推动该领域的对象国别研究。通过对在粤外企中国员工职场规则观的研究，分析中西文化差异的表现和历史文化原因，丰富我国文化比较研究。

---

① 袁明福．美国在华企业内部文化迁移及对跨文化沟通的启示——以中方员工为例［D］．北京：首都经济贸易大学，2005：5.

（2）对跨文化管理理论的丰富和提升。在跨文化管理方面，本书突破以往研究大多着眼于企业内部中外籍员工的跨文化差异或冲突的着眼点，重点考察在外资跨国企业本土化进程中，中国员工面对企业规则文化在知识、心理和行为层面的表现，关注跨文化合作中文化之间的相互影响，进而对跨文化管理模式的普世性进行探讨。

（3）对跨文化研究方法路径的开拓。在研究方法方面，本书致力于开拓理论创新的新路径。与传统的理论思辨方法不同，本书强调对第一手资料的收集，并通过对原始资料的描述与分析，自下而上提出新的理论观点。

本书选题的实践意义主要体现在以下三个方面：

（1）对研究对象职场规则观现状的描述。本书有助于人们了解在粤外企中国员工面对企业规则文化在知识、心理与行为层面的现实表现状况。

（2）为现代企业提供理论参考。本书可帮助在粤外企更好地了解中国员工职场规则观的情况，为在华外企以及“走出去”的中国企业提供跨文化管理领域的参考。

（3）为文化融合探索出路。为解决全球化背景下国别间由于规则文化差异引发的冲突探索出路，促进不同文化坦然面对差异，融汇创新，实现“各美其美，美人之美，美美与共，天下大同”① 的美好梦想。

（三）研究对象

本书的研究对象是“在粤外企中国员工”，以下从三个方面予以界定。

（1）本书中的“外企”主要是指“欧美外资跨国企业”，是指总部位于欧美国家，通过对外直接投资，在世界各地设立分支机构或子公司，从事国际化生产和经营活动的企业。

（2）本书的调查对象以分布在中国广东省的外资跨国企业为主，其主要来源为珠三角地区。

---

① 1990 年 12 月，在就“人的研究在中国——个人的经历”主题进行演讲时，著名社会学家费孝通先生总结出了“各美其美，美人之美，美美与共，天下大同”这一处理不同文化关系的十六字“箴言”。

（3）本书中的“中国员工”是指具有中国国籍，在中国出生长大，其教育背景主要以在中国院校为主（不排除部分拥有海外求学或培训经历）。

第二节 文献综述

本章将从前人研究文献出发，对规则的本质内涵与特点类型、规则观的定义及规则意识的形成与发展、现代企业的规则文化以及中西方国民规则观进行归纳梳理。对规则的本质内涵探究有助于从哲学高度宏观性地认识规则，对其特点和类型的剖析有助于结合实际从微观处了解规则及其适用范畴。对规则观的定义有助于把握本书的关键词即“规则观”的内涵，对规则意识的形成与发展的研究可为质性调查提供理论依据。通过对西方企业文化的分析，可从现代企业管理、现代企业伦理建设的角度进一步诠释现代企业的规则文化。对中外国民规则观尤其是企业环境下在职员工规则观的探究能为后期质性研究提供最直接的现实参照。

（一）“规则”与“规则观”

根据《现代汉语词典》，规则是“规定出来供大家共同遵守的制度或章程[①]”。清代段玉裁《说文解字注》对“规”与“则”分别进行了解读[②]。“规”被解为“有灋度也，从夫从見”。“灋”是“法”的古字，由氵、廌、去三部分组成，其中“廌”（zhì）是中国古代传说中的神兽，据称可辨别曲直，案件审理中理屈者会遭其以角触之。“从夫从見”，从会意字的构成来看是指“丈夫所见”。《说文解字注》引“公父文伯之母[③]”的话语称：“女智莫如婦。男知莫如夫。丈夫識用。必合規矩。故規从夫。”因此，“规”在古代中国不仅有符合法度之意，还显示出男性作为知识、

① 中国社会科学院语言研究所词典编辑室．《现代汉语词典》（第7版）［Z］．北京：商务印书馆，2018：491.

② 《说文解字注》原文为繁体字，作者在此沿用其繁体字以忠实于原文。《说文解字注》为许慎著，段玉裁注译．内容来源：http：//www. shuowen. org/.

③ 公父文伯，姬姓，名歜，中国春秋时期鲁国三桓季悼子之孙，公父穆伯的儿子，其母世称公父文伯之母。《国语》中多处提及公父文伯之母，将其奉为品德贤良之典范。

见解与标准的权威性。《说文解字注》中的“则”被解为：“等畫物也。等畫物者，定其差等而各爲介畫也。介畫之，故從刀。貝，古之物貨也。物貨有貴賤之差。”由此看来，“则”在古代中国主要指代的是衡量商品价值的标准，亦可引申为衡量事物的标准。

《牛津英语大词典》（*Oxford English Dictionary*）对“规则”（rule）有多个定义，从广义而言是“一套约束个人行为的原则、规范或准则①”。具体而言，规则可指“一套用于规范某种行为或程序的准则；一种主流的习俗或习惯；一种用于规范某项运动或比赛的准则；一项由法官或法庭针对某一案件发出的指令；一项构成基本法则、具有法律效力的决策或法令；某一个组织或机构为规范本身及其成员的行为所制定或采用的准则②”。

结合到企业规则，我们发现理论上它是面向企业全体成员的一种行为规范，企业通过公布生产流程规范、员工行为守则、财务制度等规则，用以确保企业的正常运营，协调企业人员的关系。但值得一提的是，这里的“公开性”并非一定以白纸黑字的形式外显出来，它可能表现为企业全体成员或大部分成员所默认的某种习惯与做法，隐性地存在于企业运作与日常管理之中。这种隐性的规则可能是显性规则的有益补充，也可能与显性规则相悖，但其作用与影响也许不亚于显性规则。

对规则有多种分类方式，从不同的观察角度出发、不同的学科出发，基于对规则类型的哲学分析，童世骏从规则的约束基础出发将规则分为“技术规则”“游戏规则”“道德规则”。

1. 技术规则

从规则的约束基础出发，以客观规律为基础的规则可称为技术规则。技术规则的基础是客观规律，违反技术规则，行动者可能会遭到惩罚，这种惩罚并不是别人强加于他的，而是由客观规律决定的。违反了“未戴安

---

① 摘录自电子版牛津英语大词典，原文为 a principle，regulation，or maxim governing individual conduct. https：//www. oed. com/ .

② 摘录自电子版牛津英语大词典，原文为 a principle regulating practice or procedure；a dominant custom or habit；a regulation governing the playing of a game or sport；an order made by a judge or court with reference to a particular case only；a decision or decree forming part of the common law，or having the force of law；a regulation framed or adopted by an organization，institution，or other body for governing its conduct and that of its members. https：//www. oed. com/.

全帽不得进入工地”这一规则，可能导致行动者受到人身伤害。虽然这并不代表违反这一规则一定会遭受惩罚或酿成安全事故，但不遵守该规则的工地或人群的事故发生概率，一定高于遵守该规则的工地或人群。因此，违反技术规则就是违反客观规律，而违反客观规律一定或者有较大概率会受到客观规律的惩罚。

2. 游戏规则

从规则的约束基础出发，以人际约定为基础的规则可称作游戏规则。这里所称的游戏，不是单指以玩乐为目的的活动，而是泛指以人为主体的活动或行为。违反游戏规则，行动者也会受到惩罚，但这种惩罚并不是由违反规则的行动作为一个客观事件而引起的另一个客观事件，而多由游戏活动的组织者或参与活动的其他人发起或实施。

由于游戏规则基于人的意志和共同约定，这意味着违反游戏规则者的行为在不被发现的情况下可能不会导致惩罚。比如擅自将善本书拿出图书馆的人只要不被发现，就不会遭受任何惩罚。退而论之，即使违反规则的行动被发现，违规者还可能通过请求获得原谅和赦免。

游戏规则基于人与人之间的约定这一特点使得在不同历史背景文化下可能出现不同的规则，正如中国交通法则规定“机动车辆一律靠右行驶”，而在英国则规定“机动车辆一律靠左行驶”。我们不能随意判断某一个国家的规则是对的或是错的，因为它们都是以本国国民的约定为基础形成的法规。与此同时，有些规则是跨国家、跨地域的，比如 WTO 规则之所以被称为“游戏规则”，是因为它和典型意义上的游戏规则一样，都是以约定为基础的，是用来约束处于特定“角色”中的人们的行动的。从这一角度而言，游戏规则具有“构成性规则（constitutive rules）”的特点，即对该游戏之为该游戏具有构成和定义作用的规则①。

3. 道德规则

从规则的约束基础出发，以善恶观念或道德意识作为基础的规则称作道德规则。违反了道德规则，并不像违反技术规则那样可能导致客观的因

① SEARLE J R. Speech Acts: An Essay in the Philosophy of Language［M］. Cambridge: Cambridge University Press, 1969: 3-42.

果惩罚，也不像违反游戏规则那样可能被规则制定者谴责和制裁。道德规则具有非外显化的特点，一条道德规则可赋予行动者一种相应的道德义务感或责任感。

道德规则的约束范围是十分广泛的，这缘于道德规则的约束基础即“善恶观念或道德意识”。童世骏认为，道德规则不像“构成性规则”那样确定一种行为和活动的意义，而是提出将这一行为或活动加以完美的建议：如果说“不得偷盗”是一种“底线道德规则”的话，像“全心全意为人民服务”这样的要求就是一种“理想道德规则”，我们不能说“如果你是人的话，你就要全心全意为人民服务”；我们只能说，“如果你要做一个高尚的人的话，你就要全心全意为人民服务”①。因此从这个角度来看，道德规则是一种“范导性规则”②。

上述提到了技术规则、游戏规则和道德规则的定义，违反规则可能遭受的后果、规则的约束范围等，但实际上社会生活中很多规则并不完全是其中某一类规则，而可能是以上三类规则在不同程度上的混合体。

就企业而言，法律法规是其运营的外部规则约束，而企业管理制度则是支配企业运作的内部规则。法律规则作为技术规则、游戏规则和道德规则的综合体，是一个企业在运营过程中必须遵循的规则。对于在粤美资企业而言，理论上需要同时遵守中美两国的法律法规，否则可能导致法律制裁。从内在层面来看，企业管理制度涉及方方面面，如生产规范（质量规范、安全守则）、人力资源制度（职员招聘办法、考核办法）、财务制度（如薪酬管理办法、内审与外审规范）等。根据前文针对规则的哲学分析，企业生产安全规定如《建设工程安全生产管理条例》属于技术规则类型，其约束规范是不以人的意志为转移的自然规律。ISO 9000 质量体系中对于产品制造的工艺流程则是技术规则和游戏规则的结合体，其约束基础是自然规律与生产操作经验的总结归纳。而人力资源制度如职员招聘办法、考核办法则很大程度上隶属于游戏规则类型，其约束规范主要为公司内部人员的约定，但是从外在来看也受法律法规如劳动法的约束。企业财务制度

① 童世骏．论规则［M］．上海：上海人民出版社，2015：21.

② SEARLE J R．Speech Acts：An Essay in the Philosophy of Language［M］．Cambridge：Cambridge University Press，1969：95.

如薪酬管理办法、内审与外审规范不仅是一种游戏规则，同时还包含道德规则的成分，从外在来看，同样受到劳动法和审计法等法律法规的约束。了解了不同规则的属性，有助于我们在讨论中国员工职场规则观时进行客观评价，对普世性的跨文化管理模式的探讨作出中肯的分析。

如果说规则的内容本身只是规则之“形”，那么人们对于规则在认知、心理和行为上的表现则是规则之“神”，也就是本书所指的“规则观”。规则观，顾名思义是指人们对于规则的看法和态度。查阅国内中文文献，在书名或篇名中含有“规则观”一词的学术文献可分为两种：第一种是指从哲学理论角度对于规则本质进行的研究和论述，如《论柏拉图的规则观》[①]《没有“主体间性”就没有“规则”——论哈贝马斯的规则观》[②]《论邓小平公正的规则观》[③] 等；第二种则是指人们面对规则时在知识、心理与行为层面的表现，如《中国人的规则观》[④]《窥探中国社会规则观》[⑤]《中国人规则观的文化溯源》[⑥] 等。本书使用“规则观”一词，在主题和内容上隶属于后者的范畴。

在心理学和教育学领域，“规则观”一词往往被“规则意识”一词代替。对于“规则意识”一词的定义，目前尚无完全统一的定论。焦国成提出，规则意识指人们遵循人类社会生活中各种必要规则的自觉的意识、观念和心理状态[⑦]。李和民认为，规则意识是指社会个体关于规则的认知，以及在多大程度上愿意并且能够自觉地遵守规则[⑧]。蒋传光指出，规则意识可有广义和狭义的理解：广义的规则意识是社会个体对各种社会规则诸如法律、道德、宗教、风俗习惯的认同、自觉服从与遵守所形成的自主自律意识；狭义的规则意识是指社会个体在法治状态下通过对法律规范内在价值的认同，进而把法律有效地内化为其自觉的价值尺度和行为准则，形

① 郭俊义．论柏拉图的规则观［J］．南京大学法律评论，2014（1）：7-11.

② 童世骏．没有“主体间性”就没有“规则”——论哈贝马斯的规则观［J］．复旦学报（社会科学版），2002（5）：8-18.

③ 梁邦福．论邓小平公正的规则观［D］．上海：华东师范大学，2006.

④ 李春成．中国人的规则观［J］．领导科学，2012（11）：4-5.

⑤ 齐毅．窥探中国社会规则观［J］．现代交际，2011（3）：56-57.

⑥ 赵莹．中国人规则观的文化溯源［J］．职业时空，2006（14）：4-6.

⑦ 焦国成．现代规则意识与社会文明［J］．伦理学与德育研究，2006（1）：27.

⑧ 李和民．论大学生规则意识的培养［J］．中国林业教育，2007（1）：49.

成一种自觉的程序规则意识和自觉服从与遵守法律的自主自律意识[①]。尽管在措辞上有所不同，我们不难发现以上定义均主要涵盖人们面对规则在知识、心理与行为三大层面的表现。

据此，就内涵而言，“规则观”与“规则意识”是一致的。但是两者的一个细微区别在于：“规则意识”可用“程度”来衡量，而“规则观”则不然。从语言学角度来看，可以用“强弱”来评价一个人的规则意识，但是却无法用“强弱”来描述一个人的规则观。同理，我们可以说“培育规则意识”[②]，但一般不说“培育规则观”。规则观是一种无法使用心理学量表来测评或衡量的概念，不具备一种必然的正反趋向性，因此学者更多的是从阐释学的角度对其进行描述。正如复旦大学李春成教授在针对中国人的规则观进行描述时，曾使用“法不责众”“老实人吃亏”“上行下效”“高抬贵手”[③] 等小标题对其研究所得予以归纳，实则为阐释学研究的成果。

本书选择“规则观”而非“规则意识”作为关键词，主要在于本书目的是了解外资企业中国员工面对企业规则文化，在知识、心理和行为层面的表现，意在通过阐释学的手段来描述中国员工职场规则观的现状，而非对这一群体的规则意识强弱作一个高下立判。与此同时，作者也发现，纵观国内大部分相关文献，使用得较多的还是“规则意识”这一术语，这与研究者的学术背景以及研究方法都不无关系。考虑到“规则观”与“规则意识”在内涵上的一致性，本节大部分的文献综述仍然沿用了“规则意识”这一术语。

（二）现代欧美企业规则文化研究

规则文化建设对于现代企业的重要性不言而喻，合规与否是衡量现代企业的一项重要指征。强有力的企业文化强调规则制度和员工规则意识，在此基础上，企业文化方能发挥其作用。以规范为核心的企业文化能有效

---

① 蒋传光．公民的规则意识与法治秩序的构建［J］．社会科学研究，2008（1）：26.

② 姚俊廷．培育规则意识、建设法治社会［J］．人民法治，2016（5）：7.

③ 李春成．中国人的规则观［J］．领导科学，2012（11）：4-5.

地作用于基层生产，使生产行为和生产方式规律化、制度化，还能对生产制订严格的计划、管理和监督，避免生产程序的临时性和即兴性；在后勤方面，信守规章的企业文化能科学指导财政战略方针的制定和实施，保证利润获取方式的合法性，能最大限度地开发和使用人力资源，了解、承认和评价其价值，有效协调人际关系，激发员工的积极性；就社会层面而言，注重规范的企业文化能将企业的信仰和价值理念融入市场营销之中，从而组织有效的销售力量，实施严格的销售管理，树立鲜明的企业形象①。

为获得对欧美企业规则文化的直观认识，作者 2020 年 3 月从英特尔公司（Intel Corporation）官网下载了《行为准则》（Code of Conduct）的中文版，并将简略介绍其中主要内容。英特尔公司的《行为准则》以“高度诚信的文化”（A Culture of Uncompromising Integrity）为开篇，确定了公司员工如何协同开发和交付产品、如何保护英特尔及其子公司的价值，以及如何与客户、供应商、分销商和他人合作的标准，着重提出员工在处理与英特尔有关的事务时都必须遵守《行为准则》、雇佣指引及其他适用的政策。英特尔公司以“客户导向”“纪律”“质量”“风险承担”“包容美好的工作场所”“结果导向”为其核心价值观（如图 1-1 所示）；还从五大层面确定了公司的《行为准则》：秉承诚信开展业务、遵守法律条文和精神、彼此公平相待、行为符合公司最佳利益、保护公司资产和机密信息（如表 1-1 所示）。该准则还专门开辟了“查询问题和举报疑点”一节，将对涉嫌违反法律、准则和公司指引的行为进行举报视为员工义务，同时明令禁止打击报复行为。

① 王战．企业文化及法雷奥案例分析［J］．法国研究，1999（1）：181.

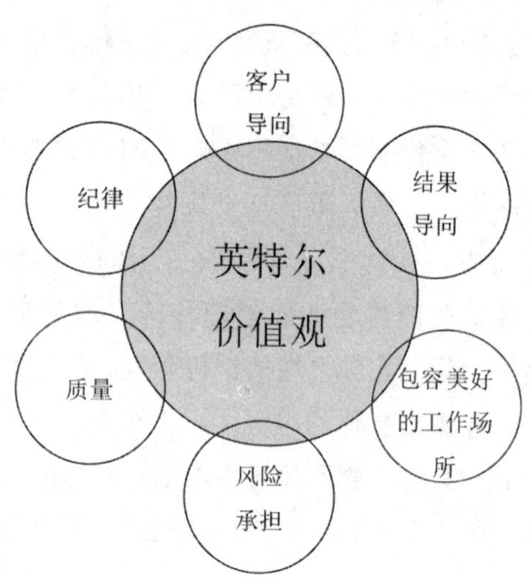

图 1-1 英特尔价值观

表 1-1 英特尔《行为准则》

	五大原则	具体准则
1	秉承诚信开展业务	在业务开展中以明晰、尊重和专业的方式进行沟通
		公平地对待客户、供应商、分销商和其他人
		做一个有责任感的企业公民
		保持准确的财务记录和其他账簿与记录
2	遵守法律条文和精神	遵守与反垄断、反腐败、环境、进出口、内幕交易、知识产权、隐私以及公开传播等有关的法律法规
3	彼此公平相待	开诚布公和诚实的沟通
		平等雇佣机会和多元化
		强烈反对和不容许骚扰行为
		尊重人权，同时要求供应商和合作伙伴尊重人权
		为员工提供安全的工作场所
		对任何类型的威胁性行为和暴力零容忍

续表

	五大原则	具体准则
4	行为符合英特尔最佳利益，避免利益冲突	员工以书面形式向其经理披露自己与英特尔之间存在或可能存在的利益冲突；董事和高管向总法律顾问、首席合规官或董事会披露利益冲突问题
		交换或提供礼品、用餐、娱乐活动及差旅（GMET①）应以反腐败法律为前提，不得令接受方承担任何义务，GMET必须公开透明合理，对业务关系和当地习俗而言是适当的，所产生费用应准确记录。在特定情况及得到批准的情况下，才可向政府官员提供GMET费用
5	保护公司资产和机密信息	保护实物资产
		保护机密信息
		保护商标和品牌
		维护英特尔声誉和商誉的价值

结合英特尔价值观和《行为准则》，可以归纳出西方企业在企业管理和企业伦理两个方面所体现的规则精神。从企业管理的角度来看，英特尔要求员工遵守国内外法律法规，恪守生产服务质量标准，遵从财务、销售、公关、保密等制度规范。从企业伦理角度来看，英特尔崇尚“诚信”，坚持“以人为本”，倡导公平、包容及多元化的用工理念，致力于创造安全、美好的工作环境；同时英特尔要求员工以社会责任为己任，积极践行与环境保护相关的健康理念。英特尔公司只是欧美众多企业的一个缩影，但是它很好地体现了现代西方企业在企业管理和企业伦理两方面的文化特点。

重视法律、信守规范是现代企业文化中重要的特点，具体而言便是成熟的企业法律顾问制度和生产经营规章制度。企业法律顾问制度是指在企业内部设置独立的法律工作人员，专门负责处理企业涉及的法律事务机构或配备专职法律事务和有关法律问题的制度②。这一制度是市场经济的产

① GMET是英语gift（礼品）、meal（用餐）、entertainment（娱乐）和travel（差旅）的首字母缩写。

② 欧阳秋. 美国的企业法律顾问制度及对我国的启示［J］. 吉林省经济管理干部学院学报，1999（6）：39.

物，也是目前欧美大型企业普遍采取的一项重要管理制度。在西方，企业法律顾问的职责范围非常广泛，凡国家法律涉及企业的内容均为企业法律顾问的职责范围。具体而言，法律部门的职能主要包括参与决策、管理合同、公司设立和运行中法律事务的管理、企业知识产权的保护以及当企业合法权益受到侵害时，运用诉讼、仲裁、调解等手段维护企业合法权益①。

2008 年国际金融危机爆发后，西方政府和社会意识到了企业合规的迫切性，对合规经营提出了更高的要求，企业合规管理和合规教育的重要性日益凸显。具体而言，合规经营要求企业做到防微杜渐，预防和发现公司犯罪行为，促使公司迅速行动将负面影响降至最小；同时大力倡导合法的企业文化，形成重视合规的氛围，为公司创造一个能阻止错误并减少雇员犯错可能性的环境。

许多欧美大公司都在总法律顾问下设立了首席合规官（Chief Compliance Officer）。首席合规官一般由具有法律专业背景或原政府监管部门的相关人士担任，专门负责公司的合规事务，确保公司依法运行。少数金融类企业甚至设有独立的企业合规部门，首席合规官与总法律顾问同为高级副总裁，这更加凸显了公司对企业合规管理的高度重视。前文提到的英特尔《行为准则》中有条例明确指出，当公司董事和高管发现自己与公司之间存在或可能存在利益冲突时，应以书面形式向公司总法律顾问、首席合规官或董事会披露利益冲突问题，可见企业制度的完备性和权威性。

一般来说，企业合规管理的具体内容包括：建立合规标准；进行合规审计和调查；接受举报和建立举报途径；违规行为的应对和人员的处理；培训符合企业发展的文化；建立员工的行为准则；对员工进行培训和教育等。根据英特尔官网公布的 2018—2019 年企业责任报告显示，该公司一贯坚持高标准合规，要求全体员工接受行为准则年度培训，并根据不同岗位，为员工提供反腐败、进出口合规、反垄断等培训。

除了追求成熟的企业法律顾问制度，完备的生产经营规章制度也是西方企业文化的一个重要特点。完备的生产经营规章制度强调规范化的管理

---

① 欧阳秋．美国的企业法律顾问制度及对我国的启示［J］．吉林省经济管理干部学院学报，1999（6）：39.

模式，要求全体员工严格按照规范办事，共同建立规范有序的企业环境。具体而言则是无论从生产、制造、财会、市场营销到其他职能部门，每一个领域、每一个职位、每一个生产流程、考核过程都有明确细致规范。一旦发生问题，先考虑是不是制度有弊端，然后再考虑人为因素。对于一些特殊行业如化工、建筑等，除了一般生产流程规范之外，安全准则更是重中之重。

企业伦理是企业文化的基础组成部分。企业伦理以一定的哲学思想为理论支持，是企业所奉行的社会行为准则和道德规范，是企业文化力的重要源泉，对积极高效的企业文化的形成和发挥作用有着关键作用，也是企业管理效率提升和企业持续发展的重要保证。

在近代西方伦理思想研究中，英国思想家霍布斯（Hobbes）第一个比较全面地论述了经济伦理道德。他认为，人性是利己的，文明社会的标志是契约的出现，有了契约就有了道德，而最核心的道德是正义，正义就是对契约的履行①。德国社会学家和经济学家韦伯（Weber）在《新教伦理与资本主义精神》中提出，资本主义文明不仅是经济急剧发展的产物，而且是社会道德进步的结晶，符合伦理道德的精神才是推动社会经济发展的巨大动力②。

霍布斯和韦伯的观点说明了契约思想和社会道德在经济伦理中的指导性作用，而美国行为科学家梅奥（Mayo）则在其著作《工业文明中的人的问题》中首先提出了人是“社会人”而不是“经济人”的著名观点，由此开创了行为科学研究的先河。他认为，人的行为并不单纯具有追求金钱的动机，还有社会方面和心理方面的需要，即追求人与人之间友情、安全感、归属感和受人尊敬等需要，这种观点体现了人文伦理的重要性。引申论之，企业内部伦理是提高组织员工满意度的首要因素，一切不重视人、不关心人、不尊重人的管理必定是无效率的。随着行为科学管理成为管理的主导，人的地位和作用第一次得到真正尊重，从而使企业内部伦理也成为现代企业管理的主要内容之一③。

---

① 程月明．企业持续发展视角的企业伦理研究［D］．南昌：江西财经大学，2012：3.

② 同上，2012：9.

③ 同上，2012：12.

企业内部伦理的重要性集中体现在对企业人员的关注。霍夫斯泰德通过实证研究发现，在企业环境下，当员工感受到工作与同僚交际压力时，会引发对规则的迫切需求和广泛尊重。换言之，企业规则明晰化有助于减缓职员的工作压力。企业通过制定一系列正式的规章制度，不仅可以规范生产过程和后台部门（如财务、人事部门）工作流程，更能明确雇佣双方的权利和义务。从普通员工的角度来看，明确的规章制度也是对管理层权力的有效约束。霍夫斯泰德认为在“不确定性规避”（Uncertainty Avoidance）程度较高的国家，人们对于规则的需求尤显迫切，这可能缘于他们在孩童时代已然习惯在更为“秩序化”的环境下生活①。对不确定性的规避，体现在企业环境下人们对于规则的心理需求，这反映了伦理学视阈下对“人”的关注，在欧美企业文化中则表现为“以人为本，尊重员工”的企业文化理念。这一理念与西方文化对个体主义（individualism）的崇尚是一脉相承的。但需要正视的是，这种个体主义是作为一种生活方式、人生观、世界观存在的，并不带有某种贬义色彩。在企业中，对个体的尊重主要体现在尊重个体隐私，强调自由平等，注重个人表现；而从公司管理层面来看，“以人为本，尊重员工”也是为了实现个人价值和企业价值的最大化。美国西南航空（Southwest Airlines）“员工第一，顾客第二”的公司哲学、国际商业机器公司（IBM）“尊重企业中的每一个人的尊严和权利”的公司信条、星巴克公司（Starbucks）“我们如何对待员工，员工就如何对待顾客”的人力资源管理理念均能体现美国企业文化“以人为本，尊重员工”的特点。

“以人为本，尊重员工”的企业文化理念细化到日常之中，则体现在对员工的公平对待和人格尊重、对员工个性的尊重和满意度的关注、公司内部沟通渠道的畅通和决策过程的公开透明。英特尔公司在价值观体系内明确提出要建立“包容、美好的工作场所”。为此，英特尔致力于提升女性职业价值领导力，培养女性工程师和计算机科学家后备人才，并且组建了女性员工联盟组织，促进女性员工多层次的沟通。据英特尔官网称，

---

① HOFSTEDE G. Cultures and Organizations：Software of the Mind ［M］. New York：McGraw-Hill, 1991：120-121.

2019 年初英特尔已在全球范围内实现了不同性别的同工同酬。

以美国西南航空为例，其人力资源部被称为“人的部门”（People Department），因为在该公司管理理念中，“人”比“资源”更为重要，员工并不是公司的雇员，而是公司的内部客户（internal customers），公司应当尽可能满足员工的需要。诚如西南航空前总裁格瑞·克里（Gary Kelly）所言：“人是我们唯一的、也是最持久的竞争力。”在西南航空，所有员工之间均可直呼其名，上下级之间关系平等，无等级差别。不仅如此，公司还会在机场显眼处以文字或图片的形式，积极倡导乘客尊重机场工作人员和机组人员。

“以人为本，尊重员工”，这一企业文化特点还体现在公司内部沟通渠道的畅通和决策过程的公开透明。无论是英特尔公司的“疑点举报”（Reporting Concerns）和“禁止打击报复”（Non-Retaliation）政策、美国西南航空的“开门政策”（Open-door Policy），还是沃尔玛的“草根调查”（Grass Roots Survey）① 政策，都旨在保证公司上下的顺畅沟通。

企业伦理的重要性不但体现在对企业内部人员的尊重，同时体现在企业对外部社会规范的遵循。熊胜绪、黄昊宇结合企业管理实际，认为企业伦理可以从企业内部和企业外部两个方面来考察。就企业内部伦理文化来看，主要是涉及企业的所有者、管理者和员工之间应该共同遵守的行为准则和道德规范，尤其是劳资双方的关系处理问题。企业外部伦理文化，则主要是企业在处理与外部社会环境之间的关系时应该遵守的行为准则和道德规范。这主要是指企业与社会其他职能部门，与消费者、合作商、供应商等打交道时应遵守国家行业的各项法律法规，并严格在法律许可的范围内进行生产和营销活动②。

哈佛商学院教授科特（Kotter）和赫斯克特（Heskett）在对 200 多家企业 11 年以来的经营业绩研究分析后发现，企业伦理对企业长期经营业绩有着非常大的促进作用③。那些重视企业伦理、重视与其利益相关企业的

---

① “草根调查”，是指每年由沃尔玛总部委托第三方机构对公司目前的管理状况、工作环境及福利待遇方面进行调查，从而了解员工对公司的满意度情况以及最关注的问题。

② 熊胜绪，黄昊宇．企业伦理文化与企业管理［J］．经济管理，2004（4）：12.

③ 程月明．企业持续发展视角的企业伦理研究［D］．南昌：江西财经大学，2012：3.

伦理的企业，其经营业绩远远胜过没有这些企业伦理规范的企业。然而，很多企业在发展过程中依然存在许多伦理问题。在竞争激烈、变幻莫测的市场经济时代，利润关系到每一个企业的命运，有的企业经营者为了追求利润，不惜采取各种非法途径去达到目的：如假冒仿制、欺诈行骗、破坏生态、污染环境、偷税漏税、伪造账目、虚开发票、虚列成本、侵害消费者和员工利益等，这些无不与企业管理中的伦理缺失有很大关系。这些不正当的企业经营行为，既扰乱了市场秩序，也使企业陷入发展困境，甚至自取灭亡。

值得注意的是，很多西方企业都将“诚实”“正直”这些看似普通的道德规范列入公司的管理哲学。例如，英特尔公司《行为准则》第一条就是“高度诚信的文化”。这不仅是对企业员工和管理人员的要求，也是对客户、供应商、分销商等合作伙伴的要求。英特尔要求合作伙伴遵守相应的法律和法规、英特尔《行为准则》以及与责任商业联盟（RBA①）行为准则一致的企业责任原则。如果独立承包商、顾问、分销商以及与英特尔有业务往来的其他人士违反《行为准则》，将承担与英特尔合作关系终止的风险。

事实上，不少西方企业都将社会责任明确地写进企业的规章制度，将社会责任融入企业的日常管理和经营活动中，这主要体现在对环境和社区的关注。以西南航空为例，该公司在 2008 年一份题为《西南关注：做正确的事情》（*Southwest Cares: Doing the Right Thing*）的文件中明确提出“关注我们的地球、我们的社区、我们的员工、我们的供应商”的口号，其中“关注我们的地球”这一倡议明文要求全体员工应以减少二氧化碳等废气废物排放、循环利用资源等手段来保护环境。为有效监督公司环保行动，西南航空专门成立了由员工志愿者组成的“绿色团队”进行环保监察和提供建议，同时还邀请了本斯麦当劳公司（Burns & McDonnell）为公司环保工作做第三方认证②。为了使公司的环保成果更为明晰化，西南航空

① RBA 是 Responsible Business Alliance 的首字母缩写，中文意思是“责任商业联盟”，其行为准则包含五大范畴：劳工、健康与安全、环境、道德规范、管理系统。

② MARCH A. Harvey Golub: Recharging American Express [D]. Boston: Harvard Business School, 1996: 23-24.

每年公布循环使用固体废弃物的吨数、公司能源利用与废弃物再利用项目的实际成效等。在服务社区方面，公司规定每年飞行员都要走进当地小学课堂为孩子们讲授航空航天知识；从1983年至今，公司一直坚持为麦当劳慈善之家（the Ronald McDonald House Charity）提供捐助①。

企业伦理中对人的关注、对社会和自然环境的关注使“以人为本”不再是一句空话，使企业的社会责任落到实处，具体而言，就是对企业内部人员的尊重、对外部社会规范的遵循和对社会责任的担当。

综上所述，现代企业管理要求制定符合企业发展、具有组织特色的规章制度和行为守则，培养与之相适应的强有力的规则意识，因此规则文化建设是企业营造强文化的必要手段；而企业伦理的发展则要求企业一方面在内部制定和执行公平透明的人力资源准则；另一方面在外部遵循社会生活法律法规，承担相应的社会责任。总而言之，规则文化是现代企业实现长治久安的必要保障，是企业发展创新的首要前提。

（三）中西国民规则观研究

通过对围绕“规则”与“规则观”的研究综述，使我们对于两者的概念与内涵有了基本了解，针对欧美企业文化特点的综述进一步明确了规则文化之于现代企业的重要性。鉴于本书的关键词之一是“规则观”，即人对于规则在知识、心理和行为层面上的表现，因此以下将主要综述针对国民规则观状况的研究。

本书的主要研究对象是在粤欧美企业的中国员工，这一群体所面对的是以西方企业文化为主导的企业规则，这一整套规则的主体设计者是西方人而不是中国人，因此在本书中不可避免地将涉及中西国民规则观的研究。基于这一考量，本节综述思路采用“先概括后具体”的方法，即先大致综述关于中西两国国民规则观的研究，最后具体到在华外企员工的职场规则观研究综述。

为了解中国公众责任和规则意识情况，2016年3月，人民论坛问卷调

① FLAMHOLTZ E, Yvonne Randle. Corporate Culture: The Ultimate Strategic Asset [M]. Redwood City: Stanford Business Books, 2011: 168.

查中心以电子问卷和纸质问卷的形式进行调查，推出了《中国公众的责任与规则意识调查报告》（以下简称为“2016《报告》”）。该调查为百分制，分数越高，表明该项整体意识越强；分数越低，则表明该项整体意识越弱。评分结果以50分为边界，50分以上说明水平较好，50分以下说明水平有待提高。基于返回的4557份有效问卷分析发现：在权利意识、责任意识与规则意识三项调查中，规则意识的得分最低（55.2分），责任意识最强（72.4分），权利意识次之（66.2分）。该调查报告认为，我国国民规则意识水平基本向好，但仍具有较大的提升空间①。

2019年1月，人民智库推出了由人民论坛问卷调查中心撰写的《当前公众规则意识调查报告》（以下简称为“2019《报告》”）。该报告认为，我国公众规则意识水平有所提高，但不可否认的是，当下社会潜规则仍有一定的存在空间，“潜规则是通往成功的一条捷径”这一认知仍有较大市场。相对于守规则倾向者，潜规则倾向者对于规则的信任度、公平度、利益分配评价更低，规则遵守情况更差，对规则的敬畏心理更弱，对于破坏规则的成本认识不足②。除此之外，该报告还指出，我国公众在规则面前呈现出理性与实践层面上“一高一低”的现象，即一种态度与行为相分离的现象，这尤其体现在对待安全预警时还存在一定的“任性”和“侥幸”心态。总体来看，中国国民整体规则意识水平日益提升，但仍然存在规则认知与规则行为的差异、对规则的不信任不尊重、对违规行为的容忍等情形。

2013年《羊城晚报》一篇文章中曾提到这样一则幽默故事：一位美国人在路上丢了一元钱，于是马上打电话给警察，理直气壮地声称“我丢了一块钱，马上来给我找，因为我是纳税人”③。

这则幽默故事或许略有夸张，但从侧面体现出了西方人对于自身法律权益的重视。法律规则是现代社会规则的重要组成部分，法律意识的强弱

---

① 人民论坛问卷调查中心．中国公众的责任与规则意识调查报告［J］．国家治理，2016（4）：22-37.

② 人民智库．当前公众规则意识调查报告［R/OL］．https：//baijiahao.baidu.com/s？id=1622352104813574845&wfr=spider&for=pc.

③ 杨佩昌．看德国学界人士如何治学：“钱学森之问”在德不是问题［N］．羊城晚报，2013-04-13.

很大程度上说明了这个国家民众的规则意识水平。西方民众向来以积极的诉讼态度和强烈的维权意识著称。这种积极的诉讼态度与维权行动并非仅仅出现在社会上流人士或精英阶层中，在《诉讼的话语——生活在美国社会底层人的法律意识》一书中，作者萨利·安格尔·梅丽（Sally Engle Merry）运用法律人类学的研究方法，对劳工阶层的法律意识和法律行为进行了深入的研究。她发现，尽管这些社会底层人士没有受过严格的法律教育，生活上较贫困，但是当认为权益受到侵犯时（如邻里间的争执），他们会倾向于选择法律手段来解决问题。尽管他们意识到这个过程可能漫长而棘手，但仍然坚信自己享有权利和资格向法律寻求帮助，这正是他们强烈的法律意识的反映。

诚然，如同在任何一个社会与国家形态一样，法律系统通常都是由社会精英们创造的，但梅丽所访谈的全部劳工阶层人员几乎都提出，不愿被动地接受所谓“精英们”创造的法律意识形态，也不会被这样一个他们不能控制的强权社会任意压迫。很明显，作为社会的底层人士和弱势群体，他们经常会陷入无可选择的境地，但是他们不会怀疑法律本身的合法性或法治社会的价值，他们相信，即使自己并不能完全操纵法院的决定，但仍会坚持为自己的利益而使用法律武器①。

尽管很多文献显示，西方民众的法律意识较强，但也有学者提出了不同观点。美国学者布莱恩·史密斯（Brian Smith）运用人类学研究方法，以美国西南地区某边陲城市的青少年为研究对象，经过54项深度访谈调查指出，这些“边缘化”的青少年对于法律持相对消极的态度，他们认为法律并没有起到保护公民的作用，相反，他们认为法律意味着不公、管制与敌对②。在这些青少年看来，非裔或墨西哥裔美国人的身份使他们在面对美国法律时遭受不公正的待遇。有受访者声称，当地警方在获悉有居民遭遇枪袭时，会第一时间询问受害者的身份。如果对方是白人或者富人，警方通常很快会赶到现场；若获知受害者是非裔或墨西哥裔人，警方行动则

① 萨利·安格尔·梅丽．诉讼的话语——生活在美国社会底层人的法律意识［M］．郭星华，译．北京：北京大学出版社，2007.

② SMITH B. Living on the Boundaries in America［J］. Journal of Ethnicity in Criminal Justice, 2005, 3 (3): 87-107.

显得“不紧不慢”。这种不公还体现在社会生活的其他方面，例如尽管政府部门声称各种族背景公民地位、待遇平等，然而与白人相比，非裔或者墨西哥裔人无法享受同工同酬的待遇。总而言之，他们认为以白人群体为主的美国人和美国法律与他们身处两个不同的世界，而在主流美国人和美国法律面前，他们无疑也被视为“边缘人”。

本节最后将聚焦针对欧美跨国企业员工规则观研究。基于前文关于现代企业规则文化的论述，我们发现对于企业运营影响至关重要的分别为企业外部的法律法规和企业内部的生产管理制度，因此以下作者将从两个角度进行归纳：其一为基于企业外部的法律法规的规则观研究；其二为基于企业内部的生产管理制度的规则观研究。

（1）对企业外部法律法规的认知与态度研究

乔香兰通过对中美企业管理的差异比较，指出美国企业文化倾向于按照“合乎法、经乎理、达于情”的递进逻辑办事，而中国企业文化则倾向于“情大于法和理”递进逻辑办事；从道德评价来看，美国人遵循“以违法为耻、以守法为荣”的态度，而中国人则表现出“以人情驾驭道德，视法律为手段”的倾向①。

具有双重文化背景的美籍华裔查尔斯·李在《龙与牛仔》一书中从形象的比喻入手，以一个观察者和亲历者的身份，围绕包括利润、竞争、合同、利益冲突、组织结构在内的大量主题对东西方商业文化差异进行了比较分析。在涉及法律观念差异时，他认为在中国员工心目中，和谐高于法律，权力超越法律，人治重于法治，法律的功能被视为用于维护社会稳定而不是公平的权利②。

美国肯塔基传媒学院博士生袁（Yuan）通过一项在华外资企业的质性研究发现，针对“贿赂”一词，中国员工和西方员工有不同看法。中国员工认为在经营过程中，为了博取广告宣传，给媒体记者一些报酬是寻常的做法。而在西方员工中，有的认为作为一种商业道德，贿赂在任何社会和文化下都应当坚决取缔，任何与其有关的行为均是总部绝不姑息的；但同

① 乔香兰．美资在华科技研发企业人力资源管理本土化问题研究［J］．企业经济，2015（3）：116-119.

② 查尔斯·李．龙与牛仔［M］．于凤霞，译．北京：中国海关出版社，2004.

时也有部分美国员工认为，如果美国法律可以酌情考虑在中国经营的商业环境，适当允许这一做法，或可有效地维护企业在东道国经营的利益[①]。

在作者看来，这一部分认为“可适当允许这一做法”的美国员工实际上代表了部分在华美国企业的观点和做法，反映在现实中，便是他们对于“潜规则”的发现与利用。美国学者葛利·布鲁特纳（Garry Brutona）和大卫·埃尔斯通（David Ahlstrom）通过对在华投资的32例欧美商人的深入访谈总结认为，某些不成文的规则往往比有法律效力的合约规定更有效，而造成这一现状的根本原因之一在于部分法规条文本身的模糊性与多种阐释并存。该研究还认为，法律漏洞之外萌生的“关系”作为中国人生活中不可缺少的元素，有力地控制着法律规则的可操作性[②]。

哈克里（Hackley）和董（Dong）的研究指出，在汉语词源中，关系是两个汉字：关（门或通道）和系（联系、集团或组织），这两个汉字的组合指的是关系、联系、群体、社区或组织[③]。关系社会建立在“认识谁”（Whom-you-know）而不是“知道什么”（What-you-know）的框架之上，其资本交换需要意向性和互惠性[④]。由此可见，在中国商业经营活动中人脉关系的重要性。

高（Gao）和普兰（Prime）通过对美国联合包裹运送服务公司（UPS）在华经营的研究指出，关系对商业活动具有重要的意义，这尤其体现在，中国合作伙伴关心的是在签订合同之前与美国人先建立一种人际往来水平的关系。换言之，人际关系先于商业关系[⑤]。

事实上，进入中国的外国投资者与企业管理人员不仅发现了这些“潜

---

① YUAN Wenli. Intercultural Communication and Conflict between American and Chinese Colleagues in China-based Multinational Organizations ［D］. Kentucky：Kentucky University，2006.

② BRUTONA G D，AHLSTROM D. An Institutional View of China's Venture Capital Industry：Explaining the Differences between China and the West ［J］. Journal of Business Venturing，2003，18（2）：233-259.

③ HACKLEY C A，DONG Qingwen. American Public Relations Networking Encounters China's Guanxi ［J］. Public Relations Quarterly，2001，46（2）：16-19.

④ GAO Hongmei. Comparing Chinese Guanxi with American Networking for Foreign-born Chinese Job Seekers in the U.S. ［J］. East West Connection，2008（2）：78 - 105.

⑤ GAO Hongmei，PRIME P. Facilitators and Obstacles of Intercultural Business Communication for American Companies in China：Lessons Learned from the UPS Case ［J］. Global Business Languages，2010，15（1）：153.

规则”，甚至亦能娴熟地运用这些“潜规则”为其谋取商业利益。美国人伊森·葛特曼（Ethan Gutmann）1998 年至 2001 年先后在北京一家电视纪录片公司和一家为美国公司开拓对华业务提供咨询与帮助的公关公司任职。他观察认为，进军中国市场的外国企业经常不得不放弃原有的企业伦理道德，“入乡随俗”地去接受中国的游戏规则。通过与在京多个外资公司的工作来往，他了解了部分外企在华经营的手法，并在《失去新中国：美商在中国的理想与背叛》（*Losing the New China—A Story of American Commerce, Desire and Betrayal*）一书中大胆披露了一些鲜为人知的企业内幕：如亚洲全球交易公司（Asia Global Crossing）的经理曾销毁公司的支出记录以掩盖公司的亏损；某外资驻华企业为了应付检查，曾动用公款为来自总部的代表提供五星级酒店和额外服务；等等[①]。这些事实告诉我们，尽管西方文化标榜对法律法规的尊崇，但在实际商业操作上，部分在华外资企业罔顾“商业道德”以换取企业利润的案例并不少见。

（2）对企业内部的生产管理制度的规则观研究

如果说法律法规是企业运营的外部规则约束，那么内部管理制度则是支配企业运作的内部规则。论及企业内部规则，其显性的部分（即明确的规章制度）可能涉及生产规范（如质量规范、安全规范）、人力资源制度（职员招聘办法、考核办法）、财务制度（如薪酬管理办法、内审与外审规范）等方面，而其相对隐性的部分（主要指无明文细则规定的部分）可能涉及员工及上下级之间的沟通习惯等方面。以往的文献研究说明，中外职员对于这些企业内部规则在知识、心理与行为层面的表现也多有差异。

于（Yu）通过一项针对跨国企业内部员工的人类学研究发现，受访的美籍经理坚持认为在公司管理中，应当通过制定各项制度和文字说明来明确每个员工的职责范围，规范生产流程。而受访的中籍职员认为此举意义不大，因为“所谓工作职责说明不过是一纸文字，反正经常要做一些额外

① GUTMANN E. Losing the New China—A Story of American Commerce, Desire and Betrayal [M]. New York: Broad Book Inc., 2005.

的事情[1]”。

陈镇雄研究认为，中国人受传统文化的影响，规则观念相对薄弱，往往认为“人治”可以超越“法治”，“长官意志”可以取代规章制度，因此“关系网”“走后门”“任人唯亲”成为普遍现象，“合理化的犯规”也屡见不鲜。他指出，在华外资企业的一些中国员工曾有在民营企业工作的经历，这些企业的规章制度和工作程序就其科学性和实施的严肃性来说，尚不及西方的现代企业。受工作经历的影响，即使当这部分人离开民营企业，投身外企，也同样暴露出这一倾向[2]。

美国人丹尼尔·约瑟夫（Daniel Joseph）1997 年受美国某公司总部派遣，赴中国山西组建一家机械制造公司。他将在华工作生活三年半的经历写入了《I 服了 You——中国商业游戏与我的美国规则》一书，其中细数了中国员工职场规则观的特点。在他看来，部分公司明文出台的规则制度并未得到应有的重视和遵守，其部分根源在于“关系”和“权力”对公司制度的干涉和操控[3]。在安全生产方面，他发现部分中国管理人员和员工往往置安全守则于不顾，对于安全劳保产品的选择和安全操作规范重视不够。在人事方面，他发现公司中方经理会倾向于录用与自己有亲缘关系的求职者。在生产经营涉及合同外包招标时，中方经理同样倾向于选择与自己有裙带关系的承包商。他还观察到，部分中国员工在遭遇来自上司的不公对待时，会出于“多一事不如少一事”的心理，尽量避免行政诉讼。

然而与约瑟夫所述相反的是，法伦（Farh）[4]、兰（Lam）[5]、贝格利

---

① YU Xuejian. Conflict in a Multinational Organization: An Ethnographic Attempt to Discover Work-related Cultural Assumptions between Chinese and American Co-workers [J]. The International Journal of Conflict Management, 1995, 6 (2): 211-232.

② 陈镇雄. 论中外合资企业的管理方式——以中美合资企业为例 [J]. 中山大学学报（社会科学版）, 1997 (1): 55-60.

③ 丹尼尔·约瑟夫. I 服了 You——中国商业游戏与我的美国规则 [M]. 曹杉，译. 北京：中国友谊出版公司，1997.

④ FARH J L, EARLEY P C, S. C. Lin. Impetus for Action: A Cultural Analysis of Justice and Organizational Citizenship Behavior in Chinese Society [J]. Administrative Science Quarterly, 1997, 42 (3): 421-444.

⑤ LAM S S K, HUI C, LAW K S. Organizational Citizenship Behavior: Comparing Perspectives of Supervisors and Subordinates Across Four International Samples [J]. Journal of Applied Psychology, 1999, 84 (4): 594-601.

(Begley)[①] 以及泰勒（Tyler）[②] 的研究发现，20 世纪 90 年代末以来，中国员工由于受到西方国家关于职场公正理念的影响，在不同程度上对于个人权益十分维护，并不绝对畏惧行政诉讼。兰的研究还发现，中国香港员工与欧美国家员工一样，具有极强的职场平等意识，在涉及工作业绩的行政维权上，其态度鲜明强硬。梁（Leung）的研究指出，20 世纪 90 年代初期，在华外资企业的中国员工普遍认为外派来华的外籍人士比本地员工的薪酬更为优厚，到 90 年代末，不少中国员工都对外派人员的薪酬高于本地人员这一“同工不同酬”的现象提出公开质疑[③]。这些都说明，中国员工并不缺乏平等意识和权利诉求。

相比较具有明文规定的显性的各项企业制度，并无明确细则规定的“隐性”规则同样有力支配和影响着企业的经营与发展。值得一提的是，这些隐性规则很多时候是某一文化共同体下的人们所共享的、约定俗成的，却往往并不成文的做法与习俗，这突出体现在企业内部人际沟通方面。

美国肯塔基传媒学院博士生袁通过一项在华外资企业的质性研究观察到，中国员工认为美国人的规矩过于“死板”，不如中国的“关系”来得灵活高效，将美国商业操作生搬硬套至中国环境下只会导致水土不服。在职场沟通习惯上，中国员工相对迂回内敛、言辞谨慎、喜怒不形于色，甚至有点“扑克脸”（美国员工受访者语）。中国员工在公开场合表达个人看法态度相对中庸、不明示想法、不说“不”，只说“也许”。而美国员工在沟通时比较直接、态度鲜明。在平级沟通中，中美两种不同的沟通习惯导致美国员工对于中国员工的观点或态度往往不甚明白，而中国员工认为美

---

① BEGLEY T M, LEE C, FANG Y, LI J. Power Distance as a Moderator of the Relationship between Justice and Employee Outcomes in a Sample of Chinese Employees ［J］. Journal of Managerial Psychology, 2002, 17 (8): 692-711.

② TYLER T R, LIND E A, HUO Y J. Cultural Values and Authority Relations: The Psychology of Conflict Resolution across Cultures ［J］. Psychology, Public Policy and Law, 2000, 6 (4): 1138-1163.

③ LEUNG K, SMITH P B, WANG Z M, et al. Job Satisfaction in Joint Venture Hotels in China: An Organizational Justice Analysis ［J］. Journal of International Business Studies, 1996, 27 (2): 947-962.

国员工过于夸夸其谈、咄咄逼人。在公司经常举行的会议上，沟通习惯的差异越发明显：但凡有上司在场，中国员工会本着等级观念，以遵守上级指示为主；而美国上司与员工则倾向于以坦诚平等的态度讨论问题和表达看法①。事实上，这种在跨文化交际中凸显的差异和矛盾极大可能是缘于中国人含蓄的沟通习惯以及对面子的价值与内涵的不同认识②。

如前所述，群体习惯或习俗也是规则的一种类型，而职场跨文化沟通习惯的差异往往可能导致跨文化冲突。何艇在针对在华美资企业的一项参与式观察中发现，美国上司工作之余社交相对较少，按时上班，准时下班，严格按规定的时间工作，他们认为商业问题都是严肃的问题，应当用精密的理性和制度来保证③。他们不喜欢利用工余时间进行闲谈，认为闲谈没有意义，同时也不希望用闲谈的办法，向陌生人敞开他们的私生活或个人意见。

这一点在不少国外学者的研究中也得到印证。贝格利研究发现，与美国人相比，职场中的中国人更愿意关注同事和下属的个人生活情况和幸福指数，并将其视为职场生活的重要组成部分④。布雷克利（Blakely）通过比较 116 名中国管理人员与 109 名欧美管理人员的工作表现，发现前者更加倾向于将职场人际生活视为工作的构成要素，认为关注下属的个人生活有助于拉近彼此关系，提高工作效率⑤。

或许，单单将中国人与西方人作一个横向比较，很容易得出以上结论。但是，如果换一个角度，将重点放在中国人的身上，作一个纵向的比较，就会有新的发现。改革开放 40 多年以来，随着市场经济的转型提升，

---

① YUAN Wenli. Intercultural Communication and Conflict between American and Chinese Colleagues in China-based Multinational Organizations ［D］. Kentucky：Kentucky University，2006.

② 郑立华. 交际与面子博弈——互动社会语言学研究［M］. 上海：上海外语教育出版社，2012.

③ 何艇. 在华美国跨国公司的企业文化本土化研究［D］. 上海：海社会科学院，2007.

④ BEGLEY T M，LEE C，FANG Y，LI J. Power Distance as a Moderator of the Relationship between Justice and Employee Outcomes in a Sample of Chinese Employees［J］. Journal of Managerial Psychology，2002，17（8）：692-711.

⑤ BLAKELY G L，SRIVASTAVA A，MOORMAN R H. The Effects of Nationality，Work Role Centrality，and Work Locus of Control on Role Definitions of OCB［J］. Journal of Leadership and Organizational Studies，2005，12（1）：103-117.

不仅仅是外资企业中的中国籍员工在观念上发生了变化，一些国有企业的员工也不再固守“大锅饭”的报酬分配模式。尽管中国人常年浸淫于集体主义倾向的文化环境中，但是陈（Chen）与迈德尔（Meindl）等的研究显示，在集体主义阵营中，纵向集体主义者（vertical collectivist）与横向集体主义者（horizontal collectivist）形成了鲜明的对比。仅从薪酬分配制度改革来看，前者更关注的是集体的共同目标以及个体对于集体的贡献，他们是薪酬制度改革的坚定支持者，认为劳动与报酬应成正比；而后者更关注的是个体之间的无差别待遇和平等和谐，因此他们反对薪酬制度改革，不愿伤害同僚之间的感情。该研究还发现，在中国越来越多的集体主义者属于纵向集体主义者，他们对于薪酬制度改革起到了积极的推动作用①。

而那些在改革开放背景下进入外资企业工作的中国籍员工，受西方文化的影响，在各方面也会发生一些适应性的变化。袁明福通过实证研究发现，在与同事交际方面，中国籍员工表现得越来越重视隐私规则，倾向于将生活和工作分开。换言之，职场人际关系变得越来越简单直接，彼此之间的交流也变得率直而明确。同时，中国籍员工越来越重视书面合同的作用，不认为这是不信任工作伙伴的表现。该研究还显示，在华美企中的中方员工越来越不喜欢体现强烈等级关系的管理体制和秩序。他们希望上级以一种平等的方式与下级进行交流，对上级权力的敬畏程度也出现了淡化的趋势②。

同样从职场人际沟通的角度出发，会发现有些现象并不能仅用文化习俗差异来解释，其中甚至可能隐含民族中心主义和民族偏见的成分。王二平、吉姆·华尔士、忻榕访谈了北京地区 10 个中美合资企业中的 17 位中方、14 位美方高级管理者，了解他们对管理者的评价。访谈结果发现，无论是中方人员还是美方人员都认为，在企业管理中，中方人员均未获得足

---

① CHEN C C, MEINDL J R, HUNT B G. Testing the Effect of Vertical and Horizontal Collectivism: A Study of Reward Allocation Preference in China [J]. Journal of Cross-cultural Psychology, 1997, 28 (1): 44-70.

② 袁明福. 美国在华企业内部文化迁移及对跨文化沟通的启示——以中方员工为例 [D]. 北京：首都经济贸易大学，2005.

够的尊重，美方人员在一定程度上总是显得很有优越感，甚至是“傲慢”。该研究引用了一位美方管理人员的原话，“与其说是（中国人）不信任美国人，不如说是美国人傲慢。大多数美国人深信美国方式就是唯一的方式，是正确的方式，最先进的方式，最进步的方式。全世界必须向我们（美国人）学习。实话实说，他们不相信或不理解也许还有另一种做生意的方式，但是大多数（美国）人还不承认这点”①。郝旭娇针对一家在华外企的实证研究中也发现，欧美国籍的同事在中国同事面前显得行为傲慢，高人一等②。以上研究结果无异于证明，西方文化所标榜的“尊重个体，人人平等”在现实中并非完全如此。换言之，前文中对于欧美企业文化的描述例如英特尔公司的《行为准则》的阐释，仅仅只能说明规则本身的内容，而并不代表规则落地后的真实状况，这恰恰证明了规则的规范性而非描述性特点。

综上研究，中国员工对于企业内部规章制度的遵守情况似乎并不尽如人意，“打擦边球”的侥幸心态和行为不在少数，对于精细分工的企业管理理念也显得阳奉阴违。同时，受等级意识与和谐心理的影响，中国员工往往在遭遇不公平待遇时也尽量不予申诉，这与国民规则观中体现出来的对于违规行为的容忍态度极其相似。当然，这一现象在 20 世纪 90 年代末开始有所改变。尤其是进入 21 世纪后，中国员工日益看重隐私规则，认同并践行文本书写的工作方式，赞成薪酬分配制度的改革（即便因此牺牲同僚之间的和谐关系），对于西方人的民族中心主义发出质问，对无差别的平等待遇表达诉求，这一切都使中国员工职场规则观的现实状况变得更丰富多姿。

① 王二平，吉姆·华尔士，忻榕．以人为鉴：中美合资企业双方管理者相互的评论［J］．管理世界，2000（1）：184-192.

② 郝旭娇．全球化背景下中国员工在外企的适应性研究——以箭牌公司为例［D］．西安：西安外国语大学，2013.

第三节　研究思路

本书以在粤欧美跨国企业的中国员工为研究对象，以其职场规则观为研究主题，采用质性访谈的方法收集语料，拟回答如下几个问题：

(1) 在粤外企中国员工面对企业规则文化，在知识、心理和行为层面表现如何？

(2) 影响在粤外企中国员工职场规则观形成的因素是什么？

(3) 本书可为全球化语境下的跨文化管理普世性探索提供何种启示？

本书的开展遵循社会科学研究的一般过程。

第一步，对国内外有关于“规则”与“规则观”、欧美企业文化及跨国企业员工规则观的文献进行梳理、评述和总结；

第二步，确定受访对象并进行深度访谈，收集各类信息与数据，予以编码归类；

第三步，从纵向与横向两个维度呈现访谈语料；

第四步，在客观描述的基础上进行分析和讨论，结合前人理论，分析影响受访者规则观形成的影响因素，探讨跨文化管理模式的普世性问题。

第一步
前人研究
规则与规则观
企业规则文化
国民规则观研究
第二步
质性访谈
语料编码
第三步
纵向研究
横向研究
第四步
规则观影响因素分析
跨文化管理模式探索
表层因素
深层因素
管理普世性
管理差异性

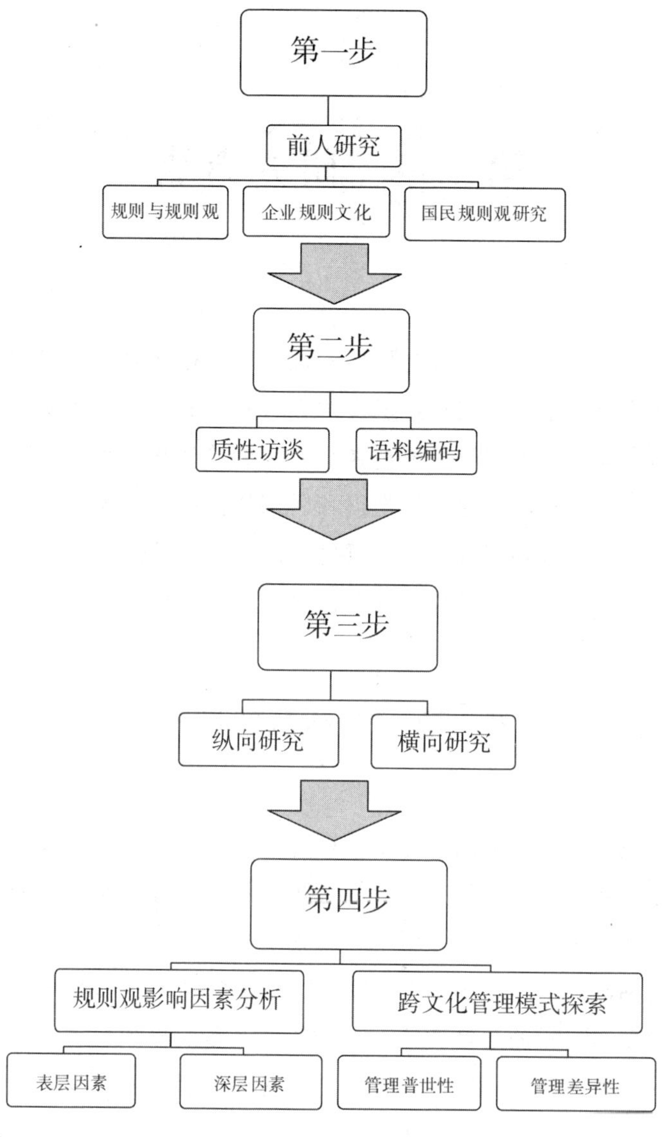

图 1-2 研究路径

第二章　研究方法

跨文化管理领域的研究具有强烈的现实性，相比较文献归纳方法，社会调查方法更有助于收集到极具现实性和时效性的资料与数据。鉴于目前国内外针对在华外企中国员工规则观研究较少的现状，本书选择了质性访谈的研究方法，通过前期的语料收集和后期扎根理论编码分析，以期较全面地呈现受访者的规则观现状。本章将从研究方法的选择、研究具体实施与过程、研究分析方法、研究信效度方面作深入阐述。

第一节　访谈法的选择

本书采用的是质性研究的方法，即以研究者本人作为研究工具，在自然情境下采用各种资料收集方法对社会现象进行整体性探究，使用归纳法分析资料和形成理论，通过与研究对象互动，对其行为和意义建构获得解释性的一种活动[①]。这是一种在世界中定位观察者的情境性的活动，由一系列使世界变得可见的解释性的、实质性的实践所构成。这些实践将世界转换成为一系列的表现，例如田野笔记、访谈、对话、照片、记录和自我备忘录。在这个层次上，质性研究涉及一种解释性的、自然主义的接近世界的方式。这意味着质性研究者在自然情境中研究事物，尝试用人们所赋予的意义来理解或解释现象[②]。

---

① 陈向明．质性研究：反思与评论［M］．重庆：重庆大学出版社，2015：1.

② DENZIN N K，LINCOLN Y S. Introduction to the Discipline and Practice of Qualitative Research［A］. DENZIN N K，LINCOLN Y S. Handbook of Qualitative Research［C］. Thousand Oaks，CA：Sage，2005：3.

作为社会学研究的重要方法，质性研究经常被用来与量化研究进行比较。两者的差异是显而易见的。借鉴陈向明①、王富伟②的分析，我们可以从两者对社会现象的呈现侧重点、数据收集方式、数据处理方式等角度来作进一步了解。

首先，两者呈现的社会现象的侧重点不同。一是量化研究呈现的是社会世界可计算或测量的特征，而质性研究呈现的则是那些可被书写、言说、拍摄和解释，但不易直接测量和计算的事物。二是两者收集资料的方式不同。量化研究主要采用自填问卷、结构性访谈和量表等技术，以便对所收集的资料进行标准化分析；而质性研究则主要采用非结构性访谈、参与观察和实物分析等技术，在自然情境中理解行动和结构的意义。三是两者对资料的处理方式和目的不同。定量研究遵循的是“实证主义”路线，通过对资料进行统计学意义上的分析，多采用频次、频率和系数等数值，以求对资料进行简化呈现，同时也会通过控制第三变量的影响来解释两个变量之间的关系，验证已有的假设，呈现有关现象的总体情况、一般规律和相关性，讲求以精确的数据来展现研究结果。质性研究遵循的是“解释主义”的路线，研究结果通常以文字和图表等手段来表达，是研究者对于社会规则和意义的解释性理解，是研究者与研究现象经由互动而达成的视域融合。

本书之所以选择质性访谈的研究方法，是基于目前国内外专门针对跨国企业中国员工职场规则观研究极少这一现实。从第一章文献综述发现，目前在华跨国企业研究的文献较多的是从管理学、经济学角度来研究跨文化管理的宏观问题，或从文化学、心理学角度研究跨文化冲突、跨文化适应等微观现象，着眼于中国员工职场规则观的描述几乎都是很碎片化和情境化的。基于这一现状，质性研究有助于我们较为真实深入地呈现研究对象职场规则观的现状。

其次，从文献综述来看，尽管目前针对中国国民规则观的研究不少，

---

① 陈向明．质性研究：反思与评论［M］．重庆：重庆大学出版社，2015：6-7.

② 王富伟．理解质性研究——基于历史和比较的视角［J］．民族教育研究，2016（4）：33-34.

但是基本以定量研究为主，很少有像美国学者梅丽[①]、史密斯[②]那样针对某一个特定群体（如社会底层人士、边远地区青少年）的规则意识所做的人类学研究，因此本书可较好地弥补国内缺乏针对规则观的质性研究这一不足。

最后，访谈法作为质性研究具体操作的“契入点[③]”，能有效收集人们在知识掌握、心理态度和行为趋向等方面的生动资料，而这正是本书主要内容指向——在粤外企中国员工面对企业规则在知识、心理和行为层面的表现。基于以上理由，本书拟选择质性访谈的研究方法，希冀从微观层面入手，较好地呈现这一群体的职场规则观现状。

第二节 访谈法的具体实施

访谈法是本书的主要研究方法，具体而言，本书采用的是质性访谈法。不同于结构式访谈，质性访谈（也被称作“深度访谈”“无结构访谈”“自由访谈”等）是一种灵活性更大、对访谈者要求更高，并且所涉及的技术、技巧和方法问题也更多的访谈方式[④]。在这种方式中，访谈者按照访谈提纲与访谈对象直接交谈，收集语言资料，在访谈者与访谈对象之间互动的过程中，一方面访谈者收集的资料与形成的看法会受到被访谈者的回答和态度的影响；另一方面，被访谈者的回答也可能受访谈者看法的影响。这种相互刺激与互动的效果会直接影响资料收集的质量。

（一）访谈提纲

本书以半指引式的访谈提纲为主要研究工具，半指引式访谈有一定的访谈提纲。访谈过程中不要求访谈者按照提纲里的问题的顺序进行提问，

---

① 萨利·安格尔·梅丽．诉讼的话语——活在美国社会底层人的法律意识［M］．郭星华，译．北京：北京大学出版社，2007.

② SMITH B J. Living on the Boundaries in America［J］. Journal of Ethnicity in Criminal Justice, 2005, 3（3）：87-107.

③ 斯丹纳·苛费尔，斯文·布林克曼．质性研究访谈［M］．范丽恒，译．北京：世界图书出版公司，2013：9.

④ 同上，2013：2.

访谈者一般是按照被访者的思维逻辑提问。访谈的目的在于让被访者就相关主题提供尽可能多的信息，因此所提问题一般是“开放式”的，访谈者尽可能少介入，给予被访者一定的指引，使其能够对提出的问题作出回答和解释。

本书访谈提纲基本框架来自广东外语外贸大学外国文学文化研究中心跨文化交际方向的博士生为完成郑立华教授于 2009 年主持的“中外企业中的跨文化合作研究”的科研项目所共同拟定的访谈提纲。基于本书以“规则观”为主要视角，因此作者在撰写访谈框架时，重点考察受访者面对外企规则文化时在知识、心理和行为层面的表现（具体访谈问题见附录一）。访谈框架共计 5 个部分，如表 2-1 所示。

表 2-1 访谈框架表

序号	问题类别	具体内容
1	基本介绍	对公司的介绍、个人入职面试情况及其他职业经历
2	工作情况	与考勤、会议、项目执行、出差、谈判、合同签订、年终考核、福利薪资、培训等有关的公司制度与执行
3	职场交际	对内交际（上级、下属、同事等）和对外交际（与供应商、客户、政府部门等）的情况和惯例
4	法律问题	公司对于母国与中国的法律法规遵守的情况、中国籍员工的法律意识、维权意识情况
5	总体感受	公司最吸引自己的地方或最令人不满之处、工作中感受到的挑战等

值得一提的是，访谈提纲主要起到一个引导访谈的作用，在实际访谈中几乎没有任何一位受访者依次完成了提纲中的所有问题。造成这一情形的原因是多样的。首先，访谈的时间有一定限制（一般控制在 90 分钟以内），过长时间的访谈容易影响受访者的工作和生活，因此不可能面面俱到回答提纲中所有问题。其次，每位受访者的年龄、资历和任职岗位不同，因此对于不同类别的问题所能给予的信息量以及相应时长差异较大。在某一问题上访谈的时间较长，所涉及的内容就更深刻，就必然导致其他方面被忽略。最后，部分受访者出于个人考虑不愿意就某些问题作出回答，对此研究者表示理解。

（二）受访者的确定

本书的研究对象是在粤欧美企业的中国员工。访谈对象的获得基本采用的是直接定位和亲友推荐的方式。直接定位是指访谈者搜索自己认识的人当中有无符合访谈对象标准的，进而直接尝试联系约访。亲友推荐是指通过以亲朋好友为主、同事熟人为辅的渠道，接触到符合访谈对象标准的人，进而尝试联系约访。

由于作者本科与硕士阶段均为外语专业，毕业后从事高校外语教学工作，因此有不少校友或学生任职于欧美外资企业。在所有的受访对象中，超过六成的受访者与作者是直接认识的，近四成的受访者基本是经由一位亲友介绍认识约访，不存在以滚雪球的取样方式联系受访者的情况。

从 2016 年 5 月至 2020 年 2 月（大部分集中在 2018—2019 年），本书共计完成了针对 50 名在粤欧美企业员工的访谈，其中包括 45 名中国员工和 5 名欧美籍员工，针对外籍员工的访谈主要用于从“他者”的角度对中国员工的自我描述加以印证和补充。在这 50 名受访者中，男性 24 名，女性 26 名，平均年龄约为 33 岁，学历大部分在本科及以上，在外资企业的平均工作年限约为 8 年。就访谈情况而言，针对 50 名受访者的访谈总时长约 37.5 小时，平均每位受访者约为 45 分钟，转写文本字数约为 38 万字（中文），平均每位受访者约为 7600 字。鉴于“中国人”对应英语中的 Chinese，因此每位受访者以 C 开头作为编号；鉴于“外国人”对应英语中的 Foreigner，因此每位受访者以 F 开头作为编号，具体情况详见附录二。

表 2-2　访谈样本统计描述

指标	特征	频次（人）	占比（%）
性别	男	24	48.0
	女	26	52.0
年龄（岁）	20~29 岁	18	36
	30~39 岁	23	46
	40~49 岁	8	16
	50 岁及以上	1	2

续表

指标	特征	频次（人）	占比（%）
学历	大专	2	4
	本科	37	74
	硕士	11	22
访谈方式	当面访谈	46	92
	电话、微信访谈	4	8
访谈时长	总访谈时长	37.5 小时	—
	人均访谈时长	45 分钟	—

（三）访谈过程

由于地域和时间限制，并非所有的访谈都是面访。在 50 例访谈中，大部分为面访，少部分使用的是电话访谈和微信语音访谈的方式。应该说，两种方式各有千秋。面访无疑是最佳方案，因其能很好地拉近访谈双方的距离，便于访谈者迅速准确地捕捉受访者的肢体语言和面部表情，同时访谈中语义不清晰的情况可以得到及时的澄清。但是面访对于访谈双方的时间、空间和隐私有一定要求，在访谈过程中有应邀受访者出于个人原因不愿接受面访，因此最终改为电话访谈。

从实践的角度来看，电话访谈或者微信语音访谈有一定的优势——由于不需要面对面，受访者相对比较放松，对于一些比较敏感的问题能做到正面反馈不回避，这无疑有助于作者更好地收集语料。值得一提的是，在运用电话进行访谈时，依靠电子设备本身自带的录音功能，访谈录音效果比面谈更好，在转写时的文字精确度更高。此外，在后期整理文字转写时，遇到语义不清的情况，也基本是通过电话和微信的方式，请求受访者厘清并确认个人观点。

一般来说，在访谈正式开始前，访谈员首先向受访者介绍自己，解释研究目的，强调研究的保密性与匿名性，然后在征得受访者许可的情况下对访谈过程进行录音。与国外的质性访谈不同，访谈员只是口头向受访者介绍访谈目的及相关原则，并未与受访者签署任何知情同意书，包括受访的 5 位外籍访谈者，也并未要求签署知情同意书。尽管这样不符合国际学术规范，但是访谈双方似乎都很自然地入乡随俗，在口头说明后，像朋友聊天一般展开了访谈过程。实际上，我们并非不注重学术伦理，只是习俗上尚不要求以白纸黑字为访谈正名——或许仅从这一点就能看到东西方民族的规则观念之不同。

针对不同意访谈录音的受访者，为表示对其尊重，访谈不录音，改为访谈员现场笔录。在每一例访谈结束后，访谈员会及时转写访谈内容，撰写访谈日志，记录访谈中的不足之处，总结访谈策略和技巧，对既有访谈提纲进行微调，为下一次访谈顺利进行提供支持。

及时转写访谈内容可以使研究者加深对语料的印象，尽早在头脑中形成研究结果的大致轮廓。撰写访谈日记可以使研究者及时反思访谈策略运用是否得当的问题，比如访谈员是否在交谈中喧宾夺主式地过多植入了自己的观点，导致受访者不能自发自然地表达自己的看法。对访谈提纲进行微调有助于研究者在后期访谈中缩小关注范围，提出一针见血式的问题，提高访谈效率。比如说，作者通过文献综述和最初几例访谈得知，在外资企业里有“公开举报”的制度，即如果认为同事或上级有不合规的行为，可以根据该制度上报总部合规官处理。在后期的访谈中，作者就会主动直接询问受访者“你是否知道公开举报这个制度？是否自己实践过这一权利？”

作者在最初几例访谈后就开始了有意识的编码工作，这类似于一种边访谈边分析的方法，大约到40例访谈后，作者基本形成了多个概念和范畴（一级编码的形成），此时为了进一步充实已形成框架的概念密度，研究者又采用理论性抽样，继续访谈了10位在粤外企员工，直到信息达到饱和。值得一提的是，由于所有受访者均与访谈员是朋友的关系，又或者是经由一位熟人介绍的关系，因此访谈过程基本比较顺利。但是每位受访者的性格与岗位职责各有不同，有的人很愿意分享配合，且毫不避讳，能做到“知无不言、言无不尽”；有的受访者则顾虑较多，不愿意深入交流，或者在访谈中以官方姿态出现，对于工作的具体情况仅限官方媒体已公布的描述，对于具体细节则选择避而不谈。对于态度有所保留的受访者我们表示理解，也同样表示感激。

（四）访谈法的其他因素

1. 访谈员的构成

作者兼主要访谈员为大学英语专业教师，目前主要从事专门用途英语教学。作者硕士毕业于广东外语外贸大学英文学院英语翻译专业，博士毕业于广东外语外贸大学外国文学文化研究中心，主要从事跨国企业文化管理研究。2016 年至 2018 年作者承担了广东外语外贸大学英语教育学院跨文化商务交际课程的教学任务，在此基础上作者成功申报了 2016 年度广东省社科项目“基于案例法的跨文化交际课程教学实践与研究”（已结项）。在教学和研究过程中，作者邀请了所教学班级中的 3 位本科生加入访谈员行列。这 3 位访谈员是广东外语外贸大学中文学院 2015 级涉外文化管理专业本科生，她们对于企业环境下的跨文化研究有极大热情，同时接受了一定的社会研究访谈培训，最终 3 人合力完成了 3 例访谈（针对 C11、C14、C15 的访谈）。

3 位本科生完成的访谈数量不多，但是访谈语料却弥足珍贵。她们通过父母的资源搭桥，访谈了一位外资企业在职的中国籍高层管理人员；随后又通过联系本校已毕业、目前就职于在粤外企的两位学长，完成了另外两例访谈。作者之所以认为这 3 位本科生访谈员提供了很珍贵的语料，很大程度上是由于她们本身的身份就是一个巨大的优势。无论是面对与父母年龄相当的高管，还是走出校门短短几年的学长，她们都是以晚辈的身份来进行访谈的。很自然地，受访者会萌生一种“提携晚辈”的心态，十分乐意以“过来人”的姿态传授经验，因此往往能带来一些意想不到却实实在在的语料，而这样的语料是可遇不可求的。

由于作者自身的职业和年龄，在访谈时很容易形成与受访者“势均力敌”甚至“居高临下”的状态，也会使受访者难以放下防线坦诚应答。作者发现这一问题后，会尽力在每一次访谈中一再弱化自己的身份形象，以求更好地获取语料。另外，受人力、物力所限，作者访谈时身兼访谈员与录音员；3 名本科生访谈时则共同承担访谈员与录音员角色。

2. 访谈语言

访谈语言为汉语或英语。其中大部分中文访谈由作者完成，另有 3 例由前面提到的3名本科生完成。所有英文访谈均由作者完成。

3. 访谈时间与地点

访谈时间一般尊重受访者的意见选择工余时间，访谈一般控制在1个半小时之内，地点通常选择靠近受访者工作单位或居住地点的咖啡厅或茶座，也有的选择了个人办公室或公司会客室等较为安静的场所。电话和微信语音访谈则对访谈地点没有限制。

4. 访谈录音的转写与翻译

承担中文录音转写的包括作者本人及广东外语外贸大学中文学院和教育学院5名本科生，承担英文转写与翻译的是作者本人。中英文校对由本人承担。所有访谈转写文本整理后都会发给受访者阅读，经内容与信息确认后，方可进入语料分析和编码阶段。

{缺少值} 访谈伦理

本书遵循的伦理准则是自愿参与或事先征求意见。每一位被访谈者都同意接受访谈。每一次访谈，都向被访谈者赠送小纪念品，聊表谢意。访谈过程事先征询录音意见，同意后实施。每一位被访谈者都知晓访谈内容将会用于科研论文撰写并公开。对于被访谈者提及的不宜公开的内容加以删除或作匿名处理。

第三节　访谈语料整理与分析

本书主要采用质性研究方法，根据扎根理论以及质性分析软件NVivo12对收集的文本资料进行编码整理，并对归纳概括而成的理论进行深入分析。

扎根理论的主要宗旨是从经验资料的基础上建立理论。研究者在研究开始之前一般没有理论假设，直接从实际观察入手，从原始资料中归纳出经验概括，然后上升到理论。换言之，基于“扎根”思想的质性研究遵循的是自下而上的理论建构路径方法。研究者通过对现象系统地收集和分析资料，将相同或相似的内容分组归纳，从资料中发现、发展和检验理论的过程，最后利用编码发现关键概念之间的关系，依照“扎根”实际结果对研究资料进行归因分析①。

以往的质性材料的分析借助于手工操作，随着计算机技术的进步，目前质性材料的分析可借助于计算机软件来进行。在本书中，作者使用NVivo12软件分析资料，有效提高了分析的精准度和效率。需要说明的是，NVivo 软件并不能取代研究者的智慧思考和学术分析，它只是一种分析软件，能帮助研究者运用传统的编码分析方法，然后借助计算机的统计分析功能，对编码进行分类和提炼，提出理论解释。

首先，本书通过利用在 NVivo12 软件中内嵌的词频分析功能对 50 篇访谈语料文本进行可视化分析，形成文本词云。该功能可以根据关键词在文本中出现的频次排序并形成字体大小不同的关键词云图。NVivo12 软件在词频分析选项中本身包含有停用词（不列入词频分析的虚词和部分意义关联不大的实词），作者又增加了部分“停用词”，如“中国”“外国”“企业”“部门”和“员工”等。通过排除这些词的干扰，最后以“词云”方式直观展示出原始材料中排名前 20 位的关键词（如图 2-1 所示）。

如果将这 20 个词语的频次分为三档的话，“文化”“关系”“培训”“管理”这 4 个词的出现频率居于最高档。这说明受访者语料中频繁涉及了企业与国家文化、组织或个人之间的关系、企业培训、企业管理等方面的内容。当然，这里的“关系”不能狭隘理解为中国传统文化语境中的所谓“关系”。如果回顾第一章文献综述就会发现，规则本质上就是一种关系存在物，没有关系也就没有规则，有规则必然有关系，因此“关系”成为高频词并不意外。

“销售”“财务”“法律”“制度”这 4 个词的出现频率居于中档，这说明受访者频繁谈到了销售和财务领域的工作情况，同时提供了较为丰富的针对法律和制度的描述和看法。

最低一档中“领导”“能力”“项目”“规则”“业绩”“工资”“英

---

① GLASER B G. Doing Grounded Theory: Issues and Discussions [M]. Mill Valley, CA: Sociology Press, 1998.

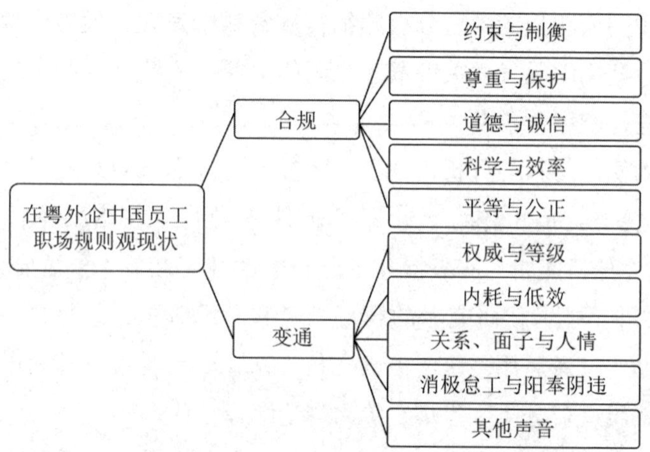

图 2-1　访谈文本构成的词云图

文”“邮件”“沟通”“产品”等词的出现，基本涵盖了受访者工作内容、工作绩效、工作语言、工作模式等方面的内容。词云与访谈提纲能基本呼应，说明了受访者提供了较为全面的语料，为后续质性编码提供了方向。

本书根据访谈录音转写后的文本对所反映的概念类别进行整理编码，以发展出新的主题或概念。资料编码过程包括开放性编码（open coding，亦称一级编码）、主轴性编码（axial coding，亦称二级编码）和选择性编码（selective coding，亦称三级编码）。为方便理解，本书统一使用“一级编码”“二级编码”“三级编码”这类术语。

在编码过程中，作者首先逐个对语料文本作标签化、概念化和范畴化处理。标签化是指从语料中选取与主题相关的有意义的语句或段落并贴上标签。这些标签具有“本土化”的特征，即通常使用语料文本中出现的语句，比如“万事先问合不合法”“刷业绩、刷脸、刷感情”等语句都是从访谈语料中直接截取的。

概念化是对语料中的标签用概念加以描述，主要是将本土化现象中相同或相似的部分进行合并，比如将标签“万事先问合不合法”概念化为“遵守法律”，将“刷业绩、刷脸、刷感情”概念化为“讨好上司”。值得注意的是，很多时候标签与语料是一一对应的（除非不同受访者说了一模一样的话），但是概念与语料一般不会形成一一对应的情况，因为同一概念下会有多个标签。例如“遵守海外反腐败法”会被概念化为“遵守法律”；“关系户一定要录用”会被概念化为“讨好上司”——因此，一个概念下会有多个标签。

范畴化是对多个概念的进一步分析与整合，例如“遵守法律”这一概念被纳入“约束与制衡”范畴，“讨好上司”则被纳入“关系、面子与人情”范畴。经过对样本标签化、概念化和范畴化后，一级编码逐渐成型。图 2-2 所示为 NVivo12 操作界面中对某位受访者的访谈文本作一级编码标签化的截图，其中页面左边框内是从语料中提取出来的本地化标签，右边框内是访谈文本原始语料。

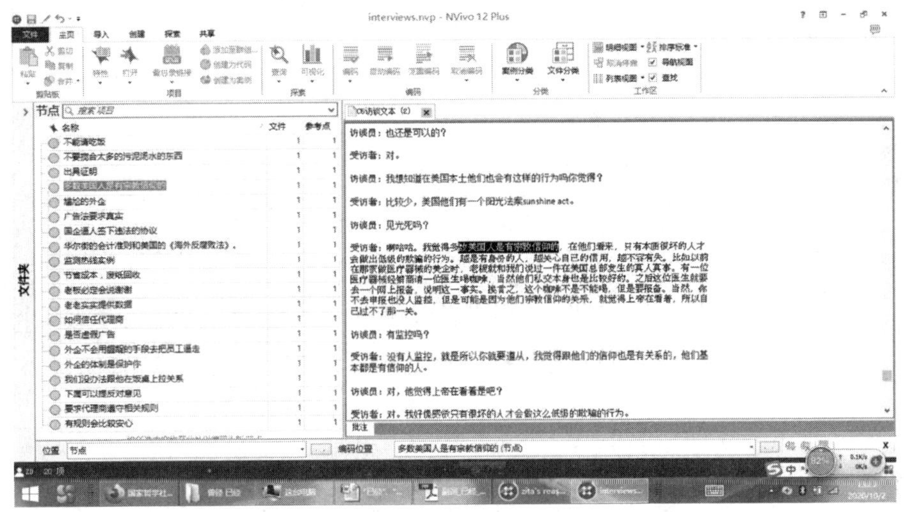

图 2-2 NVivo12 操作界面原始语料标签化截图

在实际操作中，作者在第一例访谈转写完毕后就开始了标签化和概念化的尝试，随后将第一个样本概念化后的结果作为初级模板，在此基础上再对第二个样本进行标签化操作，对模板进行修正和补充后又作为新的模板，以此类推。换言之，对于每一个样本的标签化的工作可能一次性完成，但是概念和范畴可能一直处于反复推敲的状态。最终，作者在 50 个样本中完成与主题关系紧密的标签 1301 个，形成概念 57 个，确定范畴 10 个即 A1～A10，如表 2-3 所示。该表中“频次”是指相关概念的标签在某范畴内出现的次数，其总量等于标签数量，百分比是指频次占总标签数的比率。

表 2-3　一级编码形成的概念和范畴

编号	范畴	概念	频次	占比（%）
A1	约束与制衡	遵守法律、法律培训、遵守行业标准（安全准则、内审与外审、部门牵制、书面记录、注重专业清晰的沟通、对合作伙伴的法律要求）	186	14.3
A2	尊重与保护	薪酬福利、公开举报、安全保护、满意度调查、办公氛围、工余时间、工会组织	204	15.7
A3	道德与诚信	严惩作假行为、系统防治作假、选择诚信伙伴、诚信精神、诚信培训	89	6.8
A4	科学与效率	统一部署、标准生产、精细分工、过程化管理、人才储备、权力制约、授权机制、出勤与休假、长远计划性、绩效考核	183	14.1
A5	平等与公正	扁平化管理、升迁透明公正、全方位评估机制、单纯的工作环境、业绩为王	124	9.5
A6	权威与等级	上级的权威、隐形的等级、越级沟通、等级意识、国籍差别待遇、语言歧视、管理理念落后	176	13.5
A7	内耗与低效	规则繁复导致内耗、权力牵制导致内耗、频繁低效的会议、力量分散导致低效	122	9.4
A8	关系、面子与人情	利用同僚关系、讨好上司、讨好甲方、顺水人情、给同事面子、给客户面子、保全下属面子、人情公关政府部门、顺应人情社会、收受贿赂、模糊的商业道德	164	12.6
A9	消极怠工与阳奉阴违	时间观念滞后、阳奉阴违	27	2.1
A10	其他声音	本地化着装、压榨员工工余时间、沟通隔阂	26	2.0

关于频次的形成，可举例说明如下。例如，从某一段受访者语料中，作者提取了一个标签即“万事先问合不合法”，随后又将其概念化为“遵守法律”，此处计一个频次。同样地，“入职法律知识培训”这一标签在概念化为“法律培训”后，计一个频次。由于“遵守法律”和“法律培训”这两个概念都被纳入“约束与制衡”这一范畴，因此“万事先问合不合

法”和“入职法律知识培训”计入这一范畴后形成了2个频次。

再如，“人情代替制度”这一标签在概念化为“人情公关政府部门”后，计一个频次。“刷业绩、刷脸、刷感情”这一标签在概念化为“讨好上司”后，计一个频次。“关系户一定要录用”这一标签在概念化为“讨好上司”后，计一个频次。由于“人情公关政府部门”和“讨好上司”这两个概念都被纳入“关系、面子与人情”这一范畴，因此“人情代替制度”“刷业绩、刷脸、刷感情”和“关系户一定要录用”计入这一范畴后形成了3个频次。如果在访谈中，有两位受访者都提到了“关系户一定要录用”，则应计2个频次。

表2-3主要体现的是每个范畴内下属概念的情况，同时也标注了每个范畴内的标签频次和所占百分比，这一比重分布从图2-3中能够得到更加直观的展示。从各个范畴内的频次数量来看，受访者在对于职场规则中涉及“尊重与保护”“约束与制衡”“科学与效率”“权威与等级”“关系、面子与人情”的内容感受更多，语料更丰富，因此频次高，占比重。相对地，涉及“道德与诚信”“平等与公正”“内耗与低效”“消极怠工与阳奉阴违”及“其他声音”等内容的语料较少，占比小，说明受访者在这些方面感受不深或者有所保留。

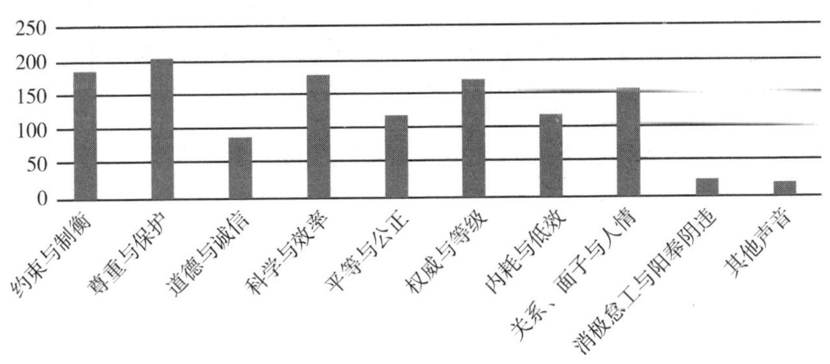

图2-3 一级编码频次数量图

值得一提的是，“权威与等级”和“平等与公正”在意义上有相反成分，而前者所包含的词频和百分比略高于后者，这意味着等级制度与平等公正同时存在，相对而言，等级是更为常见的客观存在。同样吸引作者的是“科学与效率”和“内耗与低效”这一对反义词组。这说明，对于同类的管理制度，受访者的观点并不完全一致，尽管前者所包含的词频和百分比明显高于后者，即更多受访者认为外企管理制度代表着科学与高效，但是少数群体的观点说明中国籍员工对于企业管理有迥异于主流的观点，这对于后期分析跨文化管理模式的普世性极具启示意义。

一级编码 A1～A10 确定后，通过对这些编码中被分割的资料加以类聚，发现和建立彼此之间的类属关系，随即形成二级编码 B1 合规与 B2 变通。例如“约束与制衡”这一范畴代表着对于企业规则制度的认同与遵守，因此被纳入“合规”这一类属；而“关系、面子与人情”这一范畴意味着对于企业规则制度的本地化处理、人为曲解或偷换概念，因此被纳入“变通”这一类属。

需要解释的是，在为类属命名时，作者几经斟酌。首先，合规这一类属相对容易界定，但那些非合规的语料是否都命名为“违规”呢？从语料细节来看，并非所有态度和看法都适合用“违规”来命名，一些本地化的呼声的确有其合理之处。据此，作者使用了“变通”一词来囊括这些非合规的语料。此外，有些语料描述的是“变通”的现象，但是体现出来其实是受访者的“合规”倾向，例如在范畴 A9 下的几则语料，实际上是借受访者之口描述同事的消极怠工与阳奉阴违的工作作风，作者遂将这类语料也划分至“变通”类属下。

表 2-4　二级编码所形成的类属

编号	类属	范畴	频次	百分比
B1	合规	A1 约束与制衡、A2 尊重与保护、A3 道德与诚信、A4 科学与效率、A5 平等与公正	786	60.4%
B2	变通	A6 权威与等级、A7 内耗与低效、A8 关系、面子与人情、A9 消极怠工与阳奉阴违、A10 其他声音	515	39.6%

表 2-4 展现的是二级编码所形成的类属，其中“频次”是指相关类属下的标签出现的次数，百分比是指频次占总标签数的比例。从表 2-4 各类

属内的标签频次和所占百分比来看，相比较“变通”（39.6%），受访者描述更多的是倾向于“合规”（60.4%）的态度和行为，这是对全体受访者规则观现状的一个粗略轮廓的描述。

二级编码“合规”与“变通”确定后，在此基础上进行三级编码，即在所有已发现的类属中经过系统分析后选择一个核心类属，将分析不断地集中到那些与核心类属有关的编码上。本书在三级编码的过程中将核心类属定义为“在粤外企中国员工职场规则观现状”。回溯整个编码过程，可以看到一则原始语料从标签—概念—范畴—类属—核心类属的全部过程，本书一级编码、二级编码、三级编码框架如图 2-4 所示。

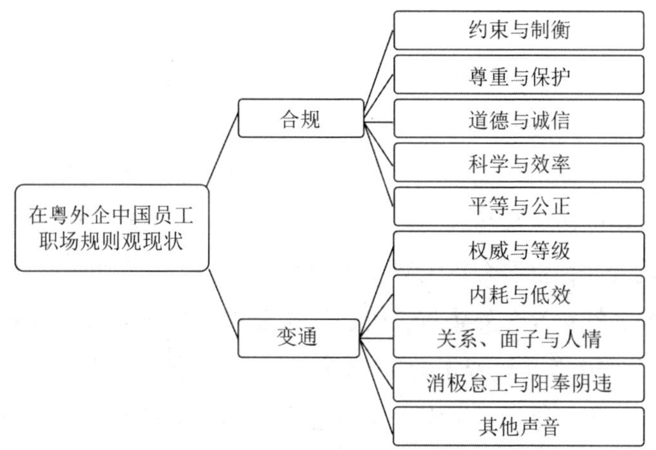

图 2-4　在粤外企中国员工职场规则观现状模型

第四节　质性研究的信度与效度

信度（reliability）指的是研究结果的可靠性和一致性，通常被认为是一项研究结果在其他时间是否可以被其他研究者复制方面的问题①。换言之，信度意味着对研究结果的真实性、准确性和可重复测量性的要求。效

① 斯丹纳·苛费尔，斯文·布林克曼．质性研究访谈［M］．范丽恒，译．北京：世界图书出版公司，2013：263.

度（validity）指的是陈述的真实性、正确性和效力，社会科学中的效度是指其方法是否研究了它想要研究的①。换言之，其研究结果是否与考察内容相吻合。

在质性访谈中，多种因素可能影响研究的信效度。从资料收集角度来看，受访者是否具有代表性，访谈内容是否存在偏差，访谈记录是否添加了个人推论和评判都可能影响研究的信效度。从资料分析的角度来看，访谈转写结果与资料分析结果是否获得了受访者的确认或同行审查，研究主题是否纯粹出于分析者的主观想法是关键所在。从社会情境因素角度来看，访谈时间是否过于仓促，访谈是否存在外部干扰，访谈双方的关系与熟悉程度、语言沟通是否有障碍，这些都需要考虑在内。最后从访谈者与被访者的情况来看，访谈者的身份背景、个人倾向与研究经验，受访者能否配合完成访谈，这些都将影响访谈的信效度。

为确保本书的信效度，作者尤其关注了在资料收集、资料分析、受访者选择等方面的研究步骤和实施。从资料收集角度来看，50 名受访者均具有较好的代表性，都符合本书对受访对象的要求，且都同意参与访谈并知晓研究目的。针对 5 名外籍员工的访谈主要用于从侧面对中国籍员工的访谈提供辅证。50 名受访者年龄从 25 岁到 50 岁不等，其职务包括从基层职员到区域总经理等级别，男女性比率近乎 1：1，受访者所在行业基本涵盖了在华外企的行业领域，公司所在地区主要为广东珠三角地区。所有受访者均为访谈员的朋友或者经由亲友推荐，因此彼此之间的信任相对充足。本书的访谈提纲源自广东外语外贸大学外国文学文化研究中心跨文化交际方向的博士生为完成郑立华教授于 2009 年主持的“中外企业中的跨文化合作研究”的科研项目所共同拟定的访谈提纲。在此提纲基础上作者将研究重心调整为“职场规则观”，因此最终成型的访谈提纲主要关注与日常工作和职场交际有关的规则知识、心理态度和行为取向的表现。

从资料分析的角度来看，所有访谈转写为文本后，都发送给了受访者加以确认，对于语义不确认的情况进行澄清。对于文本的分析主要采用了

① 斯丹纳·苛费尔，斯文·布林克曼．质性研究访谈［M］．范丽恒，译．北京：世界图书出版公司，2013：264.

人工编码和 NVivo12 软件的词云生成及编码操作。词云生成是根据受访者原始语料中的关键词的出现频度生成，而编码是指从语料中提取标签，然后进一步概念化、范畴化和类属化，这样有效保证了访谈语料在理论提升过程中的信度。

从社会情境因素角度来看，50 例访谈一般选择受访者工余进行，持续时间 30 分钟到 120 分钟不等。地点通常选择方便访谈的安静的场所。由于所有受访者均为访谈员的朋友或者经由亲友介绍，因此访谈较为顺利。访谈语言以受访者母语为准，英文访谈均由作者承担。

从访谈者与受访者的个人情况来看，所有访谈者身份均为大学教师或在读本科生，都接受了一定的质性调查的学习培训，本身对于该研究主题没有任何个人倾向性。50 名受访者都同意参与访谈，对于访谈者提出的问题都基本配合。

以上从资料收集角度、资料分析角度、社会情境因素角度和访谈者与受访者的情况角度一一论述了本书的信效度。实际上，以上论述中已经包含了质性研究中常用的效度检验法即三角验证法（triangulation）。三角验证法，又称相关检验法，是指对多角度收集的数据进行对比和研究的一种方法，它包括研究对象检验法和各类数据三角检验法①。

研究对象检验法之一，是指在访谈之后，研究人员将收集的访谈资料整理完毕，发给研究对象，请他们来确定研究人员所记录的对话是否他们真实的想法或行为，这种过程可以让研究对象有机会验证与其相关的数据。结合前文所述，作者实际上已经完成了研究对象检验法的步骤。

研究对象检验法之二，是指如果某项研究有多位成员，成员之间在数据收集和分析的过程中也可以相互检验。例如，研究人员可以针对采访的内容进行比较对比，或者不同的研究人员对同一访谈文本进行分析编码，然后通过对比来分析编码的一致程度来检验其效度②。在本书中，作者承担了所有访谈文本的分析编码。由于有 3 例访谈由本科生完成，因此她们也承担了自己所负责访谈的分析编码。通过比对作者与这 3 位本科生对同

---

① 杨鲁新，王素娥，常海潮，盛静．应用语言学中的质性研究与分析［M］．北京：外语教育与研究出版社，2013：178-180.

② 同上，2013：178.

样 3 份文本的编码，发现各自提取的标签数量有差异（作者所提取的标签更多），但是所形成的概念一致性较高，这说明作者与协助研究的 3 位本科生对于标签提取的敏感度虽有差异，但是对于概念的提取相似度很高。

各类数据的三角验证法，是指研究人员通过对所收集的各种数据或者从不同研究对象处所收集的数据进行对比，来验证研究的效度。由于本书只采用了质性访谈的研究方法，因此主要采用访谈对象对比方法来验证研究效度。从表 2-3 中可以看到，如 NVivo12 软件计算所示，不同概念的标签频次从 20 多到 200 多不等，这说明对于同一事实性的问题受访者提供了具有一定相似度的答案，当然，其相似度是各异的，频次越高，说明相似度越高。表 2-3 显示，“尊重与保护”“约束与制衡”“科学与效率”“权威与等级”“关系、面子与人情”等范畴的概念频次较高，这说明受访者在这些范畴内提供的语料相似度很高。但要注意的是，研究者并不能因为某一范畴的频次不高便忽略该范畴。如在表 2-3 中涉及“道德与诚信”“平等与公正”“内耗与低效”“消极怠工与阳奉阴违”“其他声音”等范畴内容的语料相对较少，但这都不成其为被忽略的理由；相反，作者认为它们实实在在地展现了“非主流”的职场规则观。

小　结

本章首先论述了选择质性访谈研究方法的原因。由于目前国内外专门针对跨国企业中国员工规则观的研究极少，这客观上决定了本书选择质性方法而非量化方法。访谈法作为质性研究中相对快速便捷获取资料的方法，能帮助研究者高效优质地完成语料收集。本书详细介绍了质性访谈的实施步骤，包括访谈提纲的形成、受访者的确定和访谈过程（时间、地点与语言等），同时还介绍了访谈员的基本情况、访谈转写与翻译情况以及访谈伦理。

本书根据扎根理论以及质性分析软件 NVivo12 对收集的 50 个访谈文本进行编码整理，最终形成标签 1301 个，概念 57 个，确定一级编码 10 个、二级编码 2 个和三级编码 1 个，图 2-3 较直观地展现了在粤外企中国员工规则观现状。为证明该研究的信效度，作者从资料收集、资料分析、社会情境因素和访谈双方角度进行了说明，最终还以三角验证法对研究进行多维度证明。

本书第一部分介绍了研究背景、前人文献和研究方法，在此基础之上，第二部分将较为生动直观地展示质性访谈所得。其中第三章将以职业心路历程的视角来呈现一位受访者的个案语料，第四章和第五章则将以质性编码所得的 2 个类属和 10 个概念为引领，相对宏观地展现在粤外企中国员工的职场规则观现状。

第二编　在粤外企中国员工职场规则观质性分析

第二部分将从纵向与横向两个层面展示50位受访者的语料。

第三章为纵向个案展示。主人公张嘉（化名）出身于高知家庭，是一位资深法务专员，具有较好的合规精神。张嘉以其十余年的职业经历明确了自己的规则观倾向，于她而言，规则即是职业安全感和岗位成就感的来源。第三章以“外企初体验”“观念磨合”“笃守规范”“规则边缘”为叙事视角展现张嘉的职业心路历程。

第四章和第五章的横向展示遵循质性编码的逻辑顺序，从“合规”与“变通”两个维度展开。第四章集中呈现的是受访者描述的“合规”倾向行为，如遵从规范的约束与制衡，认可制度对人的尊重与保护，笃守道德与诚信规则，肯定科学高效的管理模式，认同平等与公正的工作氛围等。第五章着重体现的是受访者描述的“变通”倾向行为，如滥用领导权力与等级划分，抱怨职权内耗与运作低效，钻营关系、面子与人情，在工作中消极怠工与阳奉阴违等。从整体而言，受访者所描述的行为中，六成以上体现了对于企业制度的接受与尊崇，近四成表现为以“变通”方式对于企业规则作权宜处理。相应地，第四章“合规”类属下设60组关键词语料，第五章“变通”类属下设40组关键词语料，总计100组语料，旨在呈现一幅在粤外企中国员工职场规则观百态图。

第三章　一位在粤外企法务职员的12年职场路

本章的主人公张嘉是土生土长的广州人，“80后”，家境优渥，父母均为广州某高校教职人员。广州有“千年商都”之称，一直是外商投资的热门城市，每年举办的中国进出口商品交易会更是吸引了大量客商来访。张嘉自幼成长于对外贸易商业氛围浓郁的广州城区，受家庭熏陶接受了高等教育，拥有“英语专业本科+法学硕士”的教育背景，目前供职于广州某美资企业的法务部门。

2005年硕士毕业的张嘉入职广州某国企银行，担任法务专员；2010年张嘉离职并先后投身一家英资企业和一家美资企业。张嘉并不是研究者接触的第一位访谈对象。作者从2016年5月开始访谈工作，直到2017年1月才机缘巧合认识了张嘉并邀请她接受访谈。张嘉身处公司法务部的中层职位，对公司上下运作中涉及的法律法规及各项规章制度的事务十分熟悉；此外，她的正直坦率、爱憎分明使得访谈气氛轻松顺畅，访谈内容丰富翔实，这是作者立意选其作为个案研究的最初原因。张嘉作为法务专员的身份、丰富的职业体验以及她鲜明的合规倾向使她在众多受访者中显得格外突出，最终使作者将其确定为个案展示对象，在语料呈现方面则尽可能以时间顺序作为叙事线索，来展现这位法务人的职场规则观。

第一节　外企初体验

许多受访者在谈及外资企业工作初体验时，都会提到员工手册中的公开举报这一制度。该制度与前文中提到的英特尔公司的“举报疑点”政策内涵一致，是员工守则的重要组成部分，它能有力地保障基层员工的权益不被侵犯，使他们在人权上与公司上层人物处于平等的地位。但是关于举报制度，大多受访者只含糊描述“可能有人举报过吧，不过我没有试过”；而张嘉的回应是“很多举报，各种情况都有”。其核心原因在于张嘉是公司的劳动法律师，因此公开举报的邮件多数会走流程到她的管辖范围。当然，出于基本的职业精神，张嘉没有透露任何一位涉及举报内容的人名。

我们的价值观之一就是尊重下属，我刚入职培训的时候就被告知，如果你觉得你的上司不尊重你，你受到不公平的对待，你看到有不合规的事情，你都可以拨打 open reporting（公开举报）这个电话。

（问：真的有人打吗？有人接待吗？）

有的，很多，接待的一般就是公司的合规官。如果你不信任本地的合规官，你可以打到美国总部，总部会找人翻译（中翻英），然后他们会找到中国分公司去调查这件事，而且把这个调查结果反馈给报告人，整个体系就是这样。当然了，毕竟尊重与否，这种案例很主观，很难判断，而且中国是一个人情社会，最后调查结果可能不一定尽如人意，但是这个程序是一定要走的，要去调查，要告诉报告人调查结果是怎么样。比如说，我们之前有一位财务人员，她向总部举报称自己的上司（财务总监）对待下属的态度很恶劣。被投诉的那位总监职位比较高，经过多方面调查落实后，美国总部就通知了我们亚洲总部的人力资源总监，再找到这位被投诉的财务总监谈，最后用协商的方式跟他解除了劳动关系。

从张嘉的语料来看，这一制度并非形同虚设，当员工需要捍卫自己的权益举报上级时，该制度是真正可以信赖、有所回应的，单从处理举报时总部会找人担任翻译这一细节就能看出，这一制度能事无巨细，上下通达，落在实处，有报必应。而那位财务总监落马的事件则透露出举报制度强劲的执行力度——姑且不论那位举报者颇有“舍得一身剐，敢把皇帝拉下马”的精神，如果不是因为出于对“公开举报”制度的信任，如果不是因为该制度缜密的调查和反馈落实机制，此案无论如何不能圆满了结。毫无疑问，这样的案例会令基层员工更有集体归属感，使他们意识到在职场中自己与上级是平等的同事关系，这一观念从一开始根植人心，在实践过程中被强化，最终内化成为企业共识。这种尊重员工的价值观体现在职场体验的任何细小的环节，例如与上司的沟通方面。

比如说一个任务我完成了，去和上司汇报，汇报完了以后他必定会说谢谢。另外，每次他布置你做一件事情，必定也会跟你说谢谢。他对我们工作不满意的时候，是不会针对个人的，还是会非常尊重。他不会骂人的，他就只说你哪个地方做得不对，是什么原因，可以怎么改进。当然，我是法务部的，这是一个比较封闭的部门，它不像销售部门，会跟外面的接触很多，那些部门的外企文化不浓厚，那些上司会更有长官意识一点，但是从我们后勤部门来说，上下级之间会更平等一些。

诚如前文所介绍的，张嘉出身书香门第，是家中独女，开放包容的家庭氛围和多年的外语学习使她相对倾向于平等开放的工作环境。虽然从语料看来，在外企工作上下级之间一派和气，工作毫无嫌隙，实际上出于工作风格的差异或实际工作成效的高低，摩擦是不可避免的。张嘉身处后勤法务部门，她认为，相对而言，外企文化在公司后勤部门会体现得更为淋漓尽致，员工被尊重的感觉更为强烈，但她并不否认销售部门在利润的驱动下，可能会出现更多“长官意志”行为，员工“被尊重”可能很难得到保证，这正说明了“公开举报”这一制度存在的客观必要性。

第二节　观念磨合

初进外企的张嘉对于平等开放的工作氛围和尊重保护下属的制度十分认可，但是在新环境中的磨合仍然是不可避免的，这一磨合过程实际上正是其认识职场规则和重塑职场规则观的过程。

我是公司的劳动法律师，有时候因为劳务纠纷，有工人或者员工要告我们，那以前的话，我就会出任代理去打官司，当时我觉得很正常啊，我自己是律师，为公司代理官司应该是责无旁贷的吧。但是很奇怪，在这里有员工因为劳务纠纷告我们的时候，我们自己是不代理的。老板会说要你请一个律所去代理。

(问：老板为什么不要你们自己做?)

老板这样做是为了要保护员工。我记得当时我们找律所去代理，写授权书的时候，让我们选择全权代理还是特别代理，我就觉得我是信不过律所的，我希望所有的事情他要先向我汇报，我认可了，他再去跟法院沟通，于是我就没有选择全权代理。后来有一个比较资深的人力资源同事就跟我说，你为什么不写全权代理呢，我们一般都是写全权代理的，为什么呢?因为如果对方当事人（诉讼方）知道决定权不在律师手上，而在你手上，就会对你的人身有危险。换言之，公司让律所代理是出于保护你的目的。

(问：律所代理花费大吗?)

与劳动法相关的官司费用是比较低的，一万多块钱吧。虽然说我自己做也没问题，但老板的思维是，我花一万多块钱对公司不是个事，但是对公司法务人员来说，就能减轻很大的风险。这个职员万一出什么事，我们公司怎么办，人命关天呀。举个真实的例子吧，我们有个分公司，有一段时间裁员裁得很厉害，因为怕下面员工报复人力资源部门，公司就出钱请人力资源经理全家人去酒店住了一个月。

作为公司的劳动法律师，代表公司与诉讼人对簿公堂，是节约公司成本的惯用手法。张嘉最初不能理解为何公司宁可花钱请律所代理官司，也不赞成自己的律师出面插手此事。究其原因，公司考虑的是员工的人身安全问题，若非语料中那位资深同事的善意提醒，张嘉尚不能理解这一做法的深意。同样地，公司一方面愿意自掏腰包请外所律师接手诉讼，但另一方面又显得格外“小气”，这也是张嘉始料未及的。

大家都觉得外企财大气粗对吧，我以前也以为是这样，结果其实公司很省的，因为资本的运作肯定是以利益为首的，所以其实会尽量控制成本。举个例子，像我们公司的话办公区那边有一个专门的废纸回收箱，我们打印完后不需要用的纸就放在那个箱子里，它是上锁的。你把你不需要的文件放进去，定期会有废纸回收厂来回收，然后付钱给我们，很不错，对不对？这是我们的一个可持续发展活动，公司会在微信上说希望大家都参与。当然也有人将废纸随便扔，但是大多数人看到摆放在那里的箱子都会扔进去。再比如说，我们那个制造牙膏的机器，是会产生一些牙膏废品的。同样地，我们会找一个工厂，帮我们把废品改造成清洗机器的洗涤剂，所以我们真的很省，很环保。

（问：怎么确切地知道省下来多少钱呢？）

对呀，我原来也怀疑过是不是做做样子，但后来我们部门每年要审那些合同的，所以我就知道这个可持续发展活动是真正做了，每年节省了多少钱，都是有数的，我们做这个不是为了空喊环保的口号，我们是不会干这种纯粹包装性的事情的。

张嘉初入公司面对办公废纸回收的做法颇感新鲜，但是她也怀疑过办公废纸和产品废料的可循环利用是否纯属作秀。直到后来她在工作中审查环保合同，能真切看到具体的数目在案，才体会到公司务实环保、心怀未来的企业社会责任担当，而这一宗旨与第二章阐述“企业伦理”时所列举的事例与数据有前后呼应之意。张嘉对于可持续发展这一概念的认知升华是在与公司制度的磨合中完成的，同样地，作为公司劳动法律师，在如何维系与当地律师事务所的关系这一问题上，张嘉也经历了一个磨合的过程。

对我们法务部的人来说，我跟律师事务所维持一个好的关系，可以得到信息的分享，可以知道一些新出台的法律或者一些新的案例，对我的职业发展是有好处的，对我的知识结构是有补益的，我愿意去跟他们这些人多接触。同样地，对于人力资源部门的人来说，他和劳动局的人认识的话，也可以向对方请教一些最新的政策和动向。原来我想，是不是请对方吃个饭，送个卡？但是公司有限制，我们不能请吃饭，所以我们没办法跟他在饭桌上拉关系。那我只能怎么做呢？我可能给他打个电话，问候一下，然后就直接向对方请教一些问题。对他们来说，可能也习惯了外企本来就是没办法请他们吃饭（笑），所以就是大家一个案子来谈一下，这样的一种关系。

公司制度要求，与相关政企部门的“关系”始于工作需求，止于工作需求，是公司业务发展与个人职业发展的理性结合。出于公司员工守则的限制，张嘉意识到，请客吃饭与业务发展不能混为一谈。不仅如此，与公司内部人士的交往也同样受到限制。

我原来想，比如说过年是不是要去我老板家拜个年，给他送点礼物，这不是很正常吗？后来发现，这是肯定不能做的。因为这里存在一个利益关系：你送礼给你的老板，你的老板又决定了你的升迁，这就对其他同事不公平。员工手册上也写着的，我不能贿赂我的老板。如果说我跟我老板一起吃饭，那一定是我老板买单，我是不可以买单的。因为，如果我买了单以后给他批（报销），这个事情就完全没有透明度了。

不能给上司送礼、与上司吃饭不可买单，这对于张嘉来说原本难以理解，她思想的转变反映出来的是公司内部在维系关系时对“度”的规范，即切不可违反公司的员工守则，因一旦触及规则底线就有贿赂之嫌。

第三节　笃守规范

经历了职场观念的洗礼和磨合后，张嘉的合规倾向日趋明显，在面对弄虚作假逾越规则的做法时立场鲜明，这尤其凸显为其对于“真实”的追求。真善美是人类共同的追求，关于三者孰轻孰重的争论也一直未能平息。“真”可能意味着无法尽善尽美，而表面善良美好的事物下却可能隐藏着虚伪的丑恶面具。张嘉身为公司法务人员，在访谈中坚持认为任何形式的弄虚作假，无论穿上多么漂亮的外衣，都不足以称道。以下语料将描述张嘉所任职的日用品公司旗下的某家工厂在收购转轨的过程中所发生的风波。

我们之前收购了下面一个工厂。有一个政府下属的特种设备管理所要来做检查，涉及生产安全问题，然后要签合同，开发票，要法务部审批。我同事下去调查就问以前是怎么操作的，工厂的人回复说："以前他们的人（特种设备管理所工作人员）来检查，我就给他塞一点小礼物，他们写个报告，这个事情就过去了，不需要付钱，不需要签合同。现在公司不同了，他们也不接受了，我们也不能做了，所以今年要签合同，需要你们部门（法务部）审批。"

我同事问我这件事要不要写进报告，我要求她把此事原原本本写成邮件发给我，越详细越好，因为这都是真实的证据。

（问：办公邮件里面描述了这种不光彩的事情，会不会被删掉?）

当然不会删。这是证据，公司有要求的，所有的公司内部这些往来案例不能够因为你想毁灭证据而删掉它。而且，就算删除了一样有技术可以恢复的，因为我们做调查就知道，完全可以挖出很多年以前的邮件。

（问：既然是公司邮件，老板也能看到，那怎么办?）

看到就看到，这是事实呀。作为法律人士我自己受的教育培训也告诉我，就算是发现公司有某个问题的时候，第一件事就是不能删除邮件，因为这些都是证据，都会形成档案，要保护自己，就只能在法律允许的范围内保护自己，不能够通过删除证据的形式保护自己。我们甚至会做一个证据的封存，就是把所有的证据去外部找一个律所全部导过去，以保留最原始的数据。

（问：你们自己有律师，为什么还要花钱找外面律所，那不是很贵?）

我们必须要保证原始数据的独立性，我们是不介意这方面的花销的。

（问：那之前还说要节约办公成本?）

哈哈，这个节约不了，没办法，我们一般找外所（国外的律师事务所），超贵，几千美元一小时。

张嘉讲述的这个案例涉及一家被外资企业收购了的工厂前期运营不规范的问题。工厂里的特种设备需要政府下属相关管理机构进行有偿检查，该工厂被收购前，通常只要给予检查人员一点礼物，以此可轻松顺利获取检查合格报告，而这显然是违背了规范的程序。特种设备管理制度本身严密，原本应当是对工厂生产安全的有力监督，发现生产安全隐患或安全设施不力时，工作人员应该及时指出，责成大力整改，而不是“塞一点小礼物”，这样的里应外合与弄虚作假，反映出来的是工厂管理人员罔顾安全准则、无视安全隐患的可悲。与此形成鲜明对比的是，张嘉对于不合规的行为并不避讳；相反，她要求同事详细记录事情的来龙去脉，用办公邮件发送给她。因为所有事实都是证据，为了掩盖事实就毁灭证据的做法，无异于掩耳盗铃。法律素养告诉她，保存证据就是最大限度地保护事实和保护处于事件中的自己。

毫无疑问，对真相的调查和追寻，对真相的记录和保存，这一切需要耗费大量的人力、物力与财力，但是只为一个初衷，一切都值得。哪怕需要直面不堪的过去，哪怕需要支付昂贵的费用，倘若真相得以保全，万事都不足介怀。

我们曾经有位人力资源部门的同事，说起来也很好笑，他当时跳槽过来，待了没多久又打算辞职，然后离开的时候他就去网上偷偷地把员工守则全部复制下来，可能是觉得这个资料不错，打算以后在新公司使用。结果电脑部监控到了，就立刻给他发了警告信。

(问：这样做是不允许的吗?)

对呀，第一天上岗就明确不允许了。他本来拒不承认，自称是无意的。后来电脑部把各种证据罗列出来，铁证如山，明确他是有意为之。

(问：然后怎么处理呢?)

后来就让他签了一个绝不外泄的保证书，不允许他向外界透露公司的资料。

(问：这样就完了?)

哈哈哈，我们会觉得这是一个很蠢的事情——承诺了就一定会做到吗?但是公司的看法就是很简单的，既然你承诺了我就一定相信你，但是我一旦从其他的事实里发现你欺骗了我，我就永远不会再相信你了。比如针对合作伙伴，我们都要对他做一个近距离调查，我们会做一个面谈，谈完了以后还会通过其他渠道去了解情况，如果一旦发现他所说的和事实不符，我们会要求他作出解释，如果他的解释我们觉得没有说服力，这个代理商我们就不会再用了，就是这样一种思路。

张嘉口述的故事中的这位人力资源部同事，短期内连续跳槽，然而这么一位满腹才华的职场人，却上演了一出明知不可为而为之的偷盗戏码，如果不是电脑证据摆在眼前，他还拒不承认。“诚信”二字，如果没有具体的监控和度量，就会如同空中楼阁般虚无缥缈。当然，尽管最后的承诺签署看起来仍然没有任何法律效力，但是一旦这一层最后的信任关系也被打破，那就永无相见之日了。正如语料中提到的，针对不诚信的代理商，可能会永远失去合作的可能性。这并非张嘉所在公司的独家政策，回顾英特尔《行为准则》，在“秉承诚信开展业务”原则下明确提出：“如果独立承包商、顾问、供应商、分销商及与英特尔有业务往来的其他人士违反该准则，将承担与英特尔合作关系终止的风险。”破坏诚信的成本之高，由此可见一斑。张嘉提到的公司的看法“很简单”，其实质就是信守承诺，遵循规则，正是在这一前提下，工作关系变得清晰简单。

我现在觉得我打一份工，工作就是工作，完了以后自己去旅游、玩和照顾家庭。我的同事都是这样的，就是下了班去享受自己的生活。我没有必要为了完成工作上的事情还要私下去请一个人吃饭。比如（某个报告）人家觉得我审批不过，他可能会天天跑过来在我面前说，这个很重要，为什么审批不过，不过的话给一个理由，或者有什么办法审批得过。但是他不能来贿赂我，对于他来说再怎么样这只是一份工作而已，在外企的流动性也很大，这个工作丢了，大不了去另一家工作，没有必要把个人的履历搅和太多的污泥。作为我个人来说，我有一个期待，就是要一份干干净净的履历。

张嘉不愿意自己的个人履历“搅和太多的污泥”——污泥即暗指为了拿到某种好处的“暗箱操作”，结果可能导致个人名誉尽失。张嘉希望自己有一份干干净净的履历，是指要确保个人职业生涯的清清白白、光明磊落。张嘉拒绝将生活与工作混为一谈，她既不愿意为了工作效能去私下授予好处钻营利益，也拒绝他人为了谋求工作便利而给予她任何贿赂，因为这一切都会使她的履历变得不清不白。问题是，如何能保证她不受“暗箱操作”私相授受的困扰呢？答案无他，只有规则。规则在前，不容歪曲，不容抹黑，不为任何人让路。这样的公司氛围使人感觉轻松简单，只要照章办事即可。当然，这并不意味着身在外企，张嘉不需要与同事、客户、供应商、政府部门等有任何交际活动；相反，这些交际活动同样受到规范的约束。

送礼并不是不可以，比如我们公司做销售的，他的工作职责之一就是维持和经销商、客户的关系，50美元以下的礼物是可以送的。我们的供应商可能会送礼物给我们的员工，那么按照规定，50美元以下是可以接受的。我们也可以送给供应商礼物，也必须是50美元以下的。我们在下面一个市有个工厂，为了维持和当地政府的关系，我们过年也会送点东西，比如我们的产品是牙刷，就送对方一个新产品，可以说“新产品请您指导一下”之类的，但是每送一个礼品也都是要报批的。

50美元的限额是员工准则中的《全球礼品、用餐、娱乐活动及差旅政策》（GMET政策）所明确规定的，因此张嘉谈到这一点时大大方方。回顾第二章英特尔公司《行为准则》的相关内容，可以看到涉及该公司与政府部门的业务往来时，都必须向法务部咨询，必须获得GMET的批准。因此，按照张嘉的说法，赠送50美元以下的礼物是完全合规的。

第四节　规则边缘

经历了初入外企的新鲜体验，到职场观念的多番磨合，张嘉对于规范的笃守日趋坚定，她在访谈中对于有些公司不甚规范的做法不愿苟同，对于自己所在外企的合规行为评价颇高，但于细节处，却暴露出她对于规范认知的局限性。

我知道有的公司是有点“打擦边球”的，有很多事情都是“唔啱倾到啱”。比如某个产品的广告宣称效果与实际效果不相符合，工商局要罚你，你现在拿不出质量测试报告，但是也许到那个时候报告就出来了。或者说你找一个其他的研究中心做报告，这个机构的报告出不了，换个机构就好啦，但是我们不可以。因为广告法就告诉你要真实，不能虚假，它对真实和虚假还是有一些比较主观的判断，像比如说现在可能要求这个名人去签一个说明书，说这个广告里这个苹果是她自己咬的。

（问：确实是她自己咬的？）

我不知道，但是她一定要出，出具了我就为自己辩护，可以给工商局看“确实是我自己咬的，我咬了以后它没有出血”。

（问：这是一个白纸黑字的东西，要给工商局看？）

对，因为我们现在做一个广告，作为法务部门就要考虑这个会不会涉嫌虚假广告，工商局会不会罚款。如果我们邀请一个名人来做代言，她本人必须出具一个说明，说明自己在使用该产品时确实达到了她在广告词中所宣称的效果。那么工商局查的时候我们会给他看这个说明，以证明这不是一个虚假的广告。虽然虚假广告很常见，但是在外企我们不敢作假，所以我们处于一个很尴尬的境地，我们的广告送到电视台，对方会先看一遍，觉得差不多就会播出，但是如果有问题，工商局就会来罚我们的款，要求停播。而且这个罚款是按照销量来定的，所以是挺严重的。

（问：工商局怎么查得到销量数据呢？）

因为我们会老老实实提供数据。

张嘉所提到的“打擦边球”，无疑是指钻制度的漏洞，游走于法律法规的边缘，这种手段可能包括拖延策略的使用，即面对因“广告宣称效果与实际效果不相符合”这一行政罚款时，采用拖延的态度，等待质检报告佐证；又或者另谋一处可以尽快按照公司意图出质检报告的研究机构，搪塞了事。相比较前者面临工商局罚款时的灵活周旋，后者的未雨绸缪显得刻板老实，也更为稳妥。究其原因，诚如张嘉所言，“罚款是按照销量来定的”，而且“我们会老老实实提供数据”。

当然，这则语料中还有一个不可忽略的小细节。当问及广告中的画面是否真实，即苹果是否为该名人所咬时，张嘉不置可否。她对广告画面是否真实不愿作出判断，因为她所关注的不是苹果是否为该名人所咬，而是该名人必须要出一个说明书，这才是公司可以用来为自己辩护的有力工具。作为律师，她只对“白纸黑字”的说明书负责，而对真相负责的则是出具该说明书的人。换言之，即使涉及广告违规的问题，她与公司无须背负任何责罚。应该说，从她本身的角度来看的确是清清白白的，但是从消费者角度来看，又是否公平呢？

作为公司法务人员，张嘉的职责之一是帮助公司规避潜在的经营风险；从专业的角度来看，张嘉的做法似乎并无不妥之处，在她看来，她所在的公司所彰显的诚信精神远胜于那些纯粹的虚假广告者。而这种诚信到底是实质内容上的诚信，还是表面程序上的诚信，可能就见仁见智了。实际上，为了帮助公司规避风险，张嘉所在的法务部做了不少工作，作为普通消费者，下面这则语料所描述的情景或许并不令人感觉陌生。

比如说我们的一个牙膏的那些盒子上面印一句“你刷三次就白了”，然后我们当时拿不到那个研究报告（效果测试报告），所以我们非常担心，我们不敢印在盒子上，我们可能要搞个 sticker（贴纸）贴在那个上面，如果说真的要被罚款，我们的这个 sticker 马上撕掉，我们就不需要撤回我们的产品了。

（问：那个 sticker 是什么？）

那个上面就是写一个比较 aggressive（激进），就是比较，比如说“刷三次就能够美白”，然后它下面真正印的就是“想要更洁白的笑容吗”，就没有那种比如说三次这种数据的，如果有人查的话那个 sticker 就撕掉，我们的产品就可以照常卖了。

平心而言，这种用贴纸遮盖原本的包装，用以突出夸大并不真实的产品功能的做法，有打规则“擦边球”的意味。张嘉坦言没有得到权威部门认可的产品功效是不能印在包装盒上的，但是受经济利益驱使却又必须凸显广告对公众的鼓动性，因此“可上可下”的贴纸便应运而生。按照张嘉的看法，尽管这种贴纸算不上光明正大，但是相比较前文那种“唔啱倾到啱”的拖延搪塞策略要高明得多。或许张嘉自认为已经尽可能妥善地将公司的利益与风险平衡在一个她认为最合理的位置，但对于公众的正当权益，她考虑了多少，这的确是一个问题；对于诚信的本质，她又把握了多少，五十步笑百步到底是一种侥幸的聪明，还是实锤的悲哀，这可能值得再次商榷。

小 结

本章所有语料均出自张嘉，这位拥有十余年工作经验的法务部职员以其经历为主线，向我们展示了她的职业心路历程。在张嘉看来，在外企的工作环境下，她只需按章办事，即可享受规则带来的安全感，维护自己作为一个自然人和职场人的基本权利。她无须刻意奉承上司，只因公司认同平等互敬的关系，实实在在的公开举报制度落地有声，令人鼓舞。她不认可弄虚作假的勾当，执着坚持记录下一切证据，即使这些证据可能不利于公司的短期利益愿景。她欣然于公司倡议，节省每一张办公用纸，践行绿色环保与可持续发展。她不屑于为了工作，钻营关系输送利益，只愿在公司认可的范围内，与同事上级和外部律师事务所保持正常的工作关系。

诚然，张嘉并非完人。从访谈中，我们不难发现一些细节以及言外之意。当张嘉在访谈中提到“可上可下”的包装盒贴纸时，当她对于广告代言人说明书的情况是否属实而含糊其词时，我们隐约感受到她对于诚信精神的理解有失偏颇。当然，瑕不掩瑜，张嘉整体的合规性仍然是相当之高的，这可能与她本身的年龄、教育背景、从业经历、部门职务等都息息相关。

必须承认，张嘉作为一个个案所描述的现象是有限的，如果说她展现的只是在粤外企中国员工职场规则观的一个小小缩影的话，那么在第四章和第五章我们将看到一幅形形色色的百态图。由于语料众多，不可能一一摘录，拟仅撷取部分有代表性的语料，着力展现质性编码中的两大类属即“合规”与“变通”以及属下10个概念即“约束与制衡”“尊重与保护”“道德与诚信”“科学与效率”“平等与公正”“权威与等级”“内耗与低效”“关系、面子与人情”“消极怠工与阳奉阴违”“其他声音”。

第四章　合　规

第三章个案展示中的主人公对其所在企业的规则文化抱有接受、认同、践行的态度，充分展现了较高的合规性。在本书中，大部分受访者与个案主人公保持一致，体现为在质性编码中受访者描述的行为中有六成以上具有明显的合规倾向。本章将依循质性编码中“合规”类属下的五个范畴即“约束与制衡”“尊重与保护”“道德与诚信”“科学与效率”“平等与公正”加以展开，每一范畴下的各个概念均有语料予以支撑阐释。

第一节　约束与制衡

规则的一个重要功能就是约束，通过对行为人的约束，以期不对他人权益造成侵害，不对社会大众构成妨碍和威胁。规则作为关系物的存在，能够有效制衡各方，维持机构正常运转，法律就是我们最常见的社会规则之一。对于不少外企职员来说，恪守法律与行业标准是第一要义。

关键词 1：“万事先问合不合法”

我刚进公司的时候，往往开始动手做一件事情，我们的部门领导和我们法务组的同事第一个问题就是问我“合不合法”，几乎到了万事先问合不合法的地步。我很讨厌听到这样一句话，因为这好像是觉得我做每一件事情都不合法似的，好像在审问我。了解了以后我就明白了，其实他不是怀疑你做事不合法，他是提醒你要做合法的事情，不然的话，美国总部要承担由此而产生的后果，要知道，我们的企业在中国运营，既要遵守中国的法律法规，又必须遵守美国的法律法规，要不然，罚起款来很吓人的。

（C8，林先生，46岁，美资总经理，广州）

从一开始对于审问式的“这样合不合法”心存厌恶，到后来认可接受这一质疑，林先生的语料反映出合规精神在员工心中的内化过程，当然这一过程有一个直接的推动力，那就是如果不合规，就要面临法律的制裁，承担巨额的罚款。这就是为什么当年部门领导和法务组的同事会对林先生这个公司新人反复强调“是否合法”这个问题。换言之，规则本身的约束力有效推动了合规精神的形成和内化的进程。当然，这一过程需要公司与个人的合力来保证完成，入职培训就是其中一个途径。

关键词2：“进入公司都要经过培训和考试”

我们刚进入公司都要经过培训和考试，其中有一个线上的测试，专门是考查我们的法律意识，不合格是要重新测试的。要合格是不容易的，我们要知道法律的内涵是什么，底线在哪里。反正我当时是不太明白的，我第一次做是不合格的。

（问：能举个试题的例子吗?）

就比如说有这么一道题啊，大家在投标，我们两个是竞争对手，我们一起投第三方的标。那么，这个时候呢，我们两个竞争对手私底下商量一下，透一个标底价。比如我的公司做法国线很强，你们公司做德国线很强，我们就商量一下，看这个标能不能就是这样：竞标的时候你的法国线能不能做高一点，我做低一点，我中标。竞标德国线的时候，我做高一点，你做低一点，你中标。看似完美对吧，但这其实是违反反垄断法的，是明令禁止的。法律规定不能几家公司合起来操控一个市场，让这个市场朝你们想要的方向来，这就违反了自由竞争的法则，罚款是很重的，可能上亿。我记得有一次，我给一个同行打电话，她是在另一家美资物流企业做销售的，我问她关于某个客户的事情，其实我们关系很好的，但是刚聊了一会儿她就说，哎呀，你这个是不是违反了反垄断法呀，然后我们就打住不讲了。

（C2，宋女士，37岁，德资销售经理，广州）

回顾第二章通过对所有受访文本进行可视化分析后形成的词云来看，“法律”“培训”这两个词的出现频率都极高。入职法律培训与测试并不是新鲜词汇，在许多企业和单位都有针对新入职者的培训和考查，但是也许其灵活度、深度和严格度都不如宋女士所言，有些测试内容并不是想当然凭借常识就可以顺利完成的，这也是为什么宋女士第一次测试并未达到合格水平。从培训和测试的要求来看，外资企业很重视合规精神，尤其是针对法律认知的合规问题。尽管利益诱人，但是法律的强大约束力会驱使员工收紧底线，进而内化成习惯，但凡涉及违反相关法律就会自发地“打住不讲了”，这说明培训的内容已经深入人心。

实际上，除了国内外的法律法规，外企还需要遵守行业相关标准，并有严格的内外审机制来保障这些规则正常运作。当然，即使针对合规的入职培训完美无缺，也不能保证所有职员都主动合规，因此适度的惩戒是捍卫规则地位的有效手段。

关键词 3：“收到三封警告信，对不起，你可以回家了”

从港资到新加坡控股到现在的美资，我还是很有感受的，也很有倾向性。举个例子，我以前负责码头的岗位，码头的范围比较广，光从码头到仓库，再到办公的地点，走起来的话可能要 20 分钟。以前在港资公司的话呢，在码头真的是没有什么规矩的。那个时代（20 世纪 90 年代）的广州，摩托车还比较盛行。夏天的时候，在没有遮挡的空地上走 20 分钟是很难受的。很多同事骑个摩托车，由办公地点到货柜堆场去查柜，一般是不会戴头盔的，因为太热了。但是，美资不允许，它要求必须佩戴标准的安全护具，不然你会有麻烦，可能是罚钱，可能是发警告信。如果连续在半年里面收到三封警告信，对不起，你可以回家了。

（C8，林先生，46 岁，美资总经理，广州）

骑摩托车不戴头盔一度曾是国人的常态。在广州城区尚未禁摩的年代，穿梭在大街小巷的摩托车数不胜数，佩戴头盔者却寥寥无几。在这则语料中，林先生作为一位工作经验丰富的职场经理人，一针见血地指出，在港资公司工作时，其码头范围真的是“没有什么规矩的”。南粤地区夏季高温酷暑，骑摩托车佩戴头盔更加闷热难当。但是，从公司的立场来看，宁可舍弃舒适度，也要尽可能保证人身安全，佩戴护具不是选择而是必须，否则将面临金钱的惩罚，严重者甚至可能遭遇被遣散的结局。从规则类型来看，佩戴护具这一安全规则，属于技术规则的一种——因为摩托车速度较快，又不具备其他机动车辆的保护罩，如汽车外壳上盖，因此在发生事故时，对人身的安全是难以保障的。而从另一个角度来看，佩戴护具这一规则又属于游戏规则的范畴，是特定组织约定的外显。由于人面对安全隐患难免存有侥幸心理，更何况当时绝大部分的国内企业对于员工是否佩戴安全护具参与工作生产并无严格把控，因此"警告信"制度显得格外强劲有力，它从细节上对员工的行为予以约束，服从于这一约束的可以保住饭碗，不服从这一约束的则敬请打道回府。

林先生一路从港资到新加坡控股，到后来任职美资高层，最终仍然倾向于强有力的规章制度，他内心对于这种约束的认同会驱使他将规则内化于心，对规则缺失的情形或不遵守规则的行为予以否定。与林先生持相同态度的还有下一则语料中的王女士，她同样认同以"零容忍"的立场对待无视安全准则的行为和个人。

关键词 4："绩效考核成绩直接判为零分"

我们公司是做化工材料制造的，工厂里面很多一线工人很年轻，文化水平也不高，你也知道现在"95 后"都是很有个性的，对于公司绩效报酬抱怨多，但是有些安全规则却不注意遵守，所以我们后来作了一个绩效改革，对于员工有操作不安全行为的，绩效考核成绩直接判为零分，就是要用这种做法来向他们传达公司对安全问题"零容忍"的坚决态度。

（C40，王女士，28 岁，英资人力资源职员，珠海）

工厂一线工人多数文化水平偏低，对安全准则或持侥幸态度，这是不争的事实。而伴随着网络信息化发展成长起来的"95 后"族群，又深受现代思潮影响而极其追求个性和自身权利。在一定场合下，就容易出现年轻工人抗拒遵守安全准则的偏激行为。王女士所在的人力资源部针对这一现状，在公司绩效改革中将安全行为列为重要的参照项——对于不遵守安全规则的个人，其绩效考核直接判为零分。在一定程度上，这一举措的力度与“收到三封警告信，对不起，你可以回家了”不相上下。就事论事，针对罔顾安全准则的职员，无论是扣除绩效或就地遣散，从中传达的都是公司对于安全规则的重视，对安全问题“零容忍”的坚决态度。应该看到，措施是严厉的，态度是坚决的，但出发点是基于对自然规律的敬畏，对技术规则的遵守，或者用下一则语料中林先生的话来说，“束缚都是为了你好”。

关键词 5：“束缚都是为了你好”

我们公司是做危险品化工运输和储藏的，所以我们的生产制度是很严谨的。我们员工手册很厚，就像一本“天书”一样。比如说，厂房地板上画黄线，人员绝对不能踏出黄线外，监控发现了马上有惩罚。正常情况下在厂区内不能快步走，更不能跑，因为这会给人家造成一种误导，以为有事故发生了。还有，外来车辆的司机着装都有规定，必须穿长裤，不准穿拖鞋。我们有些访客觉得不可思议，有些员工刚来有很多抱怨，说怎么这个条条框框，那个条条框框，好像手脚都被捆住了，其实如果你再往深想一层的话，这些束缚都是为了你好。你适应了以后，就会觉得它是非常非常好的。

（C8，林先生，46 岁，美资总经理，广州）

从刚开始的“不可思议”和“很多抱怨”，到后来“往深想一层”意识到规则的束缚确实“都是为了你好”，这个过程需要长时间的内化。林先生在港资、新加坡控股和美资化工物流企业工作多年，他在受访时坦言，外企的员工守则简直就是一本“天书”，其中对安全操作的规定更是细致入微、一丝不苟。很明显的一点是，他对于这种“束缚”十分认可，他认为只要能适应这些规则就能体会到它的好处。当然，规则的约束不仅仅是指对普通员工的约束，更多时候管理层也需要面对各种相关制度和标准的约束。

关键词 6：“被倒逼着要做好这一块”

我们有一个 EICC[①] 电子行业的国际认证标准，其中用工标准就包括工资、福利、上下班时间等。比如有明确的条文规定，员工必须每周要休息一天，而且一个月加班时间不能超过 86 个小时；比如说，加班费和出差的补贴，我们都是遵照规章制度，该补多少就补多少，加班工资该乘以多少就乘以多少，都必须紧跟着劳动法或新出台的一些规章制度办事。相比较而言，我了解到有一些企业这方面做得不是太好，比如有些“血汗工厂”逼得员工跳楼；还有一些小公司，因为竞争很激烈，必须把运营成本压下去，就会想方设法规避一些政策法规，那真是各种演绎方法。但我们做不到呀，因为我们做的产品销往欧美，它是有一些通用的标准和管理指标的，所以我们的管理层被倒逼着要做好这一块。而我们的客户也是会要审查这方面的。

（问：具体怎么审查呢?）

对方会看打卡器，看人事部核算的基本工资，看加班工资，加班时间，等等。如果审查不合格，他可以拒绝和我们继续合作。

（C4，杜先生，36 岁，美资软件开发经理，广州）

杜先生是一位美资银行的软件开发经理，他以国际通行的《电子行业行为准则》为支撑，认为本公司的用工机制是比较完善的，这得益于规则的约束力和内外审查的制衡。作为管理层，如果不严格遵从国际标准和行为准则，为降低生产成本，置员工的正当权益于不顾，则可能要承担失去公司客户这一风险。换言之，姑且不论公司管理层在人道主义精神层面认知如何，准则本身的约束力和制衡性足以使他们在关注短期经营利润的同时，必须同时关注员工的基本权益得到保证。从杜先生的语料来看，他本人十分认同该准则在公司的践行，视其为公司制度完善的体现，而对于有些公司受利益驱使，无视员工权益的做法他予以冷嘲热讽，称其为“血汗工厂”，将其规避政策法规的行为比作“各种演绎方法”。

---

① EICC 即《电子行业行为准则》（Electronic Industry Code of Conduct），该准则列出了各种标准，以确保电子行业供应链的工作环境安全，工人受到尊重并富有尊严，以及生产流程对环境负责。

以上几个关键词从表面看来凸显的都是规则的约束，但实际上，这种约束也会形成一种制衡。约束是单方面的，制衡则是一种相互制约的关系。比如关键词“万事先问合不合法”这一则语料中凸显的既是对公司职员的约束，也意味着对市场经济中所有公司和部门的约束，因此在整个经济体中各个公司和部门之间就形成了相互制衡的关系。

在关键词“进入公司都要经过培训和考试”语料中，每个公司新人都必须真正理解法律的内涵才得以测试合格转正，这无疑是一种约束；而它的制衡性也同时表现在整个行业的各个公司团体都必须遵从同一套规则，因此当两家公司的职员在讨论同一个客户的时候，突然意识到其行为可能违反了反垄断法，进而即刻终止讨论。在关键词语料“被倒逼着要做好这一块”中，我们能看到行业标准对于公司管理层的约束，从另一个层面其实是普通职员与管理人员的相互制衡，即管理人员受规则束缚，必须保障员工的基本权益。规则的约束和制衡功能不仅体现在针对公司员工个体行为的规范管理，也体现在员工之间、部门之间的关系，乃至公司与客户、供应商的关系上。

关键词 7：“内部销售”

我们公司有内部销售制度，专门负责对报价和合同条款的控制。这些“内部销售”不跑外勤，只专门负责报价和合同管理。这种情况下，内部销售地位是很高的，即使是销售经理，也得对他们礼让三分。实际上，内部销售就是总部管理整个亚太区销售团队的重要砝码。

（C30，曾先生，29 岁，美资销售经理，东莞）

这则语料中的内部销售专员并不直接面对客户，只承担报价和合同管理的职能，其目的就是对一线销售人员的行为予以约束与制衡。曾先生坦言这类内部销售地位很高，连销售经理也要对其礼让三分。基层职员和管理人员对“内部销售”这一机制的敬畏，恰恰证明了规则无处不在的约束力和制衡力。

关键词 8：“各种规则限制，是可以预防潜在风险的”

我们公司的规矩很多，很多部门会存在一个冲突，导致我们想做的东西到最后会被砍得不像样。比如说我们想做一个产品，这个产品在最初阶段的设计理念、包装、口味都是非常好的。但是呢，一开会，我们法务部门就会出来说，这个 Logo（标志）会违反某一个法律；然后我们的公关部会出来说，这样的一个宣传方式会遭到怎样的一个投诉；那我们的研发部门会出来说，这个包装会对公司的成本产生多大的影响。总之，很多部门会跳出来 PK①，那你在与他们 PK 沟通的时候，不得不妥协下来，导致你最初想的那个东西，本来是很好的，但是等到落地的时候它已经变成一个“四不像”了。对此我们也会很郁闷，不喜欢，但是我从另一个方面想，又不得不承认各种规则限制，是可以预防潜在风险的。因为对于公司，特别是大公司来说，它追求的东西是零风险，因为零风险就有利润。我觉得快消公司普遍是会比较保守的，我们在这一点上规则只会更多，我们的各个行为、各种产品都更加保守一些。

（C14，叶先生，26 岁，美资销售经理，广州）

最初的想法，在各部门多轮 PK 后，终于被砍成了“四不像”，叶先生的郁闷之情不难理解。然而，从理性的角度来看，每个部门的专业性迥异，自然会从不同角度对产品雏形进行考察，比如法务部会考量商标是否合法，公关部会关注宣传方式是否恰当，研发部会计算包装成本是否合理，等等。这种 PK 机制可以有效规范产品的设计方案，约束设计者的行为，在不同部门之间形成有效制衡，保证产品推出零风险，毕竟零风险就意味着利润。鉴于此，尽管内心不悦，叶先生仍然承认这一机制的合理性，相信这种约束和制衡带来的保守作风是预防风险的有力武器。

约束与制衡不仅仅存在于公司内部，也涉及公司外部的合作伙伴。第一章文献综述介绍的英特尔《行为准则》开篇就提到该准则不仅适用于所有员工，还适用于独立的承包商、供应商和业务往来各方，这实际上就是

① PK 是 Player Killing 的缩写，原意是游戏中玩家对决的模式，这里是指部门之间一对一的质疑。

对于公司与外界机构相互行为的约束与制衡。尤其作为与外界打交道比较多的销售部门，如果不能严格遵守相关制度来规范与客户、供应商的关系，则容易使公司蒙受经济损失。

关键词9：“什么都要 black and white（白纸黑字）”

我们公司有个惯例，什么都要black and white，也就是说任何事情一定要做到有据可依。我们公司新人进来就一定会给他们培训，什么都要 black and white。一般来说，新人不到半年都会习惯这个操作。比如说，我们做一个客户的生意，把一批货从广州运到洛杉矶，按道理货到提单的时候，就要做票结（结账）。但是如果这个客户说，正好最近我们财务出差，等财务回来以后再付给你，我们一般不会同意客户这种要求。但是如果和这个客户真的是关系够好，信得过，而且他又保证下个星期财务会来付钱，那么这个时候就一定要白纸黑字写下来。其中就包括这个客户要写邮件告诉我们的销售人员，这个单子费用多少钱，大概什么时候结清。然后我们的销售员和结算员要给我发邮件，向我申请延缓结账，最后我邮件回复同意，相关操作员才可以放单。如果我只是口头说放单，我们的操作员是不能接受的。为什么呢？就是为了控制风险。因为一旦那个工厂倒闭了，工厂换人了，他翻脸了，你没有白纸黑字的文件在手，这个责任谁承担？钱拿不回来怎么办？如果我们的操作员放了一个单，出了事我们找到这个操作员，然后他回复说 Cindy（受访者英文名）同意了的。那我就会问，有 black and white 吗？没有的话就不算。

（C2，宋女士，37岁，德资销售经理，广州）

“白纸黑字”的目的是保证业务往来的高度清晰，其主要功能就是约束和制衡。在这一段语料中，“白纸黑字”能够有效约束客户、销售员、结算员和业务主管的行为，制衡彼此的关系，使他们切实按规范操作，确保相互利益不受侵害。可以想象，如果没有“白纸黑字”的约束和制衡，市场经济背景下的交易将会一片混乱，不出问题则已，一旦出问题，公司将会因此蒙受巨大的经济损失。正如第一章文献综述中英特尔《行为准则》第一条所述——“在业务开展中应以明晰、尊重和专业的方式进行沟通”——而这样规定正是为了杜绝因沟通不清晰导致的不利后果。这也正是为什么宋女士所在的公司在培训新进员工时就必须接受“black and white”的培训，只有凡事留下文书证据，才能有效约束各自行为，制衡彼此关系，从宋女士语末坚决的态度可以看出她对“白纸黑字”这一惯例的认同和落实贯彻的决心。

规则是约束，规则是制衡，这些都是规则最显性的本质特征。无论是法律制度还是行业标准，在约束企业员工行为和制衡各方面的同时，其实也保障了人的基本权益和公司的经济利益。被硬性要求佩戴头盔骑摩托车的工作人员，在被约束的同时其实拥有了一份保护；企业严格遵守用工标准，实际上是尊重员工权益的具体体现；内部销售机制与白纸黑字制度，都是为最大限度降低公司风险所采取的防御保护性举措。尊重与保护，正是下一节的核心关注点。

第二节　尊重与保护

尊重与保护两个词，是在访谈中受访者频频提及的感受，在语料编码过程中这一范畴内的标签频次数量与占比也是最高的（频次数量 204，占比 15.7%）。这说明，规则所带来的尊重与保护是很多受访者感受至深的一点。本节将从访谈中提及的举报制度、员工满意度调查、办公氛围、工余时间、安全保护、薪酬福利等角度来阐释受访者从规则中体验到的尊重与保护。

在第三章的个案呈现中，通过张嘉的视角，我们看到公司为了保护她作为劳动法律师的权益，宁可花钱请律所代理涉及劳务纠纷的官司，也不主张张嘉出面亲自代理。通过张嘉对“公开举报”热线使用的描述，我们也了解到基层员工如何为自己发声。“公开举报”制度作为一种让管理层了解“民间疾苦”的做法，很大程度上旨在开辟一个渠道，以供员工对于公司内部不合规的行为进行上报。在一定程度上，即使员工从未使用过这一权利，但这一制度的震慑力却一直客观存在。

关键词 10：“打那个电话，直接打到总部”

我们是有一个举报电话的，那个号码打过去是英文回答的。比如说国内有个很高层的老大是美国人，他欺骗公司或者他要你贪污，你很害怕，对不对？没关系，打电话，打那个电话，直接打到总部。

（问：你打过吗？）

没有。虽然我没有打过，但是对于每个新来的人，公司培训的时候会告诉你，个个都可以打，比如你的老板性骚扰你，比如工厂里面有贪污、受贿，那你打这个电话号码就行。这个电话专门有个律师或者一个人事部最高层的人在听，他知道后就会下来调查，就像一个纪检部门一样。

（C1，谢女士，45 岁，美资财务总监，东莞）

受访者谢女士是一位资深财务总监，她用生动明快的语言描述了拨打举报电话的步骤。尽管她本人从来没有使用过这个电话号码，但是她认为，公司在入职培训时对举报电话的介绍已经很好地表明了公司开明的立场，能够有力保证基层员工的权益。她用了“纪检部门”这个词语，将其与公司总部的“合规部门”进行类比，在她看来，举报电话的威慑力是毋庸置疑的。当然，我们可能会质疑一点，公司后勤部门的办公室职员大部分受过高等教育，具有一定的维权意识，但是那些对于公司举报制度知之甚少，或者受教育水平较低的一线工人们，他们的权益又如何受到保护呢？

关键词 11：“公司对工人挺好的”

我们属于全球制造商的一个部门，我们都是制造出口美国的产品，假如你虐待我们的那些工人，或者是侵犯他们的利益，你的产品是不可以卖到美国去的，它是很严格的。举个例子，总部每年会有一个小组专门从美国飞来，实地到工厂来，他们设计了一些问卷，然后随机抽工人去做访问，就问你每个星期加班多少小时，工资收入多少，有没有老板骂你，有没有性骚扰你，工作环境怎么样，公司饭堂怎么样，等等。我们的工人不会英语，就会专门配备翻译来协助对话。所以我感觉到，公司对工人挺好的，很人性化，很保护工人的权益。

（C1，谢女士，45 岁，美资财务总监，东莞）

其实，与之相似的语料我们在前面也曾读到，但那是从管理层的角度来看待国际行为准则对于企业的约束，而在这里我们读到的是一线工人在制度下可以感受到的尊重和保护。这些工人所受的教育有限，他们或许完全没听说过 EICC 国际通用行为准则，也不确定打去总部的举报电话能有什么作用，但是实实在在的年度总部下访，注重细节的访谈，足以体现对一线工人的尊重。

关键词 12："员工满意度调查"

我们每年都要做一个盖洛普①调查问卷，主要是做一个员工满意度调查。有一些问题比如说，喜不喜欢自己工作的部门？对自己的上司有什么看法？工作开不开心？最喜欢的同事是谁？等等。因为这个员工满意度的问卷是会影响到我们部门经理的绩效的，所以他平常就会比较尊重我们，鼓励大家下班了一起出去玩。像我们每半年会有一次部门的外出团建活动，就是去外面住一个晚上，住豪华的酒店，吃顿好的，然后我们的经理会传授一些职业生涯的知识，也会回顾一下年度的情况，讲一下今年部门的发展计划，等等，还是挺不错的。

（C14，叶先生，26 岁，美资销售经理，广州）

叶先生入职时间不长，对自己的职业生涯憧憬无限。他轻松愉快地描述了与部门上司亦师亦友的关系，看得出他的员工满意度较高，对于上司的领导风格比较适应和欣赏，上司给他的"尊重"也让他很受用。他认为之所以上司会如此尊重下属，其中一个原因是，员工满意度直接影响上司的绩效，这其实从另一个角度证明了规则的制衡性。关于这一点从下一则语料中可以得到印证。

我们公司员工手册的人力资源管理调查问卷里有很多内容，员工们可以在罗列的描述中表达自己的感受，比如"我清楚理解我的工作目标；我能够参与有关我的工作的决策；在公司中我受到尊重；当我提出新的工作

---

① 盖洛普（Gallup）咨询公司是一家专注民生研究项目调查的公司。

方法时能够受到鼓励；当工作中遇到困难时，我总能得到帮助；我有机会面对有挑战性的工作及发掘潜能；我的经理十分关心我的职业发展；团队之间经常开诚布公讨论问题；等等”。通过这些问卷，我们可以了解到公司哪些部分做得好或者不好。

（C33，夏女士，35岁，英资人力资源经理，广州）

以上两则语料相印证，说明了公司对于员工心声的关注，不论这种问卷调查是外包给了专门的调查公司，还是经由本公司人力资源部门执行，都是尊重员工的体现。在叶先生看来，这种尊重不仅仅体现在吃饭、旅游等团建活动，还体现在上司与下属分享职业心得的点点滴滴，这些都有助于营造出一种开明愉悦的工作氛围。

关键词13：“公司的文化氛围是开明的”

我觉得公司的文化氛围是开明的、包容的、自由的，能接受很多不一样文化背景和喜好的人，无论是LGBT[①]人群，还是兴趣爱好比较小众的人，都可以在这里找到和自己相近的人。在入职晋升方面是不是绝对公平我不敢说，至少在我看来是公平的，大家都凭本事吃饭，这一点很开明。

（C28，朱女士，25岁，美资营销经理，广州）

朱女士入职不足一年，接受访谈时她对很多问题都无法回应，例如针对年度考核这样的问题，她甚至还完全没有经历过。在短时间内的工作经历中，她感受最深的是公司的文化氛围。作为典型的“90后”，她喜爱多元化的现代生活和开放自由的环境，她对于彰显个性的生活方式的感知极其敏锐，其中就包括非异性恋群体的自我表达。她欣喜地看到公司对于现代人性取向的尊重和对特殊群体的无差别待遇，这一份开明和包容令她印象深刻。下一则语料中的张女士，曾有在国外工作的短暂经历，她对于公司给予的尊重感受尤为不同。

① LGBT是女同性恋者（Lesbians）、男同性恋者（Gays）、双性恋者（Bisexuals）与跨性别者（Transgender）的英文首字母缩写，泛指非异性恋群体。

关键词 14："这样的公司真的很难得"

说实在的，因为之前在国外工作的原因，并没有觉得 work life balance（工作生活平衡）算得上是一种福利。我觉得尊重个人空间、不在非工作时间以微信或电话的方式讨论工作，这些本来就是天经地义的。入职之后听同事们讨论才知道，像这样的公司真的很难得。

（问：什么样的公司?）

就是一个面试不问女生单身与否、结婚与否、生娃与否、合理请假随便请、不加班、不来事儿的尊重员工、尊重个人空间的公司，真的很难得。

（C45，张女士，27 岁，美资营销经理，广州）

张女士一口气罗列出多个理由来证明自己任职的公司是多么难得。实际上，在她与同事讨论这些细节之前，她并未发觉到这一点，这可能是她对于其他公司用工环境不熟悉所致。通过她的描述，可以看到一种充分尊重员工个人空间和个人隐私的管理理念，而在职员工对于这一份来之不易的尊重也是极其珍惜的。

关键词 15："有中国特色的工会组织"

我们公司成立了一种有中国特色的工会组织，在中国传统节日会给员工发购物券、电影券，还会组织集体旅游活动、包饺子活动、员工子女暑期夏令营等活动。我们公司还有前员工俱乐部，可以与已经离职的员工保持联系，也欢迎他们再次入职。

（C43，潘先生，37 岁，美资税务部经理，广州）

潘先生十分严谨地使用了"有中国特色的工会组织"这个词组，说明他十分清楚中国企事业单位的工会组织与西方的工会组织的区别所在。工会一词本身源于西方，是以行业为单位，为职工维权的组织。而工会进入中国后，更多的是一种安服机构，主要承担员工福利发放和组织工余活动，正如语料中所提到的发福利券和开展旅游活动等，这些都能使员工获得更多幸福感和归属感。同时，前员工俱乐部的设置也使业已离开公司的前任职员有机会和渠道日后回来效力。无疑，这种工会组织使包括潘先生在内的员工们感受到被尊重和照顾，从而提升了他们的工作热情和积极性。如果说这种尊重观照的是员工的精神世界，那么对于那些常年身处产品制造或机器维修基层岗位的一线工人而言，尊重更多的是体现在提供实实在在的安全保障上。

关键词 16："飞机整坏了没关系，人没事就行"

我师傅说，以前公司没有被收购的时候（该公司之前属于民营，后被美资收购），我们的技术操作没有那么讲究，没有那么多规矩。被收购以后，各种规矩多了很多，都明明白白地写在安全守则里面的。你知道的，一个操作面板上那么多键，按错一个就可能出大事故。鬼佬①说了，安全第一。飞机整坏了没关系，人没事就行。

（C22，康先生，25 岁，英资维修部职员，广州）

康先生是一名年轻的机械修理技术员，他用朴素的语言道出了实实在在的真理：生命的宝贵性是不可超越的。用什么来保护人的生命呢？作为一名一线的技术人员，安全守则就是法宝。越讲究规矩，就越能将危险和事故杜绝在萌芽状态，这是谁都明白的道理。规则的保护功能需要以被遵守作为前提，而强行要求员工遵守安全规则就是对员工的最好保护。这名年轻的技术人员看似轻描淡写的一句"鬼佬说了，安全第一。飞机整坏了没关系，人没事就行"，凸显了管理层对于生命的尊重，透露出公司"不差钱"的大气和员工"背靠大树好乘凉"的安心。不可否认，为员工提供足够的保护确实是需要强大的物力和财力作为支撑的。

关键词 17："合乎安全要求的酒店才可以住"

我们出差去住酒店是不能随便住的，必须是公司验证过、合乎安全要求的酒店才可以住。比如在广州的话，我们最早签约的是中国大酒店和花园酒店。我们有一个全球安全专责小组的同事会去首先住这个酒店，对这

---

① 鬼佬：广东方言中意指外国人，此处是指美国上司。

个酒店的安全作一个评估，评估了以后，就有一个报告给我们总部，总部认为合乎要求了，就会跟这个酒店签一个合约，还会颁一个证书给这个酒店。我们的同事出差的时候会有个酒店目录在手上，记载着每一个城市哪几个酒店可供选择。

（C8，林先生，46岁，美资总经理，广州）

对差旅酒店的评估和选择看似烦琐，却凸显了公司对于员工安全的看重。众所周知，位于广州闹市区的中国大酒店和花园酒店都是老牌的五星级酒店，不仅在安全上保障系数相对高，在舒适级别上也是毋庸置疑的。对于林先生而言，这反映的正是公司对员工的尊重。这种尊重不仅体现在差旅酒店的甄别上，更体现在公司为员工购买的保险上。

关键词18："所有保险费用由公司负责"

我初一来到这家公司，就给我买了两个保险。第一个，人身意外保险；第二个，商业医疗保险。这些都是商业保险，跟我们的"五险一金"完全没关系，而且所有保险费用由公司负责。我就觉得这给我印象非常非常不同，就是对于员工，对于一个安全方面的保护是完完全全不一样的。我以前在其他公司的时候，根本没有那么多保险的。来到这里，我就感觉到这是一个真正"以人为本"的公司，对人的生命和安全的尊重是非常非常严格的。

（C8，林先生，46岁，美资总经理，广州）

外资企业"以人为本"的公司价值观我们并不陌生，第一章文献综述中曾提及美国西南航空"员工第一，顾客第二"的公司哲学、美国国际商业机器公司"尊重企业中的每一个人的尊严和权利"的公司信条和星巴克公司的"我们如何对待员工，员工就如何对待顾客"的人力资源管理理念，这些均能体现企业文化"以人为本，尊重员工"的特点。林先生在访谈中旗帜鲜明地使用了"以人为本"这个词语，体现出他对公司这一价值观的欣赏。

关键词 19：“消防通道必须保持畅通，办公设施必须是完好的”

举个例子，我有次应邀去了广州的一家公司的仓库，名字就不说了，反正是一个汽车品牌。他们的负责人说，您是危险品运输和储存领域的专家，您能不能给我们看一下，我们仓库里面有哪些是需要去改善的。然后，我们就过去看了，我看到了很多问题，看到了对员工的生命的不重视。为什么呢？我和他们的负责人说，第一，会议室里面的椅子是不符合规范的，椅子是破的，破的地方很容易会弄伤员工的身体。第二，那个消防设施应该有相当长时间没有去看过了，看上面的灰尘的厚度就能看出来，还能不能用呢？第三，安全消防通道的任何一个门都是不能堵塞的，你看看你摆了多少东西在那里，要是有什么情况发生的话，你这个消防安全通道能走吗？不知道他那是一种无奈还是漫不经心，他就说，这个也能用，那个也能用。但是，对于我们来讲这是不行的，第一，我们在办公区、生产区的消防通道必须保持畅通，我们公司每年都要举行一次消防演习；第二，我们的办公设备必须是完好的，不能使员工受伤。除此之外，我们每年还要派 4 位同事去学习红十字会的应急救援技巧，现在几乎每一个同事都拿到证书了，轮了十几年。

（C8，林先生，46 岁，美资总经理，广州）

实际上，“消防通道必须保持畅通，办公设施必须是完好的”，这是任何一家企业、单位的安全规则之一，难的不是不了解这个规则，而是真正重视和执行这一规则。语料中的企业负责人言辞中透露出来的轻描淡写与漫不经心，看似无伤大雅，然而一旦发生安全事故即是人命关天，这与企业“以人为本”的精神是背道而驰的。正如林先生所言，这是对员工生命的不重视。生命力固然是强大的，但绝不能忽略了生命在灾难面前的脆弱。人不过是血肉之躯，面对水火之灾时，人力显得尤其渺小。自然法则决定了人非金刚护体，难以做到在灾难中全身而退，因此要杜绝事故的发生就必须以遵守规则为前提，任何抱有侥幸心理、藐视规则的行为，任何抱怨规则烦琐因而满不在乎的态度，都可能带来终生遗憾。

林先生以犀利的语言对忽视安全规范的行为予以直面批评。这种“以人为本”的精神，回归到文献综述中体现的是一种企业伦理，而决定这一伦理的哲学基础其实是安全规则作为技术规则的本质。因为技术规则的约束规范是不以人的意志为转移的自然规律，人类或许可以改造自然，却不能妄图改变自然规律。因此，顺应自然，遵守安全规则就是人类最明智的选择。而对安全设施的关注，体现的是对人的生命的尊重和保护。

当然，以上描述可能会让人误以为在外企工作只有纯粹的被照顾、被关注、被包容，但是实际上，企业的存在终究是以盈利为最终目的的，如何在实现这一最终目的的前提下，给予员工贴心的照顾，使他们更有集体归属感，这才是管理者们更关注的方向。

关键词 20："温柔的剥削"

我觉得公司还是很人性化的，算是一种温柔的剥削吧。比如当你家里有实际困难，需要照顾病人，要迟点回公司，一般都会申请获准。另外，下班时间也很少谈工作，不会在微信群里唰唰地布置工作任务。怎么说这是一种温柔的剥削呢？毕竟它不像有的企业打着维护大局的旗号，一天到晚用很多和经济行为没关系的事情来侵占私人时间，也不会一味强调奋斗的企业文化，一边要员工有狼性，另一边又不给狼喂肉吃。

（C31，肖女士，32 岁，英资销售经理，广州）

肖女士直言不讳作为普通职员被剥削的无奈现实，对于企业而言，盈利是其基本目的；对于员工而言，工作是出于经济需要。在这种相互磨合的状态之下，"温柔的剥削"应运而生。在肖女士看来，这种"温柔的剥削"尚在可接受范围之内。这种"温柔"体现在当职员家中有实际困难需要照顾时，可获得宽容的对待；这种温柔体现在不会 360 度无死角地占用职员的业余时间来为公司服务；这种温柔还体现在张弛有度的企业文化，不会一味要求员工奉献，也同样注重给予。肖女士认为，这种温柔实际上体现的是对职员的尊重，是对于职员作为一个社会人的多重身份和角色的尊重，归根到底就是一种"以人为本"的伦理精神。

关键词 21："公司不提倡加班"

我们加班不多，这个可能是基于一些国外管理者对于人权方面的认识吧，他们会认为加班是一个比较敏感的话题，相当于是对人权的侵犯，所以一般来说，公司不提倡加班。当然了，如果工作完成不了的话，还是得加班的，这个就按照国家劳动法去补偿。

（C33，夏女士，35 岁，英资人力资源经理，广州）

加班问题，敏感而现实。不提倡加班的基本态度，体现了对员工私人时间的尊重。夏女士认为，这在本质上体现的是管理层对人权的尊重，正是因为上升到人权的层面，因此显得格外敏感。实际上以英特尔公司为例，其《行为准则》中专门设有“尊重人权”一项，其下属的“全球人权原则”专门就工作时长和最低薪资标准作出规定，例如不得超过当地规定的工作时长或每周不得超过 60 小时等，对于加班情况应遵循法律予以补偿。这一点与夏女士的认知基本保持一致。夏女士理解工作未能按时完成的情况是客观存在的，因此加班也在所难免，而相应的经济报酬，则是对于加班最合理的补偿。行文至此，不难发现，员工并非不愿加班，也并非不愿努力工作，员工基于经济需求的驱使而投身工作，而给予相应的报酬或福利，就能使他们体会到团体归属感和职业幸福感，换言之，合理的经济报酬就是最现实的尊重。

关键词 22：“工资还行”

我现在工作 3 年，工资还行。每个月拿到的公积金比房租多，“五险一金”能多交不会少交，社保基数按上限交。公司每天都有新鲜配送的水果，洗好了放在茶水间大家可以免费吃，还有其他零食。上班时间相对自由，不知打卡为何物。老板通情达理，甚至在生病时主动鼓励在家办公，不要来公司传染给同事。每年还配备额外商业保险、报销健身费、洗牙费、暖气费、考试费（过了就给报销）。

（C45，张女士，27 岁，英资营销经理，广州）

我也觉得工资还行，反正比我同学（在日资企业）要好一点，可能比他高个两三千元吧，而且那边晋升比较慢，基本核心部门都还是本国派人来，感觉没有职业发展空间，韩国企业也差不多。

（C35，葛先生，27 岁，美资工程部职员，广州）

张女士和葛先生两位年轻职员不约而同地表达了对于薪资报酬的满意。对于初入职场的年轻人来说，工资薪水的重要性不言而喻。当受访者津津乐道公积金、社保、商业保险等各种公司提供的福利时，其满足之情溢于言表。

在本节我们读到了举报制度对于人权的维护、员工满意度调查对于人性的关怀、商业保险的购置对于人心的安抚、安全守则的落实对于人身的保障、开明包容的办公氛围和管理理念对于个人空间的尊重、薪酬福利对于员工的激励等。语料中的主角们都是“以人为本”理念的受益者，他们认同并欣赏这些带来安全感和尊严的规章制度，也是这些制度的实际践行者。应该说，这些语料有力地支撑了第二章关于企业伦理的论述，即美国行为科学家梅奥所提出的人是“社会人”而不是“经济人”的观点。而本节的受访者们，正是由于在安全感、归属感和个人尊严方面获得了满足，个人劳动获得了肯定，因此对于相应的管理制度和伦理精神持认可和拥护的态度。

第三节　道德与诚信

英特尔《行为准则》开篇第一句话便是“高度诚信的文化”，诚信作为企业伦理的核心部分，其地位坚不可撼。回顾第一章文献综述从哲学角度来看待规则的基本类型，道德规则与技术规则、游戏规则构成了规则框架的三大组成体。从公司治理角度出发，不难发现很多公司制度实际上是道德规则与游戏规则、技术规则的结合体。比如企业审计制度，作为一种游戏规则，对审计人员的专业性和被审计部门的规范性造成了约束；同时作为一种道德规则，对审计人员和被审计部门提出了道德要求。而违背了这一制度的人和部门，不但要受到相应法律法规的制裁，更将遭受良心的责备和社会的唾弃。本节主要从道德与诚信的角度，来呈现受访者的规则观趋向，其中涉及严惩作假行为、选择诚信伙伴、系统防止作假、诚信精神、诚信培训等内容。

关键词 23：“你不诚实，这是不可原谅的”

我们公司有一个内审机构，用于审查公司内部的各类数据。当时我们下面有个分公司生意不太好，他们就虚报了一些销售数据。审查发现后，那个财务主管和销售员立即就被开除了。对外企来说，无论你哪个方面做得不够好，比如说你英语不好，业绩不好，这些能力、技巧的东西可以改变，都可以原谅。但是你不诚实，这是不可原谅的，因为这是诚信的问题、道德的问题，我们公司不能留这样的人，无法信任这样的人。

（C1，谢女士，45 岁，美资财务总监，东莞）

谢女士早年从广州一家财税中专学校毕业，从国有银行的柜台职员做起，自学获得会计学本科学位，自费去澳洲攻读 ACCA① 硕士课程，多年来国内外专业学习和工作的体会使她对于数据造假深恶痛绝。得益于公司严格的内审制度，虚假的销售数据被及时发现，相关人员被即刻遣散。在谢女士看来，弄虚作假是比业务能力差更令人不可原谅的事情，因为前者触及道德准则的底线，其害处远比销售业绩不佳更甚。姑息不诚信者是企业经营的大忌，因此无论涉事者是谁，即使是公司的“管理层”，也不能逍遥法外。

关键词 24：“杀鸡儆猴”

外企强调稳定健康的组织系统，任何弄虚作假如不在萌芽中扼杀，都会在将来威胁这个系统的稳定，这是我们入职培训中就有的内容。所以，有时候会因为诚信问题出现杀鸡儆猴的事情，就连犯规的管理层也不能例外。比如说，我们以前有位同事用最高的报销标准篡改出差的酒店发票，发现后就被立即开除了。还有个经理把公司配给他的手机和电话卡给亲人用，而不是用于业务，发现后也被立即开除了。

（C15，赵先生，27 岁，美资 IT 部职员，广州）

---

① ACCA 是特许公认会计师公会 The Association of the Chartered Certified Accountants 的缩略词，ACCA 资格被认为是“国际财会界的通行证”。

赵先生是一位年轻的IT部门职员，他大学毕业便任职于一家专营食品的美资公司。尽管没有丰富的管理经验，但是入职培训中有关诚信的内容他烂熟于心。他用了“杀鸡儆猴”这个成语，以证明公司对于诚信问题毫不姑息的态度和决心。

语料中篡改发票的同事和滥用手机的经理的所作所为称不上“滔天大罪”，但正所谓“勿以善小而不为，勿以恶小而为之”，弄虚作假若不能扼杀在萌芽状态，就极有可能后患无穷，甚至导致整个系统的崩溃。或许是赵先生所在的公司对待诚信问题格外严谨，语料中的涉事主人公均以被开除收场。但同样的情况下，有的公司可能会采取相对怀柔的政策。

关键词25：“驳回他的报销申请”

同事里面曾经有人报销的时候，有意把数目报大，就是说与他的工作不相关的费用他也拿来报销，然后我就驳回他的报销申请，要求他重新提交，同时把公司的报销制度再次发给他学习。在员工年度考核的时候，我会把这件事情纳入考核范畴，毕竟这个涉及他的诚信问题，肯定在年终奖金方面会有所体现的。

（C39，熊女士，25岁，美资咨询经理，广州）

相比较关键词24语料，这则语料中的涉事者似乎幸运一点，在被查明违规报销的情况下，熊女士并没有对他给予严厉的惩罚，而是善意地驳回申请，要求对方重新温习报销制度。但是一切并非流水无痕，涉事者的所作所为将会影响他本人的年度考核和年终奖金。从以上两则语料，我们看到两位年轻的受访者都体现出处理诚信问题时坚定的态度和决心。这种态度不仅体现在公司内部管理，也同样关系到与公司有业务往来的个人和团体。

关键词26：“愿意和外企合作”

我们公司是比较愿意和外企合作的，因为他们的标准和规则比较严明。打个比方，我们的供应商供货到超市，超市需要在一定的期限内把货款打给我们。但是近期出现的一个情况就是，某某超市本来是应该在账期内将货款打回给我们的，结果一拖再拖，拖了三个月，导致我们的账期超了。如果在沃尔玛是绝对不会出现这种情况的，因为他们在财务这一块的标准是非常严格的，需要在合同规定时间内给我们的钱他们是会给的，不会拖我们一分钱。所以，从我个人来说，我是倾向于跟标准规则更加明确合理的沃尔玛合作的。在供应商调查里，我们与沃尔玛的关系也比与某某超市的关系好一些。我们和沃尔玛之间应酬也比较少，任何的东西不需要应酬，我们用数据、用过去的业绩、用制度就足以探讨一些东西。

（C14，叶先生，26 岁，美资销售经理，广州）

叶先生任职于一家食品公司，身处销售部门的他更多的是与下线的经销商和超市打交道，在这一过程中，他发现外资超市重视诚信经营，一般不存在超账、赖账的问题。相应地，他们也更倾向于与外资超市打交道。在第一章文献综述中就曾提及不少美资企业对供应商、经销商都提出了合规要求，例如英特尔就旗帜鲜明地提出如果合作伙伴违反公司《行为准则》，将承担合作关系终止的风险。为了销售利润，叶先生所在的公司和部门对于某些超市的拖账行为一再容忍，但是他们的倾向性是十分清晰的——在他看来，外资超市严格的财务制度赋予了企业诚信的魅力，因此尽管相互之间应酬很少，但是有制度坐镇，一切都泾渭分明，数据说明一切问题，应酬也变得多余。如果说道德诚信的概念是抽象的，那么落地为规则制度后，则变得更加具象明晰。

关键词 27：“系统怎么造假”

上周我解雇了一个职员，我也很痛心。因为我们关系很好，她是我跳槽来这家公司的时候一起过来的。没办法，做销售就要拿数字说话，业绩没完成，我也保不了她，就算是亲爹亲娘也没办法。

（问：如果你保了她会怎么样？）

怎么保？这个销售数字是很公开透明化的，谁都能看到，整个总部的人一点击她的名字就出现她的业绩。

（问：这个业绩的数据可能造假吗？）

系统怎么造假？我们公司的这个系统是一个相互关联、环环相扣的系统。你得有这个销售业绩，才会产生相应的资金，才进得了系统。你要是没有这个业绩的话，操作员怎么给你入系统？财务怎么认证？整个运作就是这样完备，这么到位，数据库都在总部那里，怎么造假？

（C2，宋女士，37 岁，德资销售经理，广州）

宋女士是一位资深销售经理，她手下的职员由于销售业绩不佳被解雇，这让宋女士为难，毕竟被解雇的是自己的老部下。但是常年混迹于外企，经验告诉她，“我也保不了她”。因为在公司系统里一切数据都是公开透明的，所有部门之间环环相扣，一个数据作假就意味着一连串的数据作假，多个部门都会牵涉其中，所谓牵一发而动全身，即使有心也确实无力保住当事人。宋女士对于作者的发问给予一连串坚定的否认，可以看出她绝不认同造假的做法。她欣赏的是系统的完备和到位的运作，在这个前提下，造假无所遁形。

从另一个角度来看，造假就意味着使公司蒙受损失，不造假则必然导致部下被辞并且双方关系破裂，在两难的境地中，宋女士选择了公司的整体利益而不是同事之间的一团和气。回应到第二章对于横向集体主义者与纵向集体主义者的论述，毫无疑问宋女士是纵向集体主义精神的捍卫者，她认为集体的利益与目标远胜于同僚的和气，因此，尽管“痛心”，她还是理性地解雇了部下。正如她所言：“整个运作就是这样完备，怎么造假？”换言之，系统本身的完备性使造假者无所容身。与宋女士观点类似的还有下一则语料中的徐先生，他认为一套完整的体系能够对人的道德与诚信加以约束，将造假与失信的后果具象化，使人受制度约束不得不规范个人行为。

关键词 28：“违背信用，一定会遭受惩罚”

比如我刚进公司的时候，实际上我可以支配的资金量蛮大的，如果你有一些歪念，你利用这些资源，谋一些东西，都是可能的。所以你发现公司里无论是报销流程还是财务审批，首先折射出来的是对人的信任。从公司层面看，这是制度问题，首先公司会相信一个人，比如说你是公司员工，它会相信你，你的数据和信息，给你相应的权力。你刚进公司手头上权力很大的，可能不是人事权，可能是落实在财务上面的。它能这样信任你，有它的考虑。美国有一套完整的信用体系，每个人都有一个信用账号，这个账号会贯穿一个人生活的方方面面，跟一辈子。一个人欠银行钱不还，或者水电费不交，这些对他的信用度有直接的影响。我觉得这个信用制度可能跟商业发达程度有关，因为商业发展建立在契约精神之上。如果一个人违背信用，一定会遭受惩罚，其代价是非常高昂的。从社会信用体制来看，表面看到的只是规则，但其规则背后往往是理念和文化。

（C20，徐先生，30岁，美资销售经理，广州）

徐先生大学毕业后便在某外企工作，几年后辞职创业从事外贸。他回忆自己初入社会进入外资公司时所拥有的财务支配权力，认为是出于公司对于职员的信任，而这种信任在他看来，是一种契约精神的产物，而人们之所以选择恪守诚信，从外在来看全因有完整的约束机制。只要人们认识到违背信用需要付出高昂的代价，就自然会“三省吾身”以确保不行差踏错。但是如果约束机制出现漏洞，则难以确保制度精神有效落地。

关键词29：“不傻的话就赚不到钱”

其实有种情况是很无奈的，我们一些企业不是没有严格的规章制度，比如说某一类的危险品或者化工品怎么处理，这些都是有很详细的条款印在上面，但是经常没有人去执行、没有人去监管。为什么呢？因为如果你按照标准去做的话，这个成本非常高。比如一套环保设备，买进来是很昂贵的，但是，它日常运行起来的这个费用更加昂贵。所以没有监管的话，就算买了，它也不开。有的是日常不开，上面来检查的时候就假把式地开一开。

（问：你们如果去运行这个环保设备，成本也很高，怎么办呢？）

成本不是一切。比如我们公司运输一些有放射性的货物的时候，按照要求这个货物必须先包装起来，然后使用专用的带防护设备的车辆运输，这个费用是不低的，行内人都知道。但是，据我了解，有的厂家居然用一个日常的面包车，派个员工，一手提着就拿走了。在商言商，这个成本确实很低。比如一个水杯这样体积大小的放射性的物体，我们公司的报价一般两万块钱才能承运，因为实实在在成本是这么高。但是与此同时，有的公司可能两千块就搞定了，你可以去想象他的做法。如果客户只能接受一个两千块的报价，我们只能选择不做，所以我们很难真正地打入国内市场，因为不傻的话就赚不到钱。

（C8，林先生，46 岁，美资总经理，广州）

在这则语料里，我们首先读到的某些企业对规则的阳奉阴违。购买昂贵的环保设备不是为了环保，而是为了摆设，为了应付上级的检查。这其中的原因可能很复杂，其中一个原因就是环保设备的运行成本不菲，这与豪车的维修保养费用不菲是一个道理。同样地，涉及危险化工品的运输和处理，其费用也是十分昂贵的。如果实实在在地按行业标准办事，必须付出一定的人力、物力和财力，其成本远远高于敷衍了事的做法。按照林先生的说法，他所任职的美资企业宁可失去客户，也不会接受低成本高风险的做法。这体现的不仅仅是企业强烈的安全意识，更是他们对诚信规则的笃信践行，他们不愿意在服务中刻意降低质量以求低廉的成本，更不愿弄虚作假去博取订单。

林先生坦言他们很难真正打入国内市场。当作者询问他们公司的主要客户来源时，林先生毫不犹豫地说外国企业居多。这与前文中受访者叶先生直言他们更愿意与外资超市打交道的做法有相似之处（关键词 26 语料）。林先生最后一句话尤其耐人寻味："不傻的话就赚不到钱。"言下之意，要赚到钱就得"傻"。确切地说，是"装傻"，是明知不对还一意孤行、以次充好、蒙混过关。对于这种置公司诚信于不顾的做法，林先生的态度很鲜明："我们只能选择不做。"

与林先生的坚决态度一致的还有下一则语料中的莱特先生，他大学毕业后随家人移居中国香港，2010 年加入了位于深圳的一家美资企业，担任国际贸易商务顾问的职务。不同于典型的商务外派，莱特先生属于自发性外派人士（self-initiated expatriates），即自主选择在东道国生活和工作的个人[①]。对于跨国公司而言，其海外子公司的自发性外派人士是在当地雇佣

① SUUTARI V，BREWSTER C. Making Their Own Way：International Experience through Self-initiated Foreign Assignments［J］. World Bus.，2000，35（4）：417-436.

的，其国籍仍为母公司所在国国籍[①]。这类人士通常熟悉两国的语言和文化，因此能较好地弥补外派商务人士不了解东道国文化与本地雇佣人士不熟悉母国管理机制的缺陷，由于他们是游走于总部与子公司之间的人士，因此也被称为边界管理人（boundary-spanners）[②]。

关键词 30："我们绝不会做，也绝对没有做过"

我个人认为，中国需要制定一套更严密的法律体系。比如说一个外国人要创办一家公司，需要经过一些官方程序，但是那些法律条文过于含糊不清，有时候连公务办事人员也不知道要怎么做，所以还不如认识某一个有权力的人来得更重要。又比如说我要在中国申请一个许可证，允许我们公司使用某个化学制造工艺，要申请那个许可证过程很麻烦，需要很长时间，但是如果我的某位中学同学，正在政府部门工作，我也许可以给他一笔钱，他可以使一切事情变得很简单（打响指），这就是关系。

（问：那么你们会这么做吗？）

我们公司是一家世界 500 强的公司，在商业道德方面声誉非常好，我们绝对不会这么做。即使是某个政府工作人员向我们暗示说，如果我们愿意额外付一些钱，他可以让程序走得更快一些，但是我们绝不会做，也绝对没有做过，在这方面我们保持着很好的记录。我们从不搞"关系"这一套，比如通过行贿的手段来办事，从来都不。

（F1，莱特先生，28 岁，美资商务顾问，深圳）

莱特先生言语间自称深谙经营之道。首先，他认为"关系"能大行其道的缘由之一是法律体系的不严密。如果法律制度足够清晰缜密，执行力度足够震慑钻营者，则根本不会出现败坏商业道德的行为。在莱特先生看来，由于制度的不严密，导致办事效率大打折扣，有些政府职员只需要稍稍

---

① FURUSAWA M，BREWSTER C. The Determinants of the Boundary - spanning Functions of Japanese Self-initiated Expatriates in Japanese Subsidiaries in China：Individual Skills and Human Resource Management［J］. Journal of International Management，2009，25（4）：1-17.

② HARZING AW，KÖSTER K，MAGNER U. Babel in Business：The Language Barrier and Its Solution in the HQ-subsidiary Relationship［J］. Journal of World Business，2011，46（3）：279-287.

行个方便，就能为某个办事程序大大提速，恰如空中响指，一切干脆利落。

当作者问到莱特先生所在公司是否会效仿这一行为时，他毫不犹豫地回答“不”。他坚称作为世界500强之一的公司，无论过去、现在还是将来，都不会这样做，即使面对官员索贿，仍然坚持“绝不”。在他看来，这是商业道德的问题，如果为了眼前的利益去牺牲公司苦心经营的商业道德，是得不偿失的。

值得一提的是，在所有的中国籍受访人当中，并没有任何人主动提到“商业道德”这个概念，这也许仅仅是中国受访者对于这个词汇的使用不十分熟练，因为从大部分中国受访人的语料看，他们是十分看重“商业道德”的，仅仅是未能熟练准确地表达这一概念。这也可能说明，相比较西方资本成熟运营的历程，市场经济在中国的时间不算长，某些经济管理概念尚未深入人心。伴随着这种概念而来的是一种契约精神，人们总是在冲突矛盾中一步步去体味这种精神的可贵，但是在这一过程中，不免遭遇教训、付出代价。

关键词31：“工作关系和私人关系”

许多人很迷信“关系”那一套，这个是显而易见的，我们从小就会听到大人说“有没有关系”或者“走关系”什么的，确实也有人走关系获得了好处。但是在我看来，所谓“关系”是有两种的——“工作关系”和“私人关系”。如果你的产品和服务质量过硬，那么就自然可以形成良好的工作关系，这比私人关系来得更靠谱。以我个人经验来看，客人信赖我的产品，我对他服务得好，那么我们的私人关系也很容易培养起来。或者说，只要工作关系的基础很坚实，那么私人关系就很好建立起来了。但是反过来说，你靠私人关系拿到了单子，但是你的产品和服务不过硬，你下次还能拿到单子吗？那作为企业管理者，我的业务员靠私人关系拿到单子，那个关系也是在业务员手上，如果业务员走了，那这个关系也就没有了。所以私人关系是靠不住的，只有基于产品和服务质量的工作关系才是靠得住的，如果混淆这两种关系，那一定要吃苦头的。

（C30，曾先生，29岁，英资销售经理，东莞）

同样是谈到关系，曾先生并没有像莱特先生那样去探究“关系”形成的原因，他更愿意就事论事，揭开迷信关系的弊端。化工产品销售出身的他，认为工作关系的建立远远重于私人关系的建立。工作关系的基础是产品和服务的质量，这种关系是可信的、稳固的和长期的，不会轻易因为个人的原因而发生转移。曾先生奉劝企业多关注产品和服务，踏踏实实练好内功提升质量，不要一厢情愿地迷信所谓私人关系，否则得不偿失。从曾先生的语料看，虽然只字未提商业道德，但是其中已经蕴含朴素实在的诚信精神。曾先生并不排斥私人关系，但是他相信良好的工作关系必然会形成良好的私人关系，反之则不尽然。这种态度的表达不但坦诚，还很现实。其坦诚在于，曾先生并不会对销售人员经营关系避而不谈；其现实在于，当前经济形态下，工作关系的重要性确实远远高于私人关系。当然，隔行如隔山，涉及其他行业和领域，情形可能有所差异。

关键词 32：“我们很注意合规”

医疗设备行业的话，多少是有点行贿行为的，这在医疗行业比较常见。你也看见啦，媒体也有报道的，医疗“三巨头”GPS① 陷入涉嫌行贿的风波，后来就调查这三家企业在中国利用经销商贿赂政府官员和医院负责人以销售产品的问题。在这个方面，我们很注意合规，第一我们会深入调查；第二肯定会要严厉处罚，比如开除涉事员工、移交司法机关；第三的话我们会定期做相关培训。

（C42，刘先生，39 岁，美资供应链部经理，深圳）

刘先生身处医疗器材行业，深知合规的重要性。虽然他坦言该行业的行贿行为较为常见，但也坚决表示合规的必要性。刘先生所提到的医疗设备“三巨头”行贿门事件，媒体亦有报道。根据《中国经营报》2019 年 7 月 1 日报道，美国证券交易委员会正在对西门子、飞利浦和通用电气在中国的销售行为进行调查，起因是怀疑他们在中国利用经销商贿赂政府官员

---

① 医疗“三巨头”GPS：通用电气（General Electric）、飞利浦（Philips）和西门子（Siemens）。

和医院负责人以销售产品①。

受访者刘先生在诚信经营这一问题上并未完全避而不谈，但是其口吻与官方披露基本一致。从积极的层面来看，合规是企业经营的基本方向，深入调查、分层处罚、持续培训是必然的手段。尽管在现实中仍有不尽如人意之处，但是根本方向不变，所考验的是企业的坚守与耐力。

道德与诚信不仅是人格的基本要素，也是企业伦理的重要组成部分，这正是许多企业将诚信视为基本信条的原因。在本节中，受访者们认同诚信作为职员的基本素质，其重要性远远高于能力、业绩等外显表现。这也是为什么对于哪怕影响面并不大的弄虚作假行为，管理层都绝不姑息，轻则扣除奖金，重则直接辞退。对于诚信的重视同样使企业在不同的合作伙伴面前有所取舍，受访者直言诚信经营的合作伙伴更受青睐。在涉及秉承诚信的原因时，不少受访者体现出来的是对规则和制度的敬畏，因为数据透明，全司共享，这导致作假无所遁形。

尤其值得一提的是，在论及“关系”一词时，受访者体现出踏实理性的一面，笃信产品和服务的质量是工作关系的基础，其重要性远胜于私人关系的维护。随着某些跨国公司贿赂政府官员或客户代表的事件遭遇披露，现实的严峻性不可忽视，而我们的受访者也坦然面对现实，以冷静坚定的态度表达了合规的决心。

第四节　科学与效率

正如文献综述中曾提到的，完备的生产经营规章制度是现代企业文化的一个重要特点，从生产、制造、财会、市场营销到其他职能部门，每一个领域、每一个职位都有统一的明确规范，以期达到标准化的生产和高效的管理。不可否认，科学与效率是企业管理中至关重要的方面，不同的管理理念会产生不同的管理制度，而科学的管理制度则能引导企业保质保量

---

① 阎俏如．医疗设备“三巨头”在华行贿门：经销商成挡箭牌［N］．中国经营网，2019-06-29.

地高效产出和高效运作，本节将从统一部署、标准生产、精细分工、过程化管理、人才储备、权力制约、授权机制、出勤与休假、长远计划性、绩效考核等方面来呈现受访者眼中的企业规则。

关键词 33："全球统一的原则"

我们公司是全球统一形象，统一管理。无论是新品上市、市场营销、培训推广、店面管理、陈列规范，全部秉承全球统一的原则，这一点是我最欣赏的。基本上我们不会轻易改变品牌和市场策略，也不会因为某个国家忌讳某种颜色而不在产品或者宣传主色调上使用这种颜色，除非是特例。比如今年（2019 年）本来公司是采用背景为黑色的主视觉作为宣传推广，现在公司很看重中国市场，那么后来考虑到今年是中华人民共和国成立 70 周年，在与中国本地企业合作推广时，经过重新考量，最终没有采用黑色背景的主视觉，这是为了适应本土文化需求所作的调整。

（问：在内部管理上会有适应本土文化需求而作的调整吗？）

不会。管理方式是由企业文化和管理策略决定的，都是全球统一的。

（C41，赵女士，41 岁，英资广告部经理，广州）

赵女士言语中对于公司的全球统一管理表示肯定。广告营销出身的她，深知营销本土化的重要性，这就是为什么公司面对重要的市场和客户群体会特别对待。在跨国企业经营中，营销本地化的重要性是不言而喻的，通过在广告设计、产品或服务开发，以及提供售后服务方面充分融合东道国文化，都能极大提升企业品牌知名度。有研究指出，如果一家跨国企业在广告和售后服务中没有达到东道国文化期望，那么它在该市场区域内的失败则几成定局①。

赵女士的语料显示，尽管营销本地化是公司的经营目标，但是在管理机制上，公司的统一原则是坚定不移的。看得出赵女士不仅仅是欣赏这一套理念，更加以此为豪，当被问到公司是否会在内部管理上适应本土文化

① CHIA-HAO M，HSIN-HONG K. Validation of the Mediation Effect between Cross-cultural Management and Employee Identification［J］. Psychology Research and Behavior Management，2020（13）：180.

需求作出调整时，她斩钉截铁地回答“不会”。这一坚决的态度与其公司“全球统一”的原则如出一辙，体现出她对公司管理体制极高的合规性。

关键词 34：“做产品有硬性指标”

我们做产品是有硬性指标在里面的，比如螺丝要拧几圈，要听到响声才行，每一步怎么做，都会有标准，有文件。再比如产品的合格率——如果说我的产品合格率要达到99.9%，也就是说1000台电脑才允许一台有问题，不管是外观问题还是硬件问题，包括不能有刮痕、刮花、污渍，不能有手指印，这些全部都是有文件的。

（问：为什么不能有手指印呢？）

这也是外观的一个标准啊，客户会要求这一点的，所以一般到最后一关，会有人拿专门用纸蘸清洁剂把它擦干净，不留手指印。

（C16，臧先生，40岁，美资技术主管，珠海）

在科学的管理制度下，产品制作工艺与标准均有明文记载，其细节关注程度可能是普通消费者所难以想象的。从臧先生言语中对产品工艺的精细描述和数据呈现，不难发现他对于这整套标准的认可。诚然，唯有统一标准和科学管理才能保证出品的质量，才能确保企业的高效运作。应该说，在产品制造工艺方面对于科学高效管理的认可是放之四海而皆准的，毕竟消费者对于产品的要求总是精益求精，产品质量的优劣有基本统一的国际标准。但是在人员管理和岗位设置方面，何谓科学高效，可能见仁见智。

关键词 35：“专职工作分得很清楚”

我觉得不同企业的管理模式是不同的。在外企做事，你工作范围会分得很细，部门的区分划得很清楚，搞工程就搞工程，搞品质就搞品质，买料就买料，专职工作分得很清楚。但是如果你到那种家族式的小企业，就完全是两码事。首先就是工作范围不清楚：比如说我是一个工程人员，那后来可能工程这一块我要做，品质保证我也要负责，出货我也要去跟，来料也要跟。也就是说，在那种企业里，工作范围、工作性质这些定位都比较模糊。

（问：为什么会定位模糊呢？）

这肯定与他的运作成本有很大的关系。我有朋友想把外企那一套搬过来，大刀阔斧地搞改革，把每个部门的工作分清楚、定位好。但结果这个私人老板会说，我之前用100个人做得好好的，你干吗要拉120个人来？没办法，管理理念完全不一样。我还知道有的厂的负责人，他自己是湖南人，那么他招的都是他那里的人，裙带关系很明显。但是在外企就可以避免这一点，因为明文规定，两公婆不能在一个厂。这个执行的力度，就看每一个厂的具体要求。一般也有不成文的规定，亲戚不能在同一个厂。

（C16，臧先生，40岁，美资技术主管，珠海）

针对企业在管理模式上的差异，臧先生有明显的偏向，他无疑很赞成朋友大刀阔斧改革的想法，对其管理主张不被接受的现实也深感惋惜。诚然，从表面看，用100个员工来干120个员工的工作，这确实降低了公司的运营成本。然而，一个潜在的风险是，一个岗位上的员工可能需要同时承担几个岗位的工作。正如臧先生所言，一个工程人员既要负责工程，还要负责来料出货等工作，这可能导致什么结果呢？最直接的一个结果可能是，由于分工太模糊，其工作质量必然难以保证。除此之外，某些企业用人方面裙带关系泛滥的情况也令臧先生比较反感。那么，如此精细的分工和复杂的管理流程，到底意味着高效还是低效呢？也许从下一则语料中可得到一些启示。

关键词36：“宁愿把流程复杂化，也要降低潜在的风险”

其实在外企的话，一般你会发现你的部门里面不会有多余的人，这也是HR（人力资源部门）想要达到的一个目的。任何一个部门，如果配置这个部门需要10个人，这10个人就都是有事做，不会多出一个人来，那种吃空饷、熬日子、看报纸、喝茶的情况，在外企基本上没有，来这个部门就是做事的，不会有冗余的人存在。

另外，在外企里面，每个人、每个部门的分工都会比较细。比如说我作为一个销售，我只需要关注拿单子，至于后面要签合同、付款我都不用管。签合同有商务部、法务部帮你看着，付款有财务部帮你看着，我这边需要做的就是想办法把这个单子拿下来。其他一些杂七杂八的各种程序，在外企里面，你都能够找到相应的人、相应的部门、相应的法律法规去申报。这对我个人来说是好的，我可以把更多的精力放在更重要的事情上面。可能有很多东西我永远不会懂，比如说我从来没见过我的货从工厂生产、运到仓库、再到客户的仓库、再到门店这个过程，但是这不影响我的销售业绩的达成。

（问：这样会降低工作效率吗?）

对大公司来说，为了整个组织的稳定性，它可以牺牲掉一部分眼前的效率。因为一个公司一旦大到一定程度的话，好的制度、好的框架就很重要，所以它宁愿把流程复杂化，也要降低潜在的风险。如果内部分工和流程更科学更合理一点，就能够从制度上避免麻烦。除此外，我们每年都有外部审计，一般都是“四大”（会计师事务所）来做审计。他们会查公司的账，如果一查，发现谈生意是某某某，签合同的时候又是这个某某某，那这个人很可能就和供应商有做一个勾搭，那公司的账就坏了。如果我们不是上市公司还好，如果是上市公司就肯定会出大问题了。

（C14，叶先生，26 岁，美资销售经理，广州）

叶先生是一位年轻的销售经理，他从自己的经验出发，指出了分工精细的好处，它不但能使每个人“术业有专攻”，能集中精力做好分内的工作，还能通过科学的管理流程，保证整个操作的公开透明不出纰漏。他相信繁杂的流程和精细分工，能为企业省却潜在的麻烦，包括每年的外审都仍然选择价格更加高昂的美资会计师事务所，这些花费人力、物力、财力的做法只有一个目的，就是尽可能将经营风险降到最低。通过科学管理制度的约束，保证每一个环节的操作质量，将人的惰性和贪婪可能导致的恶果扼杀在萌芽状态。在叶先生看来，这确实是更为科学高效的管理手段，这种流程的复杂实际上就是对每一个环节的控制，只有控制好每一个环节才能保证控制结果。

关键词 37：“过程管理很重要”

过程管理是很重要的，因为只有控制过程才能控制结果。但是这个过程管理不是那种烦琐刻板的过程管理，这个控制主要是为了提高员工的能力和责任心，所以也会有一定的灵活性。比如说，我们的业务员分为三类：重点客户经理、地区客户经理、产品专员，他们的分工合作是很清晰的。比如那些全国性的机构或者跨国集团，一般就是重点客户经理跟进。那普通客户的话就由地区客户经理跟进。产品专员主要是负责产品推广和应用方案，他们一般是在“加强投入”这个阶段才会参与进来。一般来说，这三类业务员都有自己的项目管理表，他们对于手头上的客户情况都有很详细的记录。这些资料的用处在于，一个是公司可以有针对性地提出解决方案，再一个是一旦业务员离职，新人也可以很快地接上手。

（C36，蒲先生，37 岁，德资客户经理，广州）

蒲先生的描述使我们对于精细分工有了更为细节的认知，针对不同的客户群体和不同的推进阶段，公司会安排相应的业务员予以接洽，这无疑能大大提升公司的整体效率，这是其一。按照要求每一位业务员都要对客户情况进行详细记录，这种做法有助于公司介入指导，也有益于在必要的情况下新一任业务员顺利接手工作，这是其二。在蒲先生看来，这样的过程管理灵活不烦琐，一方面能很好地提升员工的能力和责任心；另一方面保证了公司不会因为员工的变更而遭受损失，无疑是一种科学高效的管理手段。

关键词 38：“每个人就是一颗螺丝钉”

我觉得我们公司的管理，真的是像一台大机器，它不是一个人治的公司，它是一个以制度系统来治理的公司，你会发现每个人就是一颗螺丝钉，包括公司的 CEO（总裁）。这台机器少了任何一个环节，甚至是 CEO 跑了也没关系，对整个机器的运转也没有任何影响。为什么呢？因为公司的基本架构不会改变，每个人都有一个职位描述来界定他，而且公司在人力资源研究方面，早就做好了人才储备计划。也就是说，第一阶梯有人离职了，马上就有第二阶梯的人补上来的，后面还有第三阶梯。它的

successor（接替者）的管理是很到位的，人才计划很到位。

（C2，宋女士，37 岁，德资销售经理，广州）

将公司比喻成一个大机器，将全体职员包括总裁比作一颗颗螺丝钉，这使每个人的存在固定为其职位的工作职责需求。宋女士认为，一个公司或一个部门不会因为特定某一个人的缺席而无法运转，因为职位描述就决定了在其位者的行为，只要从不同梯队人才储备中挑选胜任者填补该空白即可。科学管理有效杜绝了因人才流失导致的公司运作风险，无形中提高了工作效率。与宋女士观点相似的还有下一位受访者任女士，她同样认为完备的培训制度和严密的工作流程能保证人才流失不对公司形成风险。

关键词 39：“某个人走了，项目就烂尾，不存在的”

我们有非常完备的培训制度和严密的工作流程。通过培训我们培养了可用的人才，通过固定工作流程能保证公司不依赖于任何一个人。我们的培训简直是家常便饭。一进公司就是入职培训，不管你有多少工作经验。小到怎么连打印机、怎么报账，大到工作流程和文档管理都是在岗培训的重要内容。比如一个新人要接手一个项目，他只要按着流程摸索着做，不懂就查前人文件，做完项目自然就出师了。所以呢，如果有人跳槽走也不用慌。这是一条生产线，新人顶上来，磨合一下，三两下就接手，那种因为某个人走了，项目就“烂尾”，是不存在的。

（C32，任女士，45 岁，英资营销经理，佛山）

任女士的观点是对前一则语料的有力补充。完备的培训制度使员工有机会获得方方面面的知识储备，完备的工作流程使任何一个项目的实施步骤趋于固化，不存在因人而异，这就是为什么即使一个项目中途换人来负责，也不会出现无以为继的原因。任女士干脆利落的口吻，体现的是她对于完备的培训制度和严密的工作流程的认可和赞许，正是因为这样的管理手段才能保证公司的运作不需要依赖于任何一个人，或者用宋女士的话来说就是“CEO 跑了也没关系”，在这种轻松的开玩笑式的话语中，其实隐含着一种朴素的思想，那就是制度的存在使人治失去市场。

关键词 40："可以完全跳过分行的行长"

在中国的外企银行里面本土文化肯定会有啦，但是相对来说氛围会轻松一些，比如说他的行长一般是营销部门上来的，但他不能去决定后台部门要怎么做（后台指的是业务支持部门，前台是客户服务部门）。所以相对来说，就不会出现"行长叫你做你就做，即使违规也要做"这种情况，后台部门如果觉得你不合规，可以完全跳过分行的行长，去请示自己那条线上的上级部门领导。

（C12，杨先生，40 岁，英资部门经理，广州）

杨先生是一位经验丰富的银行从业人员，对于业内可能出现的"行长叫你做你就做，即使违规也要做"这种情况，他可谓心知肚明。言下之意，长官意志代表公司决策这一情况会减少很多，由于人治可能导致的公司利益受损的情况将被扼杀在萌芽端口，衡量大事小情的准绳不是领导的主观命令，而是合规二字。在这一认知前提下，才会出现当后台部门质疑营销部门的违规行为时，可以跳过分行行长，直接请示后台部门高层领导的情况。从杨先生委婉的一句"氛围会轻松一些"，我们不难发现他对于这一机制的认可。换言之，这一机制代表着科学的管理，是对规则的认可，对人治的否定。

关键词 41："从内部机制上避免了潜在的作假"

一般来说，总部的人只要一看数据报表就看得出来，哪个厂的业绩比较好，这个是很难去造假的。因为有一些部门是直属中央管，不属地方管的，比如财务。也就是说，我们这个厂的财务经理是不归这个厂长管的，是直接归上面中国区的、亚洲区的财务老板管，从流程上、从内部机制上避免了潜在的作假。所以我觉得权力分散有好处，不像私人企业那些厂长，什么都是厂长说了算。我们厂的话，批单 3 万块钱以下的厂长说的算，3 万块钱以上的必须是财务上报我们区域上的老板，一层一层地去审批。

（问：这会不会造成内耗呢？）

这种讲法也是有道理的，因为会给厂长的执行力造成影响。但是这个办法仍然是更科学的，它可以避免一些乱投资，乱买东西。因为我们一个集团公司，一个厂长做了5年、10年，多多少少肯定有自己的派系，自己的人，有一些乱来的东西可以从制度上避免。

（C16，臧先生，40岁，美资技术主管，珠海）

“很难造假”这个说法我们在之前的语料中也曾读到，业绩差的销售人员在公司环环相扣的内部系统面前无所遁形，无法容身。按照臧先生的说法，企业核心后台部门的财务系统独立于企业生产厂长的职权之外，这种对厂长权限的限制可能影响他的执行力，但是却能够更好地保证企业的健康运营。在臧先生看来，一个最容易出现的风险，莫过于有人利用职权和其他别有用心的人相互勾结、伙同作假，他用了两个词来特指这种行为，一个是“派系”，另一个是“乱来”。“派系”意味着团体作案，“乱来”意味着罔顾规则，两个词联系在一起就意味着集体破坏规则，其后果难以想象。臧先生认为要避免这一情况，应当制度先行。也就是说，通过制定相应的规则从流程上对企业行为进行规范，从内部机制上对企业管理者的职权予以界定，即使这样做会导致所谓的“内耗”或者表面上的效率低下，然而从企业的长远发展来看，这仍然是科学高效的管理方法。

科学与效率不仅体现在分工精细与流程规范上，在授权制度上也有充分的体现，这凸显了科学管理的两大原则：专门化与人性化。所谓授权，是领导者通过为员工和下属提供更多的自主权，以达到组织目标的过程。授权建立在信任的基础之上，能有效调动部属的工作积极性和工作能力，尤其是工作应变能力。

关键词42：“外企通常会很充分地授权”

外企通常会很充分地授权，你在自己的授权范围内可以作决定，然后自己决定负责就可以了。但是民营企业通常授权是不充分的，很多时候都需要到总经理或者老板那里去，才能把一件很小的事情给批示下来。我们在外企授权通常是两部分，一种是跟金额有关系的，另一种是跟金额没有直接关系的。公司通常会很明确哪个级别的资金范围是多少。比如说一个销售经理，公司会根据你的级别定一个资金范围，在这个范围内的事情你都可以答应客户。跟客户签订合同也一样，在外企的话，一个区域经理在自己的管辖范围内完全可以签字，然后拿去盖章生效。不像有的企业，几乎所有的授权都要老板或者总经理签字才能盖章生效，这就是在管理上面的两种授权的不同。

（C3，马先生，35 岁，英资销售经理，广州）

马先生是一位资深销售经理，他深知授权管理建立在对员工的信任基础之上，因为只有充分信任，才可能授权。幸运的是，他是被信任的，也是授权制度的受益者。在他看来，难以授权的一个最大的因素，就是老板对下属的不信任。在这种情况下，就会出现老板独揽大权的情况。既定职责范围内的充分授权能有效提升职员的自主能力，提高办事效率，但是这种授权背后必然有一套成熟的机制作为后盾。

关键词 43：“成熟的品牌和企业管理制度”

进入中国的外企通常都是一些全球跨国公司，它们早就已经有了成熟的品牌和企业管理制度了，因为它们已经运作一两百年了，有一路积累下来的、沉积下来的经验，这些机制也经常会修改，但是基本骨架还是那样，只要大致按照这个组织架构运作的话，这个事情就不会太糟糕的。也只有在这种情况下才可能采用授权制。因为授权制需要什么呢？一个是公司本身有个很成熟的运作平台和制度，另外一个就是这些管理层的员工的素质也很高，包括他的管理能力和对公司制度的内化程度。外企有资金去招聘这种高素质的人，这种高素质的人得到授权后，他才可能把事情做好。如果说公司运行机制不成熟，管理人员素质低，你还去给他授权，那他只会把事情做糟的。

（C3，马先生，35 岁，英资销售经理，广州）

马先生对于授权制度有深刻的认识。授权是建立在信任的基础之上，但是这种信任不仅来自对于被授权人的信誉考察，而且还来自以授权为代表的企业管理制度的成熟运作。如果没有这一机制作为后盾，那么任何表面上的授权都不过是管理层玩玩新花样，没有任何实质意义上的工作效益。实际上，我们看到的任何科学高效的管理机制，都是多年历史沉淀的结果，正是机制的存在，有效杜绝了人治的可能。诚然，职位描述的固化和工作流程的固化很容易使人以为外企的公司制度都是极其刻板的，但成熟的授权制度使我们看到了制度灵活的一面，同样灵活的还有下一则语料中提到的弹性工作制。

关键词 44："弹性工作制"

我们公司官方规定是 8:00—9:30 到公司，上够 8 个小时就够了，下班时间是自己定，中间两个小时是休息。公司没有打卡或者指纹考核系统，一般就会默认大家会准时的，是一种弹性工作制。当然，工厂的情况不一样，一般会打卡。像我们的话，一般会根据当天的工作需要来确定当天的上班时间，比如有一次和澳洲的同事做项目，因为 2 个小时的时差问题，我可能早上 7 点就过去了，为了赶上和他们开会。也有可能下午我因为要赶一些材料，6 点钟了我也没有下班，7 点钟才走。我们没有很严格的考勤制度的，这是基于公司对员工的信任，员工也会有一种责任感，不会乱来，这是一种相互信任的关系。

（C9，吴女士，24 岁，美资市场部职员，广州）

公司是很看重工作和生活的平衡度的，比如说弹性工作制，不打卡。有的同事照顾生病的小孩或者自己不舒服，就发个邮件说 work from home（在家办公）就好了。老板对员工也充分信任，因为很少有人钻空子真的去旷工，毕竟大家都是成年人，都受过高等教育。同样地，如果没有完成任务，那肯定不可能一到时间就下班走人，需要加班搞定的绝不会推辞，很多人周末在家都远程办公。

（C29，郭先生，30 岁，英资技术主管，广州）

弹性的上班时间和灵活的上班地点体现的是对劳动分工的科学管理，当然，它并不适用于所有岗位。例如车间的工人是基层的体力劳动者，他们的工作与机器生产联系紧密，流程协同合作的环节较多，因此固定上下班时间成为必须。但是关系到以脑力劳动为核心的岗位，相对而言，弹性工作制度更为普遍。

从员工的角度来看，这是基于对员工的信任，因为公司默认每位员工都会认真对待自己的工作。这种信任在理想的状态下，会连锁反应为员工的责任心，最终形成一个良性的循环。职员根据自己当天的工作来具体安排上班时间和地点，从工作成效来看是更具有实际意义的，适当的灵活自主性也会使员工对企业更有归属感。除了灵活的弹性工作制，“强制性”休假也是能提升工作效率的做法，它不仅是给予员工的一项福利，更是用以衡量部门工作效率和管理水平的手段。

关键词 45：“强制性休假”

休假通常按照本土的休假制度，这里所有的假期我们都有，像我们的员工一年的假期有 15 到 19 天，如果是管理层可以达到 20 多天，这个是有薪假期。另外我们有一个制度，那就是一个员工每年必须有一个连续 7 天的休假，强制性休假，公司一定要你换个脑筋，这 7 天你不能来上班，要把工作全部放下，去放松。

（C11，金先生，50 岁，英资总经理，广州）

我们的休假比国内银行多得多。普通员工都是 15 天年假，而且是强制性休假。这个休假是被当作一个公司运营的考核情况，比如说，某个员工 7 天不在，但是这个部门仍然能够正常地运行，这就说明管理得当。应该说，针对员工休假的看法，很有管理智慧。

（C12，杨先生，40 岁，英资部门经理，广州）

休假是在职员工应享有的基本福利之一，强制性的有薪假期，可以保证员工在工作之余享有连续的休闲期，这于员工而言，是宝贵的休整阶段，他们可以放下工作，放松心情，返岗后更好地投入工作，从长远来看是一种管理智慧。于管理层而言，给予员工充分休假不但体现了他们的管理智慧，更说明了他们的管理水平。诚如杨先生所言，如果在员工休假期间整个部门仍能正常运作，这无疑是有高水平管理在幕后作为支撑。因此，在员工休假这个管理规定上，表面看到的是员工获得福利，实则体现的是科学高效的管理模式。

关键词 46："提前半年把所有的工作和休假计划全部安排好"

一般来说，在财政年度之初，全球总裁的出差以及会议安排就下发了，亚太总裁接到后，就可以安排自己的出差和会议计划，然后中国区总裁安排自己的出差及会议安排，最后我们就可以安排自己的计划。这些计划很少改变，老外也不愿意改变，一切按照计划来，大家可以提前半年把所有的工作和休假计划全部安排好。相比之下，有的企业临时性任务太多，经常明天早上 9 点要材料，今晚 5 点才匆匆忙忙下达任务，下面的人加班加点做，但是质量就可想而知了。

（C31，肖女士，32 岁，英资销售经理，广州）

计划性是高效管理的法宝，从上至下提前部署可以使每一级别的职员清楚了解相关任务和时间节点，更好地安排工作和休假。肖女士认为，一切按照计划来，每个人都能按部就班各司其职，相比之下，她认为如果经常下达临时性的任务，不仅给职员造成额外的压力，也无法保证任务的完成质量。

无论是精细分工、过程管理、充分授权、弹性的工作制、强制性休假或提前计划部署，都似乎为在外企的工作描绘了一幅玫瑰色的画卷。但是，企业的存在是以谋利为基础的，任何不能为企业创造价值的员工都难以为继，这就涉及员工评估考核的问题。评估考核是一个兼有客观指标和主观判断的严格的过程，这个过程最残酷的结果就是被淘汰，至于是自动辞职还是被公司辞退，这或许只是形式上的差异而已。

关键词 47："优胜劣汰，没什么可说的"

我们的业绩考核制度是比较严格的，每年业绩评估结果靠后的员工即使不被辞退，肯定压力也是很大的，所以有的会选择自动辞职。优胜劣汰，没什么可说的。

（C42，刘先生，39 岁，美资供应链部经理，深圳）

刘先生寥寥数语揭示了考核制度最残酷的一面，评估结果落后的员工其身心压力可想而知，离职后的落寞也只有自己心知肚明。刘先生对离职者或许心存同情，但是态度并不含糊——落后分子的离开与优胜劣汰的自然现象一样正常，只是自动辞职更像是一种优雅的退出，而被辞退则稍显有失体面。或许因为受访者刘先生是外企在任的员工。换言之，是这种优胜劣汰的胜出者，所以他在谈到员工辞退时显得淡定从容。

关键词 48：“公司不能养闲人”

我们部门是做软件开发的，我们有一个叫“271 比例”，就是 20%是 Top（优秀）的，70%是中等的，10%是需要提高的。每个部门都会按照这个考核办法去给员工排队。“271 比例”并不是我们公司首创的，通用公司很多年前就提出过这个标准，微软也用过，但是后来放弃了，我相信这里面一定有它的苦衷。因为当你强调一个内部赛跑机制的时候，是会产生内耗的，这就是我们常说的“顺得哥情失嫂意”了。对于这最后 10%的员工，我们会告知他哪个方面做得不好，需要提高，未来 3 个月的计划，奖金、薪酬会受一定影响，毕竟公司不能养闲人。

（问：如果 3 个月之后工作仍然没有起色怎么办呢?）

没有起色的话我们就会考虑延长他的提高时间，如果 3 个月后仍然不达标的话我们会辞退。因为这个人的逻辑能力、推理能力、软件设计能力肯定有问题。如果勉强留下这么一个人，那对整个团队的影响是很大的，别人是会有疑问的，他工作都成这样了还要保留他，所以这种人不能留。

（C4，杜先生，36 岁，英资软件开发经理，广州）

应该说，“271 比例”的评估制度是残酷的。如果将这套评估制度比作考试制度的话，那么这是一种选拔性的考试，而不是水平性的考试。实行这套制度的最后，总会产生面临淘汰的落后者。杜先生认为这种“内部赛跑”的机制确实会产生内耗，甚至造成员工之间的嫌隙，这固然是不利于员工之间的和谐相处的。作为这一套制度的后续，杜先生提到会给落后者一个“提高时间”，用于改进落后状态，但是在这个时间段里，该员工的奖酬已经受到影响，如果在 3 个月后仍不能达标，只有辞退了事。用杜先生的话说，这种能力有问题的员工留下来会对整个团队带来负面影响。

尽管反思过后，杜先生认为这种评估制度会产生内耗，但他最终的态度仍然是决绝的——“这种人不能留”。这体现了他对于公司评估制度的认可和尊崇。他认为尽管可能产生内耗，但是着眼于公司的整体运作，这一制度仍然是科学可行的。这一态度与关键词 27 语料“系统怎么造假”中那位忍痛解雇下属的宋女士有相似之处，他们都是典型的纵向集体主义者，并不会为了维持同事之间的“和谐”，而牺牲公司的整体利益。

关键词 49：“除了讲业绩还是讲业绩”

大家认为银行是铁饭碗，是一个相对比较高的收入行业，但是压力也很大。在商业机构，除了讲业绩还是讲业绩，不是说你是老好人就行，我没有理由招一个人进来，他不能做业绩，那是会影响整个团队的。这里官僚主义不是说没有，但是很少，因为没人理你。大家走进这栋办公楼，各做各的，我看不见你，你看不见我，你业务干好了，你去干什么都行。

（C12，杨先生，40 岁，英资部门经理，广州）

套用“271 比例”的评估系统，那种“不能做业绩”的人，即使是一个“老好人”，也是没有理由留下来的，因为这种人会“影响整个团队”。杨先生一针见血地指出，商业机构的直接目的是盈利，对职员的直接要求就是业绩，业绩就是王道，业绩好的人，“干什么都行”。这种说法听起来或许有些极端，但是受访者的态度是坚决的：公司要的是业绩耀眼的能干人，而不是和气无能的老好人。与此同时，有访谈语料显示，人力资源部在绩效考核方面会尽量给予职员及时的培训，使他们更好地释放自己的潜力，更高效地为公司创造价值。

关键词 50：“帮助员工提高绩效”

我们看一个职员的绩效，就必须要先把合适的人员放在合适的岗位，我们会经常和员工沟通，帮助员工提高绩效，进行自我管理、时间管理和目标管理。其实刚开始我就发现，本地的中国职员已经习惯了别人告诉他们做什么、怎么做，那我们会立刻作出反应，对他们进行绩效评定方面的培训，让他们学会和上级沟通。我们所有的工作计划都是在公司内部网络上公布的，那就要结合公司计划和部门日常交流，通过频繁的沟通和反馈机制来帮助员工提高绩效。我们最后对他们进行评定不但要看他们的自评报告，也要看他们和上司沟通之后的一个报告。

（F4，亨特女士，35 岁，英资人力资源经理，深圳）

亨特女士的语料提到了前面的受访者所不曾涉及的领域，在亨特女士看来，学会如何与上司沟通是个人绩效的重要组成部分。频繁的沟通与反馈的一大好处是可以使职员了解公司和部门的计划，以便及时作出相应的调整和改进。这实际上等同于考核的过程化管理。沟通和反馈的价值在于及时地了解工作的进展和任务的完成情况，为下一阶段的工作提供依据和参照。无疑，通过这种过程化的把控，不称职的员工不至于到期满考核才陷入困境，因为在过程化管理中，已经有机会使问题得到足够的曝光，是去是留，也就不再显得突兀。

纵观本节，科学与效率是我们的着力观察点。相对而言，产品制造的科学性是最显性的，规范流程的生产，具体细节的要求，只要保证事无巨细依照相关标准，就能承诺科学高效的优质产出。然而，针对人的管理如何保证科学高效，却与产品制造不尽相同。复杂的操作流程，精细的人力分工，对管理层权力的监管与限制，这一切看起来费时费力，容易产生内耗，却能更好地保证人尽其责，更能将“派别”和“人治”的发生概率在制度上降到最低。

当然，外企并非只有权力的分离和收紧，也有适度的放开，这就是语料中提到的授权制度。权责范围内的充分授权基于对员工的充分信任，基于企业对于自身管理系统的自信，凸显了高效管理体系的特点。一方面，每个人如同螺丝钉般各司其职，这似乎刻板固化；但另一方面，弹性的工作制度更人性化且符合全球化商业模式的趋势，这是其灵活的一面。除此之外，强制性的休假是保证员工高效工作的必要手段，更是衡量管理水平的重要法宝。如果说授权、弹性工作制、强制性休假制度都使人如沐春风，满怀工作热情与企业归属感，那么奖惩分明的“271 比例”考评制度则是冰冷的现实，一旦不幸沦为那最后的一成掉队者，则可能面临淘汰的命运。而受访者的态度也是同样现实的——即使造成内耗，即使牺牲和谐，不能胜任留下的就必须离开。在个人面前，公司的整体利益和效率优先。

讲求科学与效率是现代企业经营的重要特征，任何能够提升企业生产效率的方法都是管理者们孜孜以求的。科学与效率可能体现在精细至极的分工运作，可能表现为员工被信任、被尊重的授权，也可能体现在优胜劣汰的残酷现实。对这一切，也许基层员工会怀有复杂的体会，但企业管理理念是清晰执着的，温暖的关切也好，冰冷的辞退也罢，标准历来是一致的，无论对谁，业绩就是王道，从这一层意义上，我们看到的是外企工作环境的另一个特征，即平等与公正。

第五节　平等与公正

第一章对于外资企业规则文化的综述中就曾多次提及平等与公正的概念，本章第二小节也提到过员工在外资企业中所感受的尊重，这种尊重体现在日常与上级打交道的小事中，体现在公司管理层针对基层职员和工人所做的满意度调查中。这其实深层反映出的一点是，人与人之间，尤其是上级和下级之间的一种平等关系。因为彼此平等，所以老板与普通员工是相互合作的同事关系，这尤其体现在扁平化的管理、透明公正的升迁机制、单纯的工作环境以及全方位评估机制等方面。

关键词 51：“一个平等的工作环境”

外企相对来说会比较扁平化，它追求一个平等的工作环境。你看我们整层楼，是没有独立的房间给领导的。对我们公司来说，没有所谓的领导这个概念，包括大领导，我们叫 senior leader，他坐的位置跟我们普通同事是一样大的。沟通来说，如果你有个人发展的一些问题，你跟你的直线经理谈就行了。如果你要反馈一些比较重要的信息，公司好的或不好的方面，你可以直接找到大领导谈也没有问题，你可以和他约时间，直接去说，我们鼓励你去表达。

（C14，叶先生，26 岁，美资销售经理，广州）

叶先生眼中的“平等的工作环境”，其最直观的表现，就是在办公区域上管理层与基层员工的无差别对待。这与前文中所提到的美国西南航空的“开门政策”在本质上完全一致，即尽量保持公司上下的顺畅沟通。如果说作为领导，竟然没有私人办公区域已经令人惊讶的话，那么没有秘书和助理则更令人难以想象。

关键词 52：“我们的老板都没有秘书，也没有助理”

我们公司很特殊的，我们的老板都没有秘书，也没有助理，没有自己的办公室，最大的老板也没有，都是和我们在一个空间办公。我们只有会议室和办公区域。我们要找上司的话，如果很紧急，直接走过去和他谈就行了，或者也可以提前和他约定时间，然后去会议室聊。所有人，包括最上面的、最下面的人，我们都统一叫同事。

（C9，吴女士，24 岁，美资市场部职员，广州）

没有独立办公区域，不配秘书、助理的领导，上下级统一以“同事”互称，这些都直观地反映了外企管理层与基层的平等关系。年轻的吴女士工作时间不长，目前任职的美资食品企业是她仅有的职业体验。尽管如此，她也感觉自己所在的公司“很特殊”，因为在她的认知中，老板、上级这样的人物应当是要配备相应的秘书、助理以及私人办公室，然而事实并非如此。公司从上至下的统一的称谓拉近了上级与下属的关系，实际上就是缩短了所谓的“权力距离”，使普通职员不再认为老板高高在上、不可企及。

关键词 53：“那么高层的人物居然还会亲自来做这种事情”

有件小事我感触很深的，有一次我们总部过来一个官员，级别很高。我当时只是一个普通的销售人员，由我负责接待他。我记得很清楚的，他的手提电脑没有电源线。我就提供给他，然后我说我来帮你装。因为他是高层嘛，我就蹲下来在桌子下面帮他拉电源线。他说，不用，不用，我自己来。你知道外国人很注意形象的，西装革履，而且他年纪不小了，个子又很高，但是他就坚持自己趴下去，自己去弄这根电源线。这个事情给我的感触很深的，我想那么高层的人物居然还会亲自来做这种事情。不过后来我养成习惯了，再大的老板来了，你一说你的电脑需要接电源，我就提供给你了，至于你要自己接，你自己趴，那是你自己的事情了。现在我们北亚区的总裁每年会来一次我们公司，每次我们去接待他，他都是自己拿着个行李箱。那以我们中国人的思维来说，我是不是要给他拿箱子呢？但是我们不这样做，他自己拉着。

（C2，宋女士，37 岁，德资销售经理，广州）

这则语料形象地反映了宋女士在“权力距离”感知上的前后差异。宋女士来广州工作前一直在华北地区一座小城市生活和学习，一直以来的文化熏陶告诉她，在上司或长辈面前应当表现得谦卑而殷勤。初出茅庐的她曾一度不明白为什么总部的高管完全没有架子，居然事必躬亲，殊不知这正是“权力距离”意识淡薄的典型美国做派。自然而然地，在外企工作多年后，宋女士已坦然接受了上司的凡事亲力亲为，用她本人的话来说就是“养成习惯”了，习惯了以平等的态度与上司互动，习惯了在公司得到上司的尊重，久而久之，这种习惯就演变成了一种不需要文字记录的惯例和规则。

关键词 54：“平等的氛围”

我觉得我们之所以来外企应聘，应该是我们本身内在的东西还是相契合的。因为我是比较喜欢自由、比较喜欢没有这么多约束条件的，像我们公司就是这样，就是鼓励平等、鼓励自由、鼓励大家多跟同事成为朋友，这样的一个组织，所以本身是有点契合的。应该说最吸引我的就是这种工作环境，不是指这些高大上的办公室，指的就是你会感觉到平等的氛围，那种上下级的关系没那么明显，部门同事也不用钩心斗角，这是最吸引人的地方。

（C15，赵先生，27 岁，英资 IT 部职员，广州）

赵先生直言自己喜欢平等的工作氛围，认为入职现在这家公司，是源于内心的选择。他相信自己对自由平等的钟爱冥冥中注定了自己会去怎样的公司应聘，甚至还注定了自己会被怎样的公司聘用。显而易见地，他与宋女士一样，对于公司上下级的平等关系很欣赏。实际上这种平等不仅仅是表面上的办公布局或者日常称谓，还体现在升职加薪时的无差别待遇。换言之，在升职加薪的机会面前，人与人之间是平等的。下一则语料可为佐证。

关键词 55：“用人标准很简单”

欧美的企业大老板，其实对这一块，用人标准很简单，你有能力有本事，给我创造价值，你就可以到高位。我们公司在珠海这边人比较多，有1万多人，15个工厂，每个工厂800人，每个工厂1个厂长。这其中中国人做厂长的，就有好几个，所以这个概率还很高。

（C16，臧先生，40岁，美资技术主管，珠海）

臧先生眼中简单的用人标准就是能力，为企业创造价值的能力，这与前文中“业绩就是王道”的说法如出一辙。他认为中国人在欧美企业有机会晋升到管理层，全凭简单公平的用人标准。这体现了在晋升选拔层面的一视同仁，这一点与我们在英特尔《行为准则》中读到的“平等的雇佣机会”高度吻合。

关键词 56：“公平公正的晋升机会”

这家公司最吸引我的，应该是相对公平公正的晋升机会，没有那些送礼买官之类的不正之风。在外企基本上没有走后门送礼求职位调动的事情，因为职位调整或升迁的依据很简单，就是个人绩效。

（C7，高女士，34岁，美资业务部副总经理，深圳）

高女士认为升职的公平公正是最吸引自己投身该企业的原因。性格率真的她直言不赞同送礼买官的行为，将其归为“不正之风”的行列。从基层职员一路做到公司业务部副总经理，高女士认为之所以当时选择就职于此，并且12年来不曾离开，这其中最吸引她的就是晋升的公平公正。

关键词 57："我喜欢这里的单纯"

我喜欢这里的单纯，除了工作就没有其他乱七八糟的事情，像报纸上说的什么潜规则，说什么送礼或者要去拍马屁那些事情，在这里完全没有，大家都是很轻松的，而且有什么说什么，上司也不会介意你冒犯了他或者怎么样，大家是一种很开放的状态。因为这是十几年前差不多我刚进来的时候成立的一个公司，我算是比较老一辈的，那个时候也没有什么其他的老人家在这里，风气在我们那个时候就一直延续下来，都是带着大学生的那种心态，刚毕业那种心态，不会有太大的差别，大家守望相助，这种氛围我认为是很好的。当然年纪增长了，慢慢地也会去斟酌有些话要换一种方式，不要太直接，这些需要去摸索，但是不会因为说错了一句话顶撞了谁，升职就升不上去，不是这样的一个标准。

（C4，杜先生，36 岁，英资软件开发经理，广州）

杜先生喜欢单纯的工作环境，愿意将精力集中在工作上，不愿意受所谓潜规则的制约，为了职位升迁而溜须拍马、请客送礼。他对于目前的工作氛围很满意，认为那种平等互助的风气从十多年前一直延续下来，十分宝贵。在这则语料中他两次提到不会因为说错了话或冒犯了上司就失去升职的机会，因为升迁的标准不是和领导的关系，而是工作能力，这一观点与前两则语料的受访者完全一致。

关键词 58："给你一个高级的职位对我来说没有任何好处"

（问：有没有给上司送礼以求升职的？）

没有，我觉得没有。一个人能否升职，取决于他的工作表现，而不是关系。如果你是质检经理，在过去的半年里，我们的产品没有任何质量问题，那就省了我们不少钱，你就会升职加薪。说到给经理送礼的问题，你要知道经理的薪水是要以业绩为基础的。如果我是经理，你给我一笔钱，比如 10 万元，然后我给你一个更高级的职位，那么我接下来要多付你工资，因为你的职位不同了。如果我要付给你更高的工资，那么公司的利润就减少了，美国总部的老板给我的钱就减少了，所以给你一个高级的职位对我来说没有任何好处。相反，我必须要控制付给下属的工资，降低成本，这样才能达到利润目标。别以为你给我一笔钱多厉害，我的老板能给我更多的钱。

（F2，盖茨先生，40 岁，美资技术经理，广州）

盖茨先生从实际的角度出发，指出上司收受礼金提拔下属，最终将会导致公司利润的降低和自己收入的减少，因此收受礼金对上司来说，并不具备吸引力。仅从经济层面来看，盖茨先生认为老板能够给他报酬，远远高于下属用于“买官”的礼金。由此可见，要升职加薪，唯有用工作业绩说话，而业绩的公开性和可量化性就是公正管理的前提。

当然，一个人的工作表现往往并不是全部可以用量化的数据来体现的，业绩也并不能全面地反映一个人的工作状况，因此，为了了解职员包括业绩在内的综合表现，管理层需要使用多种评估机制。但是，一旦评估就可能涉及主观的因素，就可能造成偏颇，比如，领导的亲信是否更容易在评估中名列前茅？又比如，是否得罪了领导会遭遇不公正的对待？也许下文中的“360 度测评”和“四只眼睛”评估机制能说明一些问题。

关键词 59：“360 度测评”

我们人力资源部对员工的评估除了看个人的绩效、领导的评语之外，还有一个 360 度测评，用于评估一个人的岗位胜任力。这是一种全方位评估系统，与你有过合作的部门和人都可能参与对你的评估，所以如果你仅仅和你的领导关系好，并不代表你就发展得好。反过来说，即便你跟你的领导关系很好，你也很难获得特别多的额外利益，因为公司对员工的评价不是说领导说你好就是好的。

（C3，马先生，35 岁，美资销售经理，广州）

360 度评估系统能够全面收集到工作范围内各个部门和相关人士的意见和看法，有效杜绝个别领导完全凭主观认识决定下属升迁的情况。马先生特别提到了“和领导关系好”这种情况，看得出他想要着重说明那种为了升迁而钻营关系，但本身并不胜任的人是不可能平步青云的，因为对于一个人能力的判断需要参考全方位的评估，而不是由某个相熟的领导作出定论。同样地，如果与某一位领导由于某种原因不和，也不至于单凭他的个人意志就决定一个人的前途。

关键词 60："四只眼睛"

我算是公司元老级的人物了，我有两个直属上司，也就是 four eyes（四只眼睛）。他们一个是管我行政的，是南中国区的老大，驻在中国香港；另一个是管我的业绩，是亚太地区的头头，驻在美国。这两个人中间如果有一个人对我的评估不那么好，那么至少还可以看看另一个人怎么评估我，因为这种评估里面可能掺杂一些感情色彩，多一双眼睛，相对下属会有一个比较公平的评断。我觉得这种管理方法比较科学，我不用担心因为上司的个人喜好等问题，会对我在公司的发展有很大影响，因为毕竟有 four eyes 在。

（C8，林先生，46 岁，美资总经理，广州）

"四只眼睛"直观形象地点出了"双评"机制的关键。像林先生这类企业高管，能从制高点对他进行评估的人并不多，对评估者的专业性和道德要求也更高。由于林先生本人的高级管理人员身份，对他的评估就不能仅限于分公司的业绩，还必须将他的行政情况纳入考核，这就是为什么他说自己有两位直属上司。两位上司各司其职，关注的点也各不相同，一个关注业绩，一个关注行政。可以设想一下，如果林先生所领导的公司业绩优秀，但是在行政方面却存在下属投诉情况，这或许是由于管理手段过于铁腕，导致业绩优秀而基层职员压力甚大。如果林先生在行政管理方面口碑极佳，但公司业绩却平平，则或许是由于管理手段较为怀柔，职员安于现状，导致业绩不尽如人意。无论如何，在林先生看来，有"四只眼睛"在，针对他的评估会相对公平，不必担心因上司的个人喜好或信息偏差使他的职业道路受阻。

平等与公正是这一节的主题词。在受访者看来，平等意味着在上级面前不必俯首谦卑，而上级也不会摆出一副高高在上的官架子。从理论分析角度来看，这些语料的主人公们都体现出对"等级"的概念并不十分认同。与此同时，平等并不是绝对的平均或一致，真正意义上的平等意味着统一的标准，伴随着这一标准而来的就是公正。本节的受访者们推崇简单的用人标准和单纯的工作氛围，认同业绩和能力是决定聘用和升迁的重要标准，笃信多维度的评估机制可避免评估者出于个人原因作出片面的判断，导致有失偏颇。

小　结

本章以60组关键词为着力点，从5个方面展示了在粤外企员工的合规倾向，这5个方面实际上也就是由质性编码中“合规”这一类属下的5个范畴组成。在这5个范畴涵盖的60组关键词语料中，除去其中3组源自外籍员工，其余57组均取自中国籍员工的访谈语料。

从受访者角度看来，其一，规则意味着约束和制衡，它不仅约束着企业管理层的行为和员工的个人行为，也对双方的关系以及与该企业有往来的组织和个人造成了制衡，而这一切的目的，正是将企业运营中可能遭遇的风险最小化。

其二，规则在约束行为的同时，还体现了对劳动者的尊重和保护——上司对下属的平易态度、员工满意度调查、公开举报制度、商业保险的购置、安全守则的落实，这一切都赢得了受访者的认可。

其三，规则传递着道德与诚信的观念。尽管在所有的中国籍受访者当中，无人主动娴熟地使用“商业道德”这个词语，但是不容置疑的一点是，他们深知作假之害，因此对于作假行为的态度是绝不姑息的。更现实的一点是，他们深知在强大完备的公司系统之下作假难以得逞，因此自然实现了从“无法作假”到“选择不作假”的心路历程。

其四，规则为企业生产管理的科学和效率保驾护航。产品生产需要严格按照相关行业标准才能确保优质出品，企业管理需要建构精密规范的系统才能保证人司其职、人尽其责、知人善用、赏罚分明。

其五，规则为平等和公正提供了可实现的前提。平等在表层的体现是无差别的办公待遇和不分尊卑的顺畅沟通，在深层的体现则是考核晋升机制的公平公正。有这样的机制作为保障，在职员工才能心无旁骛地努力工作，追求业绩，不必担心他人的暗箱操作和恶意中伤。

从以上5个范畴的60组关键词语料中，我们读到的是受访者对规则的认可和遵从，一言以蔽之曰“合规”。从访谈的情况来看，“合规”无疑是主流。第二章中通过对两大类属内的标签频次和所占百分比进行分析，“合规”倾向占比为60.4%，“变通”倾向占比为39.6%，这说明职场中倾向于合规的态度和行为占据主流，但是这远非全部。那些占据总量近四成的“变通”倾向的语料，看似处于非主流的地位，但仍极具现实价值，因为它们展示了在粤外企中国员工职场规则观的另外一面，作者使用了“变通”一词来囊括第五章即将呈现的那些非合规性的态度与行为。

第五章　变　通

何为变通？《现代汉语词典》对“变通”的解释是，“依据不同情况，做非原则性的变动”[①]。从词典解释来看，“变通”一词并无明显的褒贬意义。然而，在现代舆论中，“变通”一词经常携贬义而行，例如《新京报》2013年4月1日的新闻《刘云山：改作风不搞变通　不要花样[②]》、新华网2013年12月8日的新闻评论《必须对“搞变通”者亮剑[③]》、《人民日报》2020年1月14日的评论员文章《推动不忘初心牢记使命制度落实落地——论学习贯彻习近平总书记在主题教育总结大会上重要讲话[④]》中明确提出“坚决杜绝作选择、搞变通、打折扣的现象”。很显然，在这些新闻与评论中对“变通”的使用已经带有原则性变动和违规的含义。

本章中作者使用了“变通”一词，其一是指代行为人根据现实情况，对公司固有的一些价值观念或行为标准作非原则性的变动，其二则直指那些凌驾于准则之上的违规行为。以下语料中既有对公司准则的非原则性处理，也有漠视规则反其道而行之的行为；既有受访者对自己的行为与态度的坦承，也有对他人（上司或同事）的行为描述。与第四章一样，本章语料亦采用关键词引领的模式，语料编号则沿用第四章的顺序。

---

① 中国社会科学院语言研究所词典编辑室．《现代汉语词典》（第6版）［Z］．北京：商务印书馆，2015：80.

② 新华社电．刘云山：改作风不搞变通　不要花样［N］．新京报，2013-04-01（A04）.

③ 新华社评论．必须对“搞变通”者亮剑［EB/OL］．（2013-12-08）［2021-09-21］．http：//politics. people. com. cn/n/2013/1208/c70731-23780147. html.

④ 人民日报评论员．推动不忘初心牢记使命制度落实落地——论学习贯彻习近平总书记在主题教育总结大会上重要讲话［N］．人民日报，2020-01-14.

第一节　权威与等级

第一章文献综述介绍了西方企业规则文化中“以人为本”的精神和平等相待的企业价值观，第三、四章对于外企的平等氛围也有多番描述。但第二章 NVivo12 数据分析后显示，“平等与公正”这一范畴内的标签频次占总量的 9.5%，而“权威与等级”这一范畴内的标签频次占总量的 13.5%。可见，受访者认为“权威与等级”比“平等与公正”更为广泛地存在于外企职场中。访谈语料中，上级的权威、隐形的等级、越级沟通、等级意识、国籍差别待遇、语言歧视、管理理念落后等现象都令受访者感受颇深。

关键词 61：“老板一个人说了算”

我个人感觉和老板（上司）是有距离感的。我们一般不会和老板争论什么东西，就是老板一个人说了算。如果有个小朋友（新入职的年轻员工）去人力资源那边投诉他的上司，一般都是那个小朋友走人，因为他的价值没有他的上司高。所以我们一般不会去投诉上司，最多找个同事吐吐槽。除非这位上司真的做了什么触犯法律违反规则的事情，这个方面还是很严格的。但如果只是工作方式或工作方法方面，比如他对下属不够尊重，这个方面就很难去说了。

（C17，陆先生，27 岁，英资销售经理，广州）

陆先生的话语中透露出的信息是，不要试图挑战上司的权威。他十分清楚，普通小职员的价值是远低于管理层的。尽管有“公开举报”之类的制度，职员可以请求人力资源部或者法务部门的帮助，用于调查和解决与上司或同事相关的问题，但是如无严重的违法乱纪的行为，通常最后“受伤”的是投诉人本身。在第三章的个案研究中，张嘉传递的信息是举报现象很多，都能得到贴心反馈，而且确实有大人物被拉下马；在第四章的关键词语料中我们读到过“你很害怕，对不对？没关系，打电话”；而在这则语料中，受访者传递出来更多的是隐忍无奈和欲言又止。

陆先生直言与上司是有“距离感”的，因为他清楚地知道他和上司并不是完全平等的关系。因此，他会避免和上司发生争执，也不主张投诉上司。这种态度与第一章文献综述中丹尼尔·约瑟夫所描述的“多一事不如少一事”的心理如出一辙。须知约瑟夫的研究发表于1997年，20余年过去了，我们的研究对象所表现出来的“避讼”心理却变化不大。陆先生之所以不主张投诉上司，其根源之一可能是他所感受到的与上司的距离，其实就是一种因权力差别所构成的等级，它不仅存在于日常工作中，也存在于工作之外任何与上司有交集的场合，他不仅清晰地感受得到上司权力带来的等级划分，而且心底也默认了这种“权力距离”的存在。

关键词62：“在工作中你是能感觉得到这种等级的”

美企的等级比较隐形，但在工作中你是能感觉得到这种等级的，这主要体现在两个方面：通知和开会。如果现在有个任务，你是第一批收到通知的人，那说明你是任务组的核心成员，但是如果你是被转发的那一批人，很明显你是比较边缘化的人了。很自然地，第一批人提前知情，获得更全面的信息，就可以做很多准备。那如果接下来需要开会讨论，那些最早得知核心信息的人肯定准备得更好。而你没有及时获得更多信息，临时开会把你叫过去，在没有足够准备的情况下，你如何提出有信服力的方案呢？换言之，等级决定了你是否拥有先知情权。

（C25，贾先生，30岁，美资技术主管，深圳）

贾先生一针见血地指出了工作中的等级现象，当然这很可能并非美资企业所独有。任何一个项目都有它的核心组成人员，很自然地他们会是最清楚该项目信息的一群人。自己是不是核心组成人员，这一点只需要看看邮件发送对象的先后顺序就一目了然。顺序的先后不仅仅说明了不同职员的重要性，更使“先到者”提前一步赢得时间、拔得头筹，而“后来者”则可能由于准备仓促铩羽而归，这就是为什么贾先生认为先知情权如此重要。而这种权力在他看来，是由等级决定的。事实上，不仅在工作中有这种情况，在生活中也大同小异。

关键词 63：“千万不要在领导面前充老大”

我们经常有些工余的集体互动，打羽毛球啦，唱歌啦，年会表演啦，大家都放得比较开的，很愉快。但是呢，领导还是领导，千万不要在领导面前充老大，不要因为你读书的时候唱歌很厉害、打球很厉害就目中无人，更不要去指手画脚。可能活动的时候领导会表扬你说“看不出你还有这个才华”之类的，但是出来做，总是要还的。比如后期你做项目的时候，他可能会评价说“之前成功地组织了某某活动，但是耽误了项目进度”，又或者以后领导会时常关心你的工作进度，加大你的工作量等。

（C25，贾先生，30 岁，美资技术主管，深圳）

这则语料可谓对于职场新人的善意提醒，“不要在领导面前充老大”俨然已是一条职场真理。第四章中描述的其乐融融的上下级关系、年度员工满意度调查、团建时上司亲切慰问和指导等，再与此处两相比较，不觉大相径庭。第一章文献综述中美国企业公司信条上写就的“以人为本”“员工第一，顾客第二”和“我们如何对待员工，员工就如何对待顾客”，这些精神落实在何处了呢？难道那些仅仅只是公司官网上的文字？落到实处就变了味儿？如果说此处只是贾先生委婉含蓄的吐槽，那么下一则语料就是完全不留余地的抱怨了。

关键词 64：“基本上就是不信任的状态”

当领导的不知道下面做基层的苦和难，基层也不知道领导一天到晚干什么，所以各自都是相互埋怨。领导也不体贴下层，他只安排，也不管这件事要做多久，要耗费多少精力时间。领导就只会觉得下层不听话，他觉得“我安排的东西你们听我的就可以了，我是你们的领导”。基本上就是不信任的状态，下级觉得上级没能力，上级觉得下级没能力。

（C19，韦女士，25 岁，英资客户主管，中山）

韦女士的抱怨真实而强烈。上下级之间的不信任，在她看来是因为对彼此态度和能力的否定。韦女士认为，领导不体贴下层，这是一种冷漠的态度，反映出领导高高在上的心理，久而久之，下层会认为领导不具备做上级的能力。领导认为下级“不听话”，在态度上不服从管束，工作完成度欠佳，从而质疑下级的能力。从韦女士反复使用的“听话”“听我的就可以了”这些字眼，可以发现问题的根源之一在于领导的长官意识。这种长官意识使他只关注自己的感受，无视基层的难处，久而久之，下级自然不愿与其沟通，双方罅隙日益增大，进而形成了韦女士所说的“基本上就是不信任的状态”。

关键词 65：“越级沟通绝对是大忌”

确实，高管的办公室的门是开着的，你有任何想法可以直接走到他的办公室里去发表自己的看法。只是你考虑一下，你充满激情地走进去，对着高管慷慨激昂地表达一番，然后你能同样满怀激情地走出来吗？别的同事看不到吗？你自己的顶头上司看不到吗？他看到了还没有任何想法，可能吗？所以说，除非高层点名安排知会你，要你过去谈话，否则尽量不要没事找事跑去，这种越级沟通绝对是大忌。

（C25，贾先生，30 岁，美资技术主管，深圳）

“开门政策”是我们在第一章文献综述曾经读到的，这在第四章的语料中也得到证实。但是这则语料展现的却是另一版本的“开门政策”：门开了，人进去了，然后呢？可有把握“满怀激情地走出来吗”？如果越级与高层交谈，超过了顶头上司的控制范围，能确保不使上司产生芥蒂吗？能保证未来在他手下有好日子过吗？对此，受访者贾先生持保留态度，他的谨慎源于他所感知到的客观存在的等级。这一现实要求下属要格外恭敬行事，不要行差踏错，犯下职场大忌。

贾先生屡屡劝诫“不要在领导面前充老大”“越级沟通绝对是大忌”，这似乎与他在入职培训中所学到的并不一致。按照员工守则，平等相待是基本的准则之一，以英特尔公司公开的六大价值观为例，“包容美好的工作场所”赫然在列，其中明确规定要平等对待他人。此外，英特尔公司还颁布了专门的“禁止打击报复”政策，用以保护普通职员的发声权利。但是，为什么像贾先生这样的职员，似乎对这些规则并不感冒呢？是上级权力过大导致员工失去维护自我的信心吗？有受访者认为，这并不是个别现象，而是一种传统的等级意识使然。

关键词 66：“等级意识是由我们的国情决定的”

等级肯定会有的，也很难说它是坏事。我觉得中国过去两千年的历史，其实是一个皇权的文化，就是官位意识影响着。我现在的老板，之前外派在澳大利亚，管理一群澳大利亚人。他后来跟我讲，澳大利亚人好难管理，一点不对就马上辞职，因为澳大利亚找工作很容易，福利也好。他还说有一次，好几个澳大利亚人，合伙把他逼到一个很难堪的境地，他还不敢得罪他们。想想看，他作为区域公司的经理，混成这样！像他这种情况，之前管理那群澳大利亚人，后来来中国管理分公司，我们尊重他，我们做事又井井有条，这样的下属他往哪里找？他不知道多喜欢！其实外国人很喜欢跟华人工作。因为一方面，全球来讲，华人是很能吃苦的。比如在美国、在欧洲，请华人员工加班，他们很乐意的，如果让他干活，他很乐意干的。但是你如果让当地人加班，他会说这是我的家庭时间，你不能侵犯我的家庭时间。另一方面来看，华人是很尊重上司的，这种员工从哪里找啊。

（C2，宋女士，37 岁，德资销售经理，广州）

宋女士的语料涵盖了两个观点。其一，中国人受传统皇权意识的影响，在文化传统上习惯于服从上级，因而容易接受由等级差别带来的利益与机会不均。其二，中国人口众多，社会福利制度有待完善，因此人们珍惜工作机会，不愿因得罪了上司，而失去饭碗。宋女士在外企工作十余年，在她看来等级不见得是坏事，它只是一种客观存在，她认为中国人勤劳肯干，尊敬上级，因而赢得了很好的职场口碑。应该说，宋女士的观点很现实也很坦诚，这种观点并不仅仅是她自己的感性体会，其实也已经被其他学术研究证实。

李（Li）和敖（Ngo）的研究发现，中国人的传统儒家价值观与等级思想与其组织忠诚度呈正相关①。唐（Tang）通过实证研究发现，国际投

---

① LI H，NGO Hang-yue. Chinese Traditionality，Job Attitudes，and Job Performance：A Study of Chinese Employees［J］. Evidence-Based HRM，2017，5（2）：139-150.

资的流向与权力距离指数呈正相关，与个人主义指数呈负相关①。赫特（Hewett）与伯顿（Bearden）的研究显示，集体主义文化对国际投资的吸引力更大②。换言之，受传统思想影响，中国人尊重上级、忠于集体，与之相应的，国际投资对于像中国这样权力距离指数较高、集体主义观念普遍的文化是青睐有加的。可见，本则语料中宋女士提到的“外国人很喜欢跟华人工作”，的确所言不虚。

宋女士对中国职员等级意识的描述，在下一则语料中通过一位美籍员工的语料也得到印证，不过这位美籍员工对等级的态度则大相径庭。

关键词 67：“等级制度应该要改一下”

我当时有一部分工作是给员工培训英语口语，我那些学生基本是经理级别以上的人物。有一次我要给一位总监做口语培训，因为她下个月要去美国，我们当时约好了下午 3 点开始练习。当时大概是两点四十分，我还坐在自己位置上，在和另外几位同事讨论问题，这位总监就提前来了，对我说：“我们去喝点东西，顺便练口语吧。”当时我的上司，还有其他同事看到她来了，都马上停止讨论站起来。我说：“哦，你早来了 20 分钟，我再过 20 分钟过去找你，好吗？”然后我的上司那种表情，还有那位总监的表情，都是：“哇，怎么能这样。”我想，如果担任培训的是个中国人，一定马上放下工作跟着总监过去了，对吧？但是我觉得美国公司里不应该是这样的，我觉得这种等级制度的事情应该要改变一下。

（F5，琼斯女士，25 岁，美资人力资源职员，广州）

年轻的琼斯女士用典型的美国人的方式回应了公司总监，这一举动令在场所有人都十分惊讶。在那位总监看来，下级居然会以“早来了 20 分钟”为由而直接拒绝自己，实在匪夷所思。在其余在场人员看来，这一举

① TANG L. The Direction of Cultural Distance on FDI：Attractiveness or Incongruity? [J]. Cross Cultural Management：An International Journal，2012，19（2）：233 - 256.

② HEWETT K，BEARDEN W O. Dependence，Trust，and Relational Behavior on the Part of Foreign Subsidiary Marketing Operations：Implications for Managing Global Marketing Operations [J]. Journal of Marketing，2001，65（4）：51 - 66.

动同样难以想象。琼斯女士并非完全不了解中国人的等级意识，但她坚持认为，等级制度并不合理，并且预约的时间未到，她没有义务服从这位总监的命令。中美国民对待等级制度的认识在这一语境中得到鲜明对照。仅从中国职员的角度来看，身处美资企业似乎并没有改变他们的等级意识，他们对于上级仍然保有足够的尊敬，对于上级的要求一般采取服从的态度。有趣的是，另有受访者认为尽管中国人都强调等级意识，但是很明显内地人的等级意识比香港地区人更强，这一点其实在第一章文献综述中有所提及，而在访谈中这一现象亦得到证实。

关键词 68："内地人比香港地区人更看重等级观念"

我们称呼同事都是用英文名，无论是内地人还是香港地区人，即使是对最大的老板也是 Allen（艾伦）、Judy（朱迪）这样叫，这是我们的文化。但是对一些比较熟的、内地背景的经理我们会称为某总，好像马总、李总这样，不过对香港地区上司就不会。我觉得内地人比香港地区人更看重等级观念。我们现在公司一位外籍高管，也是公司合伙人，分享过一个故事。他在香港地区工作的时候，中午下班时间大家要下楼吃饭，等电梯的时候，这位合伙人也站在那里。后来电梯门一开，全部人"啪"挤进去了，他没挤得进去。后来，他到广州来工作，同样地，下班时间电梯来了，大家都不动，一定会等他先进电梯，实在装不下就干脆等下一趟电梯。

（C18，陈女士，26 岁，美资客户经理，广州）

同是中国人，香港人的等级观念明显较内地人弱。因此，尽管在公司一般都用英文名互称，但是面对比较熟悉的来自内地的经理，陈女士会以"某总"相称。看似一视同仁，其实又区别对待，一个看起来微不足道的称呼，无疑凸显了年轻的陈女士深谙职场生存之道。等电梯的事例同样新鲜有趣。香港人遇到外籍上司等电梯会不管不顾，颇有些工作是工作，生活是生活的做派。而内地人则会执意请外籍上司先行，以示尊重，即便因此导致自己不能及时下班也并不可惜。

其实，在不少国内的外资企业里，不仅有内地人、香港人，也有不少其他国籍和地区背景的人士，很多时候，一个人的肤色、国籍和地区背景不同，就会据此产生差别待遇，例如升迁的机遇和薪资的标准。换言之，国籍和地区背景本身就意味着不同级别。

关键词 69："不同国籍和地区的经理人的薪水和机会是不一样的"

来自不同国籍和地区的经理人的薪水和机会是不一样的。首先，这里有一个成本的问题。比如派美国人到中国管理，那么他的工资、差旅费，这些都很多。那如果用亚洲人就少一些，比如用新加坡人，一个经理可能是4万块钱，一个马来西亚的经理，可能就是3万块，因为马来西亚相对新加坡要差，相对人工成本要低。新加坡人工资较高，比香港地区人高，马来西亚最低。再一个，其实基本上每个人进来之后，都知道自己未来的发展在哪里。比如那些年轻的美国佬来到公司，可能你会发现他就像坐直升机一样地升升升，我们都觉得理解，都讲 ownership（所有权），没错呀，讲白了这是别人家的公司。

（C16，臧先生，40岁，美资技术主管，珠海）

来自不同国籍和地区的经理人形成了另一种客观存在的等级，随之而来的是薪酬标准和升迁机遇的差异。据臧先生所言，来自美国的外派经理比亚洲背景的经理人高，而同是亚洲背景，新加坡人薪资最高，香港地区人次之，马来西亚人最低。臧先生认为，这是一个经济成本造成的客观事实，美国经济相对强大且距离亚洲遥远，因此需要给予经理人更高的薪资作为补偿；新加坡、中国香港和马来西亚三地比较，则主要从三地的经济实力角度考虑，在同样的职位面前，新加坡人的月薪标准可能比马来西亚人的月薪高出一万元人民币。此外，对于外派的美籍同事的平步青云，臧先生也表示理解，这等于从主观上认同了国籍带来的差别待遇，尽管这一现实与公司倡导的平等相待并不吻合，但是诚如他所言，"这是别人家的公司"。同工不同酬的现象普遍存在，臧先生心知肚明。这一点，实际上美国籍员工也很清楚。

关键词 70："我的薪水是按照美国标准来的" + "差异变得越来越小"

我朋友告诉我，公司每个人都知道我的月薪，可能是人力资源的人告诉他们的。我当时（2010 年）的薪水是按照美国标准来的，就是美国刚刚大学毕业入职时的薪资水平，折合人民币是两万多元。那其实就和本地的经理级别的薪水差不多，相当于那种工作 10 年左右的经理。

我明白，不管在哪里，大家对于本地员工和外派的员工的薪水差别是很关注的，中国人会觉得，哦，这个美国人是不错，但是他也顶不上几个中国人吧，也没有那么好。但是现在我觉得在这个问题上矛盾不会那么大了，因为本身现在外派过来的人就很少，有些本地人都可以在那些管理岗位上干活，所以就算有差异，差异也变得越来越小。

（F1，莱特先生，28 岁，美资商务顾问，深圳）

莱特先生的语料证明了外籍员工与中国员工薪资标准不一致的现实情况。刚刚大学毕业的莱特先生进入公司就享有与中国籍资深经理同一级别的薪水，这一点公司里人人都知道，莱特先生对此也很坦然，在他看来，自己的薪水应当与美国标准保持一致。同时他也指出，如今外派人员日益减少，管理人员薪资差异也在日益变小。这样看来，无论是美籍员工还是中国籍员工，似乎都默认了国籍引起的薪资职位的差别待遇，尽管这与我们所知的企业宣称的平等相待的准则并不吻合，但是大家基本心照不宣地保持沉默。对于这种差别待遇，有受访者作出了反思，他们认为之所以中国人尤其是内地人不能够做到公司高层经理人，终究吃亏在语言上。

关键词 71："语言还是很吃亏"

我觉得自己始终头顶上有个"天花板"。我并不觉得来自发达国家的同事就高人一等，但是实际交流的时候，基本都要用英语，那肯定有时候是词不达意，甚至是很蹩脚的，所以我觉得语言还是很吃亏。因为你要取得人的信任的话，就必须要聊到一些深层次的东西，你对这个东西的理解不能停留在一些比较粗浅的讨论上。像我们母语不是英语，如果讨论停留在一些粗浅层面，人家会觉得这个人不太聪明，还不能够洞察一些东西。

但是如果我能够用英语发表我的洞见的话，大家互相欣赏的程度就会不一样。

（C3，马先生，35岁，美资销售经理，广州）

马先生对于“来自发达国家的同事就高人一等”这种看法并不赞同，但他深知受语言能力的限制，很难做到核心高层管理岗位，这就是所谓的“职场天花板”。即使自己有很好的想法，苦于不能用准确恰当的语言表达出来，就难免让上司觉得这个人的领悟能力和表达能力有限，因此在衡量是否赋予重任时也会有所保留。马先生的遗憾之情溢于言表，他认为自己的英文能力如果能够更胜一筹的话，必然可以获得更多欣赏，升职加薪也就水到渠成。

语言之痛几乎是所有跨文化研究中都会涉及的点，在马先生的经历中，语言尤其是英语语言能力使他在职场受挫。尽管近年来在中国学英语的人口数量激增，但是在商务场合能真正熟练使用英语的人并不多，其语言熟练度与准确度尚不足以支持他们在人际交往的细微层面上开展跨文化交流①。外语能力与工作表现息息相关，这一点身处跨国企业的员工感受深刻。普勒斯庇特罗（Presbitero）针对跨国企业员工的一项实证研究发现，外语技能与项目成员的个人任务表现呈显著正相关，外语技能与外语焦虑呈负相关，外语焦虑与项目成员的个人任务表现呈现显著负相关②。换言之，外语能力强的员工，其外语焦虑度较低，工作表现更好；而外语能力弱的员工，其外语焦虑度较高，工作表现较差。针对这一现实问题，有些外企在招募新人的时候格外注重英文表达能力这一关。

关键词72：“差别就在于语言的问题”

关于交际和表达我太有感受了，因为我们是属于亚太区，亚太区比较

---

① GAO Hongmei, PRIME P. Facilitators and Obstacles of Intercultural Business Communication for American Companies in China: Lessons Learned from the UPS Case [J]. Global Business Languages, 2010, 15 (1): 156.

② PRESBITERO A. Foreign Language Skill, Anxiety, Cultural Intelligence and Individual Task Performance in Global Virtual Teams: A Cognitive Perspective [J]. Journal of International Management, 2020, 26 (2): 1-13.

大的两个国家，一个是印度，一个是中国，当时大家都去 present（汇报），我就 present 中国怎么好，印度就 present 印度的业绩怎么好。这一对比就很大区别，其实印度人财务做得也不好，我自己认为，没有我们好，但是他们 present 得好呀。为什么呢？第一，他们英文说得特好，因为你们知道，在印度，英语同母语教育一样，他们说得很流利。第二，他们很自信，很能吹，我们中国人就比较老实。所以搞到后来美国总部那边感觉印度很有潜力。我们觉得我们也不差，但是差别就在于语言的问题。所以我们后来在招人的时候，我说不行，我们要招的新人，一定要可以 present，可以满足这个需求。所以后来我们招的全是中大和广外①的，因为他们语言能力好呀。

（C1，谢女士，45 岁，美资财务总监，东莞）

谢女士用自己的亲身经历说明了语言的重要性，同样是做财务汇报，即使业绩平平，如果汇报人的语言能力好，也会令整个团队获得总部青睐，这就是为什么印度分公司的业绩似乎更胜一筹。我们的传统意识中，认为财务需要的是严谨细致，殊不知在美资企业中，善于表达和沟通也是财务工作者必备的技能。谢女士敏锐地发现了这一问题，因此在后来招募新员工的时候，格外注重毕业生的英语表达能力，在她看来，这是在外资企业生存下去的法宝之一。除了语言问题，有受访者认为，使内地人“低人一等”的还有对市场经济理念的理解能力问题。

关键词 73：“他们的管理理念比我们先进”

我们公司虽然是美资企业，但是美国人直接管理的不多，主要是新加坡人、马来西亚人、中国香港人做管理。因为他们相对来讲，英文比较好一点，他们从小受英文教育，所以和总部的沟通会流畅一点。更重要的是，他们这些地方比较开放，他们经济起飞比中国内地早 20 多年，他们的经济管理模式转变起步早，管理理念更先进。说到歧视的问题，不是没有，总有点客观存在，但是其实我觉得也还好，最主要看个人能力来说

① “中大”指的是中山大学，“广外”指的是广东外语外贸大学。

吧，说歧视的话，不是那么明显。

（C16，臧先生，40 岁，美资技术主管，珠海）

臧先生指出了除语言问题之外，对现代经济管理模式和管理理念的认知相对落后的现状。中国改革开放至今已有 40 余年，也取得了举世瞩目的经济成就，但是放眼世界经济沿革，中国的经济转型起步点仍然是相对落后的。臧先生认为，来自中国香港、新加坡、马来西亚这些国家或地区的经理人，由于较早接触商业经济模式，对于现代企业管理理念早已稔熟于心，加之英文沟通无障碍，因此在顺应西方企业管理方面比内地人更加游刃有余。

臧先生是一位技术主管，在他看来，歧视不是没有，但并不明显，这取决于个人能力。由此可见，臧先生对自己的个人能力是有充分自信的，他承认歧视的客观存在，但是也相信强者恒强，这与关键词 71 语料中马先生相对悲观的态度形成差异。不排除一个可能是，马先生是一位销售经理，臧先生是一位技术主管，二人的岗位性质和职责差异决定了他们的工作对象和工作范围，因此对于员工的语言能力和管理水平的要求有所不同。值得一提的是，两人都承认自己的劣势所在，深知其中根源，但与此同时他们仍然保有内心的骄傲，不愿屈从冰冷的现实和残酷的竞争，在此我们看到的是正视差距但立志迎头赶上的决心。

本节以“权威与等级”为核心词组穿起了 13 组语料。等级的形成说明了权力的悬殊。在大权在握的老板面前，普通员工选择了低调谦卑和隐忍退步，因为他们深知招摇或对抗只会引发祸端，这实际上意味着员工对等级存在的默认和接受。受访者认为，等级无处不在，即使是工作部署的邮件发放先后都清楚地昭示着孰轻孰重、孰近孰远。与此同时，有语料显示，相比之下，内地人的等级观念高于香港地区人，即内地人更承认和接受等级的存在，而澳洲人的等级观念又远远低于中国人。有受访者认为这源于中国传统文化的皇权意识，同时与具体国情如社会经济发展水平和社会福利制度密切相关。同样具有差异性的是，来自不同国家和地区的经理人也享有不同的薪资标准，比如美籍经理人薪资最高，新加坡人和香港地区人次之，马来西亚人居末，受访者结合经理人地域背景的经济水平来解释薪资差异，实际上说明了对薪资差别现象的接纳。

令人欣慰的是，有受访者直面中国人尤其是内地人在外资企业的晋升“天花板”的问题，剖析认为语言能力和管理理念是中国员工的两大短板，也是造成“吃亏”和“被歧视”的根源。痛定思痛，他们认为提升语言能力和学习企业管理知识是当务之急，坚信有决心者常思进取，有能力者不惧打压。

第二节　内耗与低效

效率是现代企业追求的目标之一，第四章以近 20 则语料展现了外企职员对于公司科学管理和高效运营的认可，其中“内耗”一词曾被提及。有受访者认为在公司“271 比例”评估机制下，员工之间会产生一定内耗；但同时另有受访者认为，这是必要的评估手段，不称职的人不应当继续留任，否则会影响整体工作效率。同样地，第四章有语料指出部门 PK 可能造成内耗，但是另有语料指出，这种相互质疑和竞争有利于公司将风险降到最低，将产品或服务的质量提升到最高。如第二章所示，NVivo12 数据分析后显示，归属于“科学与效率”这一概念的标签频次占总量的 14.1%，而“内耗与低效”这一概念下属的标签频次占总量的 9.4%，尽管前者高于后者，但是关于效率的争议似乎一直不断。有受访者认为，低效源自会议频繁和办事力量分散，更有人指出，内耗皆因规则繁复与权力牵制。

关键词 74：“我承认它的必要性，但是不喜欢它”

像我们年轻人的话，就肯定想要冲得狠一些，但是有时候你发现，你的很多想法，你在想的时候是这样，然后一开碰头会就发现不符合那个部门的规则，不符合这个部门的规则，结果落地的时候就剩下这么一点点，真的觉得很沮丧。因为大公司就是要求的东西很多，你说你要做的东西他会一直砍砍砍，最后留一点点。我最讨厌、最想改变的就是这种规则，这种制度，但是没办法，我承认它的必要性，但是不喜欢它。

（C14，叶先生，26 岁，美资销售经理，广州）

年轻的叶先生充满理想和创意，但是一番辛苦推出的销售计划在部门碰头会上被砍得七零八落，令人好不神伤。这则语料的部分想法实际上在关键词 8 语料中有所提及，叶先生承认从控制风险的考虑出发，各个部门对于某一个计划的质疑和建议是有必要的，但同时他也毫不掩饰自己对于这种制度的厌恶之情，因为它大大打击了年轻人的创造性和积极性。

关键词 75："开发效率相对民企要低得多"

别看美国人好像特别喜欢表扬人，平时开会可能对你一口一个 great（好），但是挑起刺来一点也不含糊。一个项目做完，就像邀功一样要给所有人发送邮件报告，证明自己做了事。但是一旦出了问题，大家就第一时间想办法证明问题不在自己身上。

举个例子，调查显示，客户抱怨产品某个功能不好用。那么开发部门首先回应说，我们的设计方案都是集体审议的，当时的会议也通过了，都有会议记录，白纸黑字。性能测试部门接着说，我们昨天测试就发现性能忽然变差了，责任不在我们，因为某个部门昨天提交了新代码，估计是他们的问题吧。那个部门马上回应说，后端这个代码提交之前是做过性能测试的，我们都记录下来了，有报告为证，没问题，应该是前端的问题。你看，反正每天就是这样，开会讨论、收发邮件、扯皮推卸责任，所以，开发效率相对民企要低得多。当然了，公司大，有钱，开发时间长，也耗得起，客人素质高，也不恼。问题是，对于我们程序员来说，专业能力没啥提高，精力全用来干别的了，情商那叫一个越来越好。做了事情就要满世界宣传，出了问题就想怎么证明自己的清白，那架势，真是一道美丽的风景线。

（C25，贾先生，30 岁，美资技术主管，深圳）

在贾先生看来，造成开发效率低下的原因至少有两个方面。第一，"不含糊"的美国人。其实所谓的这种爱挑刺和不给面子与第四章所描述的部门和个人之间的相互质疑是一脉相承的，其根本目的是将产品质量提升到极致，将风险遏制于萌芽。但是这在客观上就一定会使产品开发陷于拉锯，在时间上和精力上造成消耗，这也是为什么前一段语料中叶先生在部门 PK 中感到身心俱疲的原因。

第二，为了保存证据，必须事无巨细时时刻刻做记录写报告，这样才能在出现问题时，以白纸黑字的形式证明自己的清白，而这个证明清白的过程大大消耗了专业人员的时间与精力。第四章中我们也曾读到“什么都要白纸黑字”（关键词9语料），了解到记录的初衷是为了保存证据，约束公司内部外部行为，制衡彼此关系，该语料中的宋女士作为一名销售经理，是非常认同“白纸黑字”的做法的，因为她需要以此来约束客户、销售员、结算员和业务主管的行为，制衡彼此的关系，使他们切实按规范操作，确保相互利益不受侵害。

而本则语料中的贾先生作为一名程序开发人员，面对的主要是公司内各部门的同事。他认为无休止地写报告、发邮件、开会、踢皮球、扯皮（质疑产品问题的源头）是在消耗技术人员的生命，因此造成了两大直接后果——其一，产品开发效率远远低于民企；其二，程序员个人专业能力发展滞后。贾先生认为，作为一名程序开发员，不应当将太多时间与精力耗费在文书工作和公司人际关系处理上，而公司的管理体制又迫使他不得不在各种报告纪要和扯皮拉锯中浪费时间，看不到自己专业能力的提升，这让贾先生十分无奈。

尽管主观上不赞同这种做法，但是回到现实，贾先生还是带着情绪把该做的都做了。他调侃认为，大公司有钱，不怕开发效率低，花费时间长。他还认为，程序员尽管在这种内耗中技术提升缓慢，但是情商却提高了。言下之意，刻板印象中的“码农”更善于在部门质疑和扯皮中表达和捍卫自己了，在需要“亮剑”的时候更敢于展示和宣传自己了。这种出了问题就强力洗白，取得成绩就高调炫晒的做法，在贾先生看来，“真是一道美丽的风景线”。

关键词76：“内耗很严重”

如果是中资银行的一个分行长，一般作为一把手，他可以说了算的。但是外资银行的话，会需要各个相关部门商议来定。有些规则呢，执行得太过严谨固然是不错，但是就会导致内耗很严重，就是相互之间有一个制约，结果没有一个人去拍板，所以可能效率比中资银行还更低。

（C12，杨先生，40岁，英资部门经理，广州）

杨先生是一名资深的银行管理人，他相信规则的严格执行本身是好的，但是他也同样笃定地认为，规则造成的相互制约会导致高层的权力内耗，因此在针对某个问题时，花费在表决上的时间会拉得太长，导致整体效率低下。杨先生相信关键时候如果有人能够“拍板”，那么效率会更高，这一看法与我们平时所说的“集中力量办大事”的观点很相近。

应该看到，杨先生对于严谨制度的抱怨是十分温和节制的，比前一段语料中的贾先生要保守得多。我们也注意到在第四章关键词 40 语料“可以完全跳过分行的行长”中，杨先生曾用“轻松”二字来形容美资银行的工作氛围，他提出行长不具有一手遮天的权力，下属在质疑分行行长的合规性时，是可以越级请示高层的。而在本则语料中，杨先生又表达出一把手不能拍板导致内耗的遗憾，可见他本身是很矛盾的，一方面欣赏“权力分散”将“人治”扼杀在萌芽状态；另一方面又质疑权力内耗导致办事效率低下，这一矛盾造就了他相对温和的态度。

关键词 77：“开会的风格很没有效率”

我觉得这里开会有一种很有趣的模式。首先是总经理说话，他是香港地区人，很有趣的是，每次他一开会，首先就会语速很慢地说话，会先从宏观入手，说中国经济发展很快，但是现在速度放缓了，跟着房地产市场发展也变缓，总之就是先描述一幅大景象，然后慢慢地、慢慢地、慢慢地谈到我们要关注的焦点，也就是利润问题。他不会很直接地就像我所希望的那样，坐下来、聚焦议题，比如我们现在面临利润问题，我们得想办法提高利润；或者说现在产品质量有问题，要怎么改进。在我看来，我们的总经理的开会风格很没有效率。

（F2，盖茨先生，40 岁，美资技术经理，广州）

盖茨先生不能理解为什么来自香港地区的总经理在会议上不能直入主题，为什么要从宏观入手、缓慢聚焦。他认为美国式的会议可以直面问题，高效精准。这里透露出一个现实是，不少在华美资企业的高管并不一定是美国人，因此，每个人的领导作风其实或多或少是会影响整个公司的运营作风的。这位香港地区背景的总经理，在盖茨先生看来，其会议风格是非常中国化的。就事论事，他不认同这种拖沓的会议风格，认为“没有效率”。

尽管以上几位受访者抱怨的主题都是效率，但是关键词 74、75、76 语料涉及的是管理制度的低效，而关键词 77 语料所反映的是制度执行者的低效。相较而言，更值得我们深思的或许是前者。而这一点，下一位受访者显然感受很深。

关键词 78：“效率确实有区别”

治理公司和治理国家是一样的。比如说，我们如果要建一条高速公路，这个时候只要上层意志已经是非常坚定的，那么这个事一定会发生，而且很快就拆迁，立马拆迁。但是如果美国有这样一个提案，那就要拿出来讨论，要拆迁就得谈，在商言商，比如今天说一个钉子户很厉害不走，那你就没办法，所以从这个看，效率确实有区别。

如果说中国和美国不在一个发展阶段上，我们可以看看中国跟印度是对比非常明显的，大家底子都差不多，所谓的民族独立时间都差不多，但是发展水平是不一样的，中国基础设施建设上绝对是最一流的。这里面就是背后的集中力量办大事，一种民族优势在那里。体现的不是速度，很多时候体现的是致力于结果的一个保证，是一种制度的保证。

（C20，徐先生，30 岁，美资销售经理，广州）

徐先生认为，在公司治理中，集中力量办大事体现了制度的优越性，是更为高效的管理手段。这说明他很清楚权力分散造成内耗的现实，因此对于强有力的制度保证和领导模式更为青睐。他将美国、印度与中国的基础设施建设作比较，想要证明改进管理制度，集中力量，果断拍板，这才是科学和高效的管理。

本节语料不多，每一则均从不同角度指出外企内耗低效的一面，实际上反映出来的是中国员工对于企业管理制度与领导风格的反思。

关键词 74 语料中的受访者认为，自己精心打造的销售计划在部门 PK 中被重重打压，直言讨厌这样的规则。关键词 75 语料从一个基层技术人员的角度出发，说明为了遵照公司的规定，无休止地写报告、发邮件、开会、相互质疑和推诿责任对于一个专业人士来说，实在是浪费时间，这直接导致技术人员不能专心研发，而是把时间和精力花费在本专业领域之外的事务上。于整个公司而言，也同样导致研发效率低下。

关键词 76 语料从一个管理者的角度出发，认为严谨的规则固然是好的，却无形中导致权力的内耗，在关键时刻需要一把手拍板，但是没人能够作即刻决定的现实可能导致运营低效。关键词 78 语料的视角似乎更为宏观，但是其管理思想与关键词 76 语料一致，都表现出对于统一集权模式的青睐。

关键词 77 语料从一个美国人的视角出发，认为不能简洁明了直面问题的会议风格是低效的，这也从另一个角度折射出一个耐人寻味的现实：并非资本来自哪里，其经营模式就一定与其出处一致。更多时候，直接领导者的管理风格或将影响整个公司的运营风格。

无论是对制度的不满，还是对于领导风格的抱怨，都凸显了受访者们对于科学管理效率的不同见解，如何低风险、高效率，既保护职员的积极性和创造性，又有效遏制不良作风，这确实是亟待跨文化管理者思考的问题。

第三节　关系、面子与人情

“关系”二字在中国具有耐人寻味的含义，以至于英文中已经将其专有名词化为“Guanxi”。关系的使用似乎无处不在，访谈中即使访谈员不主动提及，不少受访者也会在回应问题时自然而然带出“关系”这一概念，甚至有几位外籍受访者用起“Guanxi”一词来，都显得十分轻车熟路。在本节中，受访者们描述了他们自己或同事为达到个人或集体的目的，如何利用同僚关系、讨好上司、讨好甲方、给同事面子、给客户面子、保全下属面子的行为；又或打着顺应人情社会的旗号，钻营政府公关、收受贿赂等现象。

关键词 79："可以使用一点关系"

我有一次跟一个美国人在视频会议上吵架，他不肯批我一个项目的开发，因为他们不懂微信是什么。他习惯用美国人的态度来质疑中国的社交平台软件，所以我需要拿出证据来消除他的疑虑。后来我发现或者可以使用一点关系，比如说下次开会的时候我知道有一个欧洲人也会参会，而这个人以前是广州这边调过去的，跟我们关系比较好。那么我可能会先联系他，希望他给我一点建议和支持。只要他支持，那么下次开会就会顺利很多。

（C15，赵先生，27 岁，英资 IT 部职员，广州）

赵先生在面对美国同事的质疑或偏见时，发现正面的自我论证似乎难以奏效，而同样的证词，如果假借他人之口（尤其是一个有分量的人）说出来，可能即刻奏效，而语料中这个有分量的人就是一位欧洲同事。这位欧洲同事的关键性体现在，他曾在广州工作，因此他对于中国社交网络平台（如微信）有一定的了解和接受度；同时他作为一个欧洲人的身份，容易使美国人认同他的说服力。当然，这一切还有一个必要的前提，那就是这位欧洲同事愿意支持赵先生。诚如赵先生所言，这位欧洲同事"跟我们关系比较好"，因此只要他给予协助与提议，那么下一次与美国同事的会议就会顺利得多。从这一则语料中，我们看到的是同事之间必须保持必要的"关系"，并不是真正的"走进这栋办公楼，各做各的"（关键词 49 语料），这种关系和相互支持能在关键时刻发挥作用，使工作效率大大提高，使自己的职场之路飞黄腾达。

关键词 80："刷业绩、刷脸、刷感情"

我觉得如果要升职的话，在我们公司有三个必要条件：刷业绩、刷脸、刷感情。第一，你肯定要有业绩，这个不用多说。第二，你要有一定的曝光率，比如年底开会的时候，你能跳个舞，然后大家知道有这么个人，长得还可以，跳舞很好，再加上你的业绩不错，就会留下一个干活很努力的印象。第三，我觉得最重要的一点，就是跟老板的关系，跟你上级的关系。老板其实不是拿来服从的，是拿来像谈恋爱一样宠的。你要知道他喜欢什么、不喜欢什么。比如他很喜欢阿森纳（英超联赛足球队），那我出差去英国就买了一些阿森纳的球迷纪念品给他。这样也许他可以帮你一些忙，比如我们刚入职的时候做培训生，人力资源就会问那些上级经理，这个培训生怎么样？如果你跟上级经理关系好，可能他就会帮你说一些好话，直接加分。我觉得基本以上三点都做到了，这个人绝对可以升职。当然啦，我觉得这个竞争的话还是比较平等的，因为只要你进来，你看到有这种机会，比较聪明，还是能够发现有机会去升迁的。

（C27，关先生，27 岁，美资销售经理，广州）

关先生用鲜活的语言描述了他在公司的生存之道。他承认在晋升中，业绩是王道，但是公司内部关系尤其是与上级的关系经营也是必不可少的，这与前面的“唯业绩论”形成一定差异。他不认为单纯地服从于上级是正确的相处模式，取而代之的是，他用了“宠”这个词。在他看来，要了解上级的喜好，然后有的放矢、投其所好，这样必定能够事半功倍。他举例自己给上级赠送阿森纳球迷纪念品，在后期谋求升迁时曾获一臂之力相助。从关先生的个人体会来看，他通过努力提升业绩和花心思经营与上级的关系，从而谋求到了自己向往的职位，是典型的“刷业绩、刷脸、刷感情”的受益者。

如果说上两则语料关注的是公司内部的关系经营，那么公司与外部机构的关系经营也同样不可忽视。我们曾在第四章读到“我们绝不会做，也绝对没有做过”（关键词 30 语料），由此脑海中浮现的是公司与供应商、经销商、客户以及政府部门之间公正透明的合作关系，这也是公司行为守则的要求之一。但是从下一则语料看，个体与个体之间、团体与团体之间，仍然存在一种不平等的地位差距，有求于人的一方势必要有所举动来和对方“搞好关系”。

关键词 81：“乙方要和甲方搞好关系”

关系这方面，概括一个词就是甲方乙方，你要看是站在甲方的角度，还是乙方的角度，通常乙方要和甲方搞好关系。像我们的供应商一直给我们提供生产原料，帮我们做市场营销活动，那么我们是甲方，所以他会来跟我们搞好关系，这个很重要。像政府部门，那外企是要好好去照顾政府部门的。至于我们的客户，比如这种大卖场，或者我们的经销商，在这种关系之下我们是要去讨好他们的。这就是地位的不同，看谁更强势一些。你说政府部门怎么去把握这个关系，细节我不知道，因为那是公关部去做的事情，但遵守法律法规是肯定要的，比如各种活动的报备，一些印有公司纪念意义的纪念品、服务，这些都是要做到的。

我能够说的就是对客户的、对经销商的这一块，其实任何的一种关系，都是以互惠的形式存在的，我供应产品去给经销商，我希望他进多一些货。如果是生意好的情况下，他也希望能够要多一些，因为他卖出去了他也有利润，我们也有利润，这是在业务层面的互惠的展现。在私人方面，谁跟他去打交道还是有影响的，还是不太一样的。你要跟你的合作伙伴去建立一个很好的私人关系、朋友的关系，甚至是挚友的关系，这个就要靠个人了。你自己一个人要代表这个公司去维系一段关系，这就是你要发挥主观能动性的时候了，比如你邀请出去开会也好、一块儿吃个饭也好，一些很正常的、合法的礼物来往，这些都会有。

（C14，叶先生，26岁，美资销售经理，广州）

叶先生在这则语料中用了“照顾”“讨好”这样的字眼，这与上一则语料中的“宠”有异曲同工的用意，即当自己作为乙方有求于人的时候，必须放下姿态，向甲方主动示好。叶先生所在的公司，在甲方乙方两种角色中切换。在供应商面前，他们是甲方；在经销商和政府部门面前，他们变成了乙方。叶先生直言如何与政府部门处理关系，这个由公关部来操作，具体情况他不知情，但是肯定不会超越法律法规的界限。我们发现在这一点上他显得格外慎重，特意提到自己的话语不代表公司，这可能缘于他认为自己在这个方面知之不多。但是作为销售部门的任职者，在与经销商打交道的过程中，他的体会就相对丰富了。

在第四章中我们曾读到“每个人就是一颗螺丝钉”（关键词38语料），言下之意每个人的定位就是其职责描述，如果一个职员不在其位，马上可以补上下一个与职责描述吻合的新人，完全不会影响整个部门的正常运作。如果真是那样，那么经销商是无所谓与哪一位销售员联系的，因为每个人的职责定位都一样。但是事实上，在叶先生看来，“谁跟他去打交道还是有影响的”，这说明除了职责一致以外，不同的销售人员是有个体差异的。那些能与经销商保持很好的私人关系的职员，通常是销售赛场上的胜利者，因为他们更擅长“发挥主观能动性”。他们深知规矩是死的，人是活的，因此人需要发挥主观能动性，尽可能在合理的情况下去谋取关系的维持，甚至为了关系将某些本不合理的情况合理化。

关键词 82：“人家关系户必须要进”

海归年年来，但是也不是个个都有真才实学的。但是没办法，人家关系户必须要进，一定要录用的那种。所以我想起总部的合规调查里有一项——“你是否招聘过不符合录用条件的政府人员亲属或者推荐人员”——太搞笑了，这能填“是”吗？中国应该没有人填过“是”吧，真是外国人的形式主义。

（问：怕不怕到时候爆出来有问题？）

不会呀，招聘流程走足，凭什么说不符合录用条件呢？

（C24，夏女士，35 岁，英资人力资源经理，广州）

作为人力资源经理，夏女士对于每一位来公司求职者的学历、资历、能力都十分清楚，这原本也是公司衡量是否录用某一求职者的重要依据。但是她所描述的这一经历无疑说明，有时候关系比能力更重要。不仅如此，这一关系还来头不小，因为“一定要录用”。夏女士没有明说这一做法是出于谁的指令，或者她也不清楚自己这样做是在维护与谁的关系，但是可以明确的一点是，只要她愿意手下留情，走足流程招录下这位关系户，对于自己是有百利而无一害的。正是出于这一立场，总部的合规调查在她眼中变成了“形式主义”，实事求是的回答变成了“搞笑”。经过这一遭，她也很可能从此被纳入了某种关系网，因为这次给别人送了一个顺水人情，因此日后可能博得别人给予的额外帮助，这其实就涉及了利益的交换。这种交换不见得是显性的经济利润，也可能是隐性的人情与面子。

关键词 83："开个假工资证明"

我们有员工要买房，需要贷款，要开收入证明。那比如他本身5000元一个月，但是这个员工很不错，我很信任他，我会愿意给他个面子，给他开个假工资证明，证明他每个月的收入是8000元。当然我还会让他再写一份声明，说明那份收入证明仅仅用于贷款买房，同时公司不承担任何因此产生的法律风险。这样做是出于我们对他的信任，也是出于一种家的文化的概念。

（问：你这样做要告诉上级吗?）

我没有告诉上级，这没必要，也从来没有出过事。当然了，如果是我的上一任，我估计他是绝不会给员工出假证明的，但是我这个人不同。虽然公司有很多制度，但是设置这些制度不是为了卡员工，不是为了让员工难受，有时候我们要灵活操作，打破制度。

（C23，霍女士，38岁，美资人事部经理，广州）

霍女士是一位资深人事部经理，当同事有需要开具较高额度的工资证明时，她权衡该员工的品质和可信度，最终认为可以给他一个"面子"，开具相应额度的工资证明。就事论事，这是典型的作假行为。同为人事部门经理，前一则语料中的夏女士是受他人之托录用了关系户，本则语料中的霍女士的口吻略微激进，她认为公司制度的设置应当为员工提供便利，在无伤大雅的情况下，可以"灵活操作，打破制度"。她这样做，似乎于己并没有任何利益，完全是为他人谋取利益，用她的原话就是"给他个面子"。

犹记第四章中描述过外企内部系统之严密令人无法作假，职员态度之坚决不可容忍作假，但是本则语料中霍女士对于自己的行为并不觉得有任何不妥，一来开具假的工资证明没有涉及公司内部系统，除了当事人之外，几乎不存在被他人知道的可能性，因此作假成本很低；二来霍女士始终认为规则不应为难员工，从员工的福祉出发，打破规则是一种灵活操作。从她描述上一任人事经理大概率不会和她采取同样的行为来看，她对自己的做法是满意的，她甚至上升到了对自己人品和勇气的称赞——"我这个人不同"。

如果说她本人在这一事件中并不见得能有多少利益，那么她这么做是为了什么呢？她提到了一种“家的文化的概念”，也就是说，公司所有同事是一家人，家人有需求，应当尽可能满足，这样能够更好地维系家人之间的关系。可以想象，经过这件事情，那位获得帮助的员工会对人事经理心怀感激，对公司心存感恩，从而转化为更加努力忠心地为公司工作。当然，对于这一切，霍女士只是轻描淡写地说了一句“愿意给他个面子”，有了这个面子，那位同事可以顺利地获得房贷，这是实实在在的经济利益。但有的时候，面子的维护仅仅就是为了塑造完美却虚假的表象。

关键词 84：“他们做得比较水”

我们公司有的是社招，有的是一毕业就进来的人，我觉得做事风格就很不一样。那些社招的话，如果四大其他事务所还好，如果是从其他本地所就难说。

（问：怎么不一样？）

他们做得比较水。尤其是对于审计的质量，我们就会觉得不太专业，他们有一些准则容易让步。对他们来说，伺候好客户比较重要，因为客户不来的话，对于他们的影响就很大。举个例子，假设被审计单位 A，应收它的客户 B 人民币 20 万元，信用期是 30 天，账龄已达到 180 天，也就是超过信用期 150 天。从历史经验看，一般超过信用期 120 天，那么回收风险就很大了。被审计单位 A 可能会默默地把给客户 B 的信用期调长，比如说把原本 30 天的信用期调成 90 天，这样的话相当于超过信用期的账龄变短了。

（问：调长信用期的目的是什么呢？）

因为信用期变长了，那么超过信用期的账龄就变短了呀，看起来就好看一点。但是这个时候我们会倾向于 A 不要调整信用期，然后把对 B 的这个 20 万元计提坏账准备，比如按 80%的比例计提 16 万元，调减税前利润。我们可能还会加一个回顾，看看是不是以前都没有提足坏账准备。无论如何，这样的话都会影响利润表，使净利润减少。那么客户肯定不希望啦，一方面他懒得去调账，另一方面也不想调低净利润。这个情况下，我们是会倾向于去跟客户讲清楚道理，然后按我们的想法去调的。但同样的情况下，是本地所来的同事可能会倾向于将就 A，允许 A 走内部流程把对 B 的信用期改成 90 天，这样就相当于只超过信用期 90 天了，就不在回收风险很大的区间了，可以不计提坏账准备。

（C18，陈女士，26 岁，美资客户经理，广州）

陈女士从本科毕业就任职于这家外资会计师事务所，她认为公司社招的新人与毕业生新人风格并不一致，简言之就是有本地会计师事务所工作经历的人员不够专业，在语料中她使用了“水”这个字眼，来形容做事不诚信、不实在。“水”一词集中表现在，社招人员会暗地里默许被审计单位将针对客户的信用期调长，造成超过信用期的账龄变短的假象（实际上账龄已经远远超出原本的信用期），这样做的目的是使公司账目“好看一点”，其本质其实是掩耳盗铃、自欺欺人。

在财务审计中，这样做的直接后果是，由于调长了信用账期，因此看似超信用期的时间并不太长，收账风险仍然可控，不必要做更坏的打算，实际到最后可能导致公司的整体利润收益与年度计划收益相距甚远。相比较而言，陈女士倾向于实事求是，在确定 B 超信用账期过长的情况下，提示 A 做好部分提坏账的准备（即做好准备可能 20 万元的账只能收到 16 万元的钱款，其中 4 万元成为坏账），同时及时调整公司利润预算，做到步步有记录，事事有依据。当然，无论怎么做，坏账可能是不可避免的，公司利润受损几乎已成定论。两种做法的差异在于面对坏账可能性的态度是消极地掩盖，还是积极地处理，因为这直接影响对公司盈利的预估。

关键词 85：“经理总是想办法去隐藏问题”＋“作假写报告”

有时候出了问题，那些经理总是想办法去隐藏问题，他们可能是想私下解决这些问题，不让其他人知道。结果这件事变得越来越大，越来越大，大到他们无法隐藏了，于是他们只好向美国总部汇报说，实在抱歉，由于质量问题我们会要损失一部分利润。美国那边可能会说：你们在说什么？这是怎么发生的？可能这边会回复说，好几个星期前，我们发现了这个问题，但是我们，如何如何，反正总是试图隐藏事情，就是不愿意把某人挑出来说，哦，就是他的错。这也许是在保全某人的名誉或者面子，但是，承认问题发生在我的管辖范围之下，承认是自己做得不够好，承认错误然后跨越过去，这并不意味着我没面子，不意味着别人对我留下一个坏印象，那仅仅意味着出现了问题，要想办法解决这个问题。

比如我们发现问题的时候，会希望马上了解这一问题，这样可以采取计划有所行动予以挽救。我们美国总部对于利润是会造一个计划的，然后各个国家的分公司比如中国的、日本的、泰国的，也都会造一个计划。同样地，比如说在中国，每个部门也要造计划，说明他们会多大程度上减少成本，或者销售额会达到多少，所以这相当于是从下至上的事情。那如果我们分公司计划这个月要完成200万美元利润的目标，结果因为质量问题我们没有做到，那就是没有完成计划。事实上如果早些把问题暴露出来，美国总部的人是可以想办法帮助你的，比如说你这边可能要损失100万美元，然后泰国分公司那边发展得不错，总部会想办法提前计划好，去解决问题。但是如果你等到最后一刻才说，哦，我们出错了，那就已经没有办法了。

（F2，盖茨先生，40岁，美资技术经理，广州）

作为一个美国人，盖茨先生不理解为什么经理要为犯错的下属掩盖问题。他认为，为了保全某个人的面子，导致问题越来越大，实在是无稽的行为。我们可以还原的情景是，某位职员在质量把关的环节发生了工作疏漏，导致公司蒙受损失。出于保护这位职员的名誉，经理打算将事态控制到最小，在私下层面尽量解决问题。殊不知问题没有得到妥善解决，纸终究包不住火，最终使得整个集团的计划被打乱。

盖茨先生认为犯错不可怕，可怕的是试图隐藏错误。中国经理为了保全颜面，一再拖延澄清事实的时间，甘愿冒着公司受损的风险，其苦心可见一斑。我们在第五章曾读到有销售经理面对办事不力的下属，狠心将其辞退（关键词27语料）；也了解到在现实的业绩面前，落后者难逃淘汰的命运（关键词47、48语料），但是在本则语料中，这位隐藏问题的经理人却是在有意保护失职的下属，其中是出于面子，还是人情，或者还有更多说不清道不明的关系，则不得而知。

盖茨先生的观点是，只要早早把问题摆出来，就可以找到解决的方案，这远远好过隐藏问题的做法。实际上盖茨先生的态度与前一则语料中的陈女士十分相似。陈女士不赞成在出现坏账可能的时候，通过调整账期掩盖坏账，她主张建议客户积极面对坏账，调整公司利润预算。实际上，错误业已铸成，利润损失无法挽回，唯一能做的仅仅是调整利润预算而已，这样年度报表更对得起公众，更能保持公司的体面。关于如何放眼全局调整预算利润，下面语料中的财务职员梅女士显然很有经验。

像我之前工作的那家，其实纯粹就是中国人管理的，有一个老外联系人，但是鞭长莫及那种，其实管理得不大严格，中国区的公司这边为了完成整个区的预算平衡，有时候就会在预算上拆东墙补西墙，就是拿利润好的公司去补贴预算完成不好的分公司，所以我每个月都在作假写报告。

（C37，梅女士，30 岁，美资财务职员，深圳）

梅女士口中的作假，其实就是在预算上作出调整相互弥补；相应地，盖茨先生所指的“泰国分公司那边发展得不错，总部会想办法提前计划好”，其实就是在全球领域作一个预算弥补，保证整个集团的年度财政报告光鲜体面。由此可见，这可能是常见的做法。

同样是针对维护这种体面的做法，陈女士的观点是尊重事实、面对现实方为上策，盖茨先生认为掩盖问题只会欲盖弥彰，最终导致整个集团的盈利计划被打乱，梅女士则一语中的，揭露了集团维护体面的“习惯性作假”行为。当然，将这种行为完全定义为“作假”似乎稍显武断，它可以被理解为一种针对原有计划的战略性调整，又或者是对于硬性制度的一种适当规避，或者说像下一则语料所言——“绕开一些制度”。

关键词 86：“以人情代替制度”

其实我们在和母行打交道的过程中，可以感受到观念的文化差异。母行的工作文化是比较严谨的，风险管理方面比较严格，他们做事那种合理合法合规的意识要比我们强很多。他们都是一板一眼，一切都要合法合规，严格按照规章制度去执行的。不像我们这边，以人情代替制度，就肯定会出现一些人为操作造成的风险。他们很看重风险预警和风险管理。这就是为什么我们觉得这边能做的事，到了那边就做不了了，我们觉得不严重，到了那边就觉得很严重了。

我们本地的外管局、银监局都是管外资银行的，怎么说呢，也都有一些人情的成分在里头，不都讲公关公关吗？如果能跟他们熟络一点，有些事情，他们可以绕个弯子，绕开一些制度，事情好办一点。他们可能就会说："啊，某哥，我跟你熟一点，那就算了，开个户吧，想方设法给你找个理由，给你方便吧。"但是你和总部经管局那些官员打交道，你请他吃饭喝酒都没有用的。他不会吃你这一套的，他不会把自己的职业生涯搭进去的。他要是跟你吃顿饭，给你开绿灯，结果把自己的前途给搭进去，他不会的，所以我们也就不去做了。

（C11，金先生，50 岁，英资总经理，广州）

金先生年届五十，是一位银行高管，他坦诚务实的话锋令人印象深刻。他用了"严谨"一词来形容总部的工作风貌。在他看来，总部做事合理、合法、合规，重视风险管理和风险预警。相应地，对待公司母国政府官员，他们也会保持既有的分寸。金先生对母行（总部）严谨的工作作风赞不绝口，但他对人情凌驾于制度的做法并不排斥，这体现了一种工作态度的两面性。

关键词 87："看领导的格局和视野"

其实很多公司在中国运营都有这个问题，你也知道中国社会的人情文化，一方面不得不去适应，但是另一方面就可能会超越法律底线。如何去适应这个市场就需要看领导的格局和视野了。

（C33，夏女士，35 岁，英资人力资源经理，广州）

夏女士直接提出了"人情文化"的概念，不适应这种文化可能业务开展举步维艰，而一朝行差踏错便可能触犯法律。这样的困境前文中有受访者提到过，让人印象深刻的如林先生，他宁可不与国内企业合作也不愿意改变自己的原则（关键词 29 语料"不傻的话就赚不到钱"）；此外还有注重关注产品质量而非私人关系的曾先生（关键词 31 语料"工作关系和私人关系”）。当本则语料中的夏女士隐晦地提出适应市场取决于领导的“格局和视野”时，她本人的倾向是明显的，那就是要尽量去适应这个人情社会。在她看来，只要领导战略眼光犀利，人际网络通达，那么公司业务自然顺风顺水，而前一则语料中的金先生大概就是具备这种“格局和视野”的领导无疑了。无独有偶，下一则语料中的管理人员也同样深谙人情之道。

关键词 88：“这是公司领导主观意愿的问题”

吃回扣这个事情不一定都能检查得到，但是做得多肯定有办法能够检查得到。也就是说，虽然不能百分之百检查得到，但是你经常这么做的话，肯定是有机会检查得到的。另外一个就是，这是公司领导主观意愿的问题，他愿不愿意去检查，有时候他检查得到，但是他不愿意去检查，尤其是考虑到业绩的增长之类的，他不愿意去打击消费者的积极性或者影响跟客户合作的关系，所以他可能不用这种手段去检查。当然了，如果影响到公司的声誉了，那直接表现出来的就是这个销售员的绩效差，绩效差的基本上就在公司做不下去了，公司就会把你淘汰。

（C3，马先生，35 岁，美资销售经理，广州）

马先生一语道破现实，吃回扣是客观存在的现实，系统也许不能百发百中地揪出吃回扣的行为，但是心存侥幸是不可能走远的。同时，马先生又提到了领导主观意愿的问题，言下之意是，公司是有能力有手段查出吃回扣的人的，但是为了保证业绩的增长，为了维持与合作伙伴的关系，公司领导可以选择睁一只眼闭一只眼的态度。只要不影响公司的声誉，公司会默许这一行为。换言之，领导的主观意愿决定是否动用制度的力量。

关键词 89：“总部需要考虑中国市场的实际情况”

其实呢，我们公司前几年有好几位经理级的，因为这个问题（行贿）被炒了，当然，这个风气不能助长，但是我觉得美国总部也需要考虑一下在中国市场的实际情况，有时候不需要在程序上过于严格。我觉得这个美国反腐败法没有很好地考虑到中国的国情因素。

（C44，常先生，30岁，美资销售经理，佛山）

遵守反腐败法是美国企业写入公司守则的内容，不论是在第二章还是第五章，反腐败法都曾被多次提及。常先生对于公司几位经理因行贿被炒不置可否，他一方面认为行贿风气不可助长，但另一方面又直言考虑到中国市场因素，总部不应当对于在华美企过于严格地执行反腐败法。常先生的态度是，总部应当因地制宜，顺应现实国，在某些程序问题上不需太过严格。实际上在访谈中不少美籍受访者也意识到了这一点，并且表达了他们对此的看法。

关键词90：“不诚实，还是忠诚”

中国人做生意诚不诚实？这个问题我无法回答，或者说不能直接回答。因为你需要了解一下中国的商业环境和文化起源，然后比较一下美国的商业环境和文化起源，那么你可能就会觉得，我们认为的不诚实的行为，或许在他们看来是对公司忠诚的表现。所以到底是不诚实，还是忠诚？不好说。

（F3，史密斯女士，34岁，美资人力资源经理，深圳）

史密斯女士的角度十分特别，她不愿意武断地给任何中国同事贴上“不诚实”的标签，她建议看待事物的时候要关注其深层原因，例如中国的商业环境和文化传统。这其中涉及中国的经济模式以及在此基础上形成的社会形态，尤其是商业经济的发展过程和国人对于商业道德的认知问题。

她提出的另一个观点尤其耐人寻味，那就是在美国人看来的不诚实的行为，或许在中国人看来是对公司忠诚的表现。换言之，代表公司向政府官员或其他合作伙伴行贿，从一个角度来说无疑是触犯法律的，而从另一个角度来说却可以解释为维护公司利益的忠诚举动。因为通过行贿，公司可以顺利通过某项认证或者拿下某个订单，由此行贿者简直可以一跃化身为有功之臣。但是如果事败又会如何呢？史密斯女士并不愿意多讲。

关键词 91："上面是月饼，下面全是钱"

我有个同事，在财务部下属的成本部，只是一个普通职员。中秋节的时候，就有客户送了她一盒月饼。打开一看，上面是月饼，下面全是钱。这其实很正常的，大家都这么做，上面的人恐怕收得更多呢。所以说规定是那么规定，但做是另外一回事。

（C21，周女士，30 岁，英资销售部职员，广州）

周女士是本书中学历水平最低的两位受访者之一。只有大专学历的她在一家外资企业做销售，业余时间在接受成人继续教育。作者通过偶然的机会结识了周女士，或许出于对作者教师身份的信任，她毫不避讳地讲述了这一盒月饼的故事。这一盒内藏乾坤的月饼，收受方是财务部的一名普通职员，送礼方是公司客户。可以想象，"拿人手短、吃人嘴软"，收了"月饼"就必须为客户办事，又或者已经顺利地为客户办好了事情，因此以礼金的方式予以回馈，同时希冀日后常来常往保持合作。面对这笔数目不小的"人情"，周女士的态度十分淡定，她用了"正常"一词来形容这一事件。她认为，这是常态，"上面的人恐怕收得更多"。言下之意，一个普通职员都有如此收益，可以想象地位越高，职权越大，其收益必然呈几何数字翻倍。周女士最后的总结同样显得云淡风轻——规定是那么规定，但做是另外一回事，言语中似乎觉得收受贿赂只是稀松平常的事情，完全不足忌惮。或许正是因为社会上有像周女士这样一群逾越底线来经营关系的人，才使得下一则语料中的美籍受访者认为中国人的商业道德概念不甚清晰。

关键词 92："关系是一种陈旧的商业模式"

在中国，商业道德这个概念有点模糊。我觉得所谓关系是一种陈旧的商业模式，但他们还想沿用这种模式。也许中国人能够找到理由来证明自己的行为不算错，但是从西方管理的角度来看，这是错的。也许，人们认为这是一个跨文化差异的问题，但是无论在哪种文化下，这都不对。我并不是说中国人做生意都有回扣、贿赂那一套，我想大家都知道这样不对。但是，如果你在中国公司那样做，也许行，在我这里，就不行，我们一开始规则就说得很明白了。

（F4，亨特女士，35 岁，美资人力资源经理，深圳）

与前面语料中的史密斯女士一样，亨特女士认为商业道德概念模糊的现状可能与文化有关。她一针见血地指出关系是一种陈旧的商业模式，不适应现代企业管理的要求。她认为不能用文化差异作为借口，将这种不符合道德原则的行为一笔带过。她所谓的“一开始规则就说得很明白了”，指的是公司行为守则里针对与供应商、经销商、政府部门等打交道需要遵守的规则。因此，就事论事，既然在本公司工作，就应当遵守公司的规章制度，不应以任何说辞来搪塞。实际上，接受访谈前不久，她刚刚解雇了一位收受供应商回扣的职员。这一行为与关键词 88 语料中是否查回扣完全取决于领导的主观意志的现象形成鲜明对比。

本节从关系展开，主要涉及面子与人情的来往，进而深入关系型社会中商业道德何去何从的问题。这十余组语料中的主人公们面对相似的问题表现出的态度也各有不同。最为资深的金先生，是一名公司高管，他对于关系、面子与人情的认识是精准深刻的，他不像那位给员工开具假工资证明的人事部经理那样，直言要打破制度，而是委婉地表达说可以“绕开”制度，尽管他们的做法在本质上是一致的。

或许应了古语“水至清则无鱼”，中国人处理问题时似乎更认同不必囿于规则的做法，适当地采取规则之外的手段或许才是维护关系的最高境界。因此，我们才会在语料中认识那位曲线寻求欧洲同事帮助的电脑技术员，不但努力刷业绩、更努力刷感情的销售经理，还有那位不惧东窗事发、为同事开具假工资证明的人事经理。谈及关系社会中以人情促成合作的行为，部分受访者明显是持赞成态度的，他们甚至抱怨美国总部没有考虑中国的国情，从而以宽松的态度看待人情往来的商业形态。

从几位外籍受访者的语料来看，他们对于越规行为是洞若观火的，他们也敏锐地感知到这是文化历史长期浸淫的结果，但是理解并不代表接受和认同，例如受访者亨特女士就毫不留情地解雇了收受回扣的职员，并且直指不能以文化差异为借口而罔顾商业道德。应该说，这就是她个人态度的最好诠释。

一直以来，职场人似乎都在努力经营与公司内部同僚之间的关系，与公司外部的经销商、供应商和政府部门的关系，在这一节中，我们看到了曲意逢迎、弄虚作假、收受回扣等行为，即使这些行为是不合法的，但是似乎却有助于建立或维系稳固的关系，为公司谋取利益。在这一前提下，即使以人情代替制度，也被视为是合情合理的，甚至可以算得上是忠于公司的表现。从更深层面来看，如果公司管理有方，在保证不触碰法律底线的前提下，能很好地把握这种关系的度，更被视为具有视野与格局的领导行为。

第四节　消极怠工与阳奉阴违

如果说为了拉拢关系而行贿、受贿、作假、吃回扣等属于典型的违规行为，在员工守则中可以找到清晰的条文作为参照的话，那么现实工作中有些行为，似乎无法以白纸黑字的形式加以定性，但又确确实实与理想的工作模式不相吻合。在本节中作者将这类行为归入“消极怠工与阳奉阴违”这一范畴，而一马当先的，便是时间观念的滞后问题。

关键词 93：“有些职员完全没有时间观念”

我 90%的工作经验来自外企，我最焦虑的一点就是，现在有些职员完全没有时间观念，从来不守时，说好 10 个工作日交报告给客户的，一定一拖再拖。如果是要提前内部审阅的，从来也不考虑人家的时间，总是在第 10 个工作日最后一天才发，好像对方没有其他事，就是在那儿一直等着的，完全不预留对方看报告的时间。后来有个同事告诉我，这个就是套路。她之前有前辈传授过：如果提前交任务，就算做得再好，领导的修改意见都是很多的，改了一稿又一稿。如果到最后一个工作日交就不存在这些问题。另外，交得早，又肯定有新的任务。

（C26，许女士，38 岁，美资人事经理，广州）

许女士认为有些同事没有时间观念，这乍一听来似乎不太合理。千真万确，说好10个工作日交报告，人家确实是在第十个工作日上交的。但是在许女士看来，预留一部分时间给上司或同事来审阅报告是很必要的。每个人在公司入职时应该经过岗位职责培训——“在业务开展中以明晰、尊重和专业的方式进行沟通”，这是在英特尔《行为准则》中的原文——但是部分员工似乎仍然深受“套路”思维模式的影响，一定要拖延到截止日期才来提交报告。当然，这种情况似乎有其道理：领导要在下级面前显示他的权威性与专业性，因而必定对提交的报告多番挑刺，如何解围？拖到截止日期提交报告则大可迎刃而解！到时候，囿于时间紧迫，领导大概也就无暇挑刺了。其次，提前上交报告，固然体现出职员有能力、够敬业，然而能者多劳——报告交得早，任务跑不了——很可能该职员又要面临下达新的任务。如何解围？拖到截止日期提交报告则皆大欢喜。

许女士认为，这种拖延上交报告的行为是缺乏工作积极性的表现，其目的是保证自己不受领导挑剔，同时避免额外下达的工作任务，这或多或少是一种消极怠工的行为。许女士看不惯这类行为，但是却需要与这样的人共事，这就是令她“抓毛”的根源，她并不是针对这一现象唯一的抱怨者，另有一位受访美籍职员也有相同感受。

关键词94：“他们对时间的把握有点问题”

我觉得我身边的中国同事能力很强很优秀，但是有时候他们对时间的把握有点问题，这个不是能力的问题，我知道他们的能力完全可以胜任。比如某个报告，他们现在交不上来，我问什么时候可以，他可能就回答“明天”，然后总是又一个“明天”。最后我就说，我不想再听到“明天”这个回答了，我要一个确切的日期。就算是对我们的供应商也是一样，那些不守时的供应商，我们也不要和他打交道，我们只和那些说话明明白白的人打交道。

（F3，史密斯女士，34岁，美资人力资源经理，深圳）

史密斯女士认为，她的中国同事在时间规划和管理上是存在问题的，她不认为这是能力的问题；相反，她对于这些同事的工作能力赞誉有加。她要求同事给出确切的报告提交时间，对于含糊其词一拖再拖的行为不能忍受。在职场中，准确明晰的工作沟通是专业精神的体现，这一点在英特尔《行为准则》中有明确说明。实际上，对于时间的严格要求似乎是外籍受访者的一个共识，这不仅是对公司内部员工的要求，也是对供应商、经销商，甚至政府部门的一种要求。以下这则语料从严格意义上来说，算不上是对“消极怠工”的描述，但是很好地体现了西方人对于行政法规推出时间的安排的看法。

关键词 95：“行政法规就这样突然落地了”

我觉得中国政府有时候会突然就出台一项行政命令，就像这样（打个响指），他们不给你任何警告，然后突然有一天告诉你，你们公司得把员工的薪水上调 20%，或者说现在颁布一项法规，每个做电镀工艺的企业每年要额外支付 1000 万美元。我们就会想，行政法规就这样突然落地了，为什么不提前多一点告诉我呢？就短短几个月要我马上照做，那我全年的计划就被打乱了。要知道我的年度计划早就做好了，现在突然要作改变，对我公司的利润肯定有影响的，对吧？

（F1，莱特先生，28 岁，美资商务顾问，深圳）

莱特先生对于新的行政法规的突然落地不能接受。在他看来，新政推出如同晴空响指一般突如其来。他希望留有足够的时间让公司调整计划，这种心理与前文中许女士希望同事提交报告时能够留出足够的时间用于审阅是一致的。莱特先生的语料并不针对某位同事，他针对的是法规制定和出台的行政程序。这实际上是从另一角度说明中美法制程序的差异，深层次而言则是在时间观念上的差异。当然，这种差异并不是绝对的，以刻板印象的方式去归纳某一个民族或者国家的性格特点很容易造成以偏概全的谬误。受访者许女士是中国人，其职业经历基本以外企为主，在与工作相关的时间观念上，她与史密斯女士、莱特先生保持一致。问题是，为何同在美国企业文化体系下，针对工作中的某些问题，不同职员会有不同的反应和举动呢？下一则语料或许能揭示冰山一角。

关键词 96："人的思维不会马上转变的"

有些公司或者工厂，即使是变成了外资的，人的思维也不会马上转变的。比如说，我们收购了佛山的一个厂，然后这家工厂就成了外资了。但是，它的管理层没有变，它的老总还是原先的老总。有一次闲聊的时候，那个老总就跟我说："如果是我拍板的话，我就不同意你们这么去做。"我说为什么呢？他说："我原先这做得挺好，这么多年了，没有什么事情发生过，我为什么要花这么多的钱去做这些东西，我看不到效果。"

（问：要什么效果呢？）

他的意思是，花了钱没看到实效。他那儿原先有点儿坑洼，后来做了一个场地的平整。另一个是他的那个办公楼只有一个楼内的楼梯，没有一个楼外的快捷逃生的那种，就是我们在电影里面通常能看到的悬在外面的一个铁的回旋走的那种楼梯，又或者是直接的好像一个桶形的，人滑进去直接滑到下面了的那一种。但是，加装这个不是说随便地找人去弄就可以了，这都有一些严格的消防规定的。比如说起火的时候，那种装置要耐多少高温，此外它的传热不能传得太快，不然的话，你人在里面就烤熟了。这个装置是有点昂贵的，但是他（工厂老总）就觉得，这个厂区其实也没发生过火灾，要花这么多钱去弄这个东西干吗呢？

（C8，林先生，46 岁，美资总经理，广州）

作为化工物流企业的总经理，林先生对于安全规则的认知和实践都是很具标杆意义的，在第四章可以看到，他对于某日资企业简陋的安全设施微词颇多。然而在这一则语料中，他所谈到的是本集团公司的同事。同属一家公司，同是中国人，相似的年纪，相当的职位，但是语料中的这位老总与林先生在安全规则上的认知和态度截然不同。这位老总不认同总部要求的整平坑洼和安装逃生设施的做法，他认为之前没有这些设施也运营得很好，而现在大手笔投入却看不到效果。尽管林先生说明了逃生装置的高技术要求和相关消防规定，这位老总在思想上并不为所动。尽管如此，为了配合总部指示，这位老总仍然整平了坑洼和添置了逃生设施。可是现实是，遵守总部的规定投入了这么多，却并没有使人从思想上与总部的安全消防准则保持一致，这未免令人唏嘘。

可以想见，这样一种阳奉阴违的态度可能导致在思想上对安全准则的忽视，即使被动地遵守总部安全指令，仍然可能忽略对安全设备的维护和保养，一旦发生安全事故则可能造成巨大损失。林先生一针见血地指出，即使公司因为外资的注入成了外企，但是人的思维并不会马上改变。职场经验丰富的他对于这样的同事不像前几则语料中的受访者那样尖锐，也没有使用任何犀利的言辞。同样是忽略安全问题，他面对邀请自己去参观的其他企业时，说起话来毫不留情；但是对于自己的同事却极具耐心甚至是苦口婆心。看来，他对于谁是“圈内人”，谁是“圈外人”，心中分得很清楚。

本节所有语料基本都指向同一个现象，即消极怠工与阳奉阴违，这类行为主要体现的是一种规则当前消极懒政的态度，受访者口中不懂得预留时间用于审阅报告的年轻下属，对待工作一拖再拖“等明天”的同事，居高管职务但安全意识不足的工厂老总，都体现出一种不积极、不主动、不作为、不专业的工作态度。或许我们无须惊讶这种不同的态度和立场，正如关键词 96 语料所说，“人的思维不会马上转变的”，这些怠工者们可能表面上遵守公司制度，但是心怀消极想法和负面包袱，这体现在行为上可能直接反其道而行之。至于他们是否最终会走向合规，我们只能拭目以待。

第五节　其他声音

本节的小标题为“其他声音”，究其原因，以下几则语料似乎并不适用于以上任何一个范畴，但是它们都凸显了在粤外企中国员工对现有规则的有意无意的“变通”（例如本地化的着装），又或者是对于偏离规范的管理理念和做法的切身感受（对于员工工余时间的压榨等）。

关键词 97：“默默地穿得比较休闲”

我们公司对着装是有明文规定的，周一到周四是商务正装，这个是会反复强调的，比如男生要打领带，周五商务休闲装，这个是秉承美国周五休闲装日传统。整体来说，我觉得美国人对着装规定的概念比中国人要强烈。比如生活上，我们平时去一家很高级的餐厅，美国人去好餐厅是一定会用心打扮的。虽然公司一直强调着装规定，但是很多公司抓不到的时候，我们会默默地穿得比较休闲。因为我们公司非常本地化，也有很多客户是制造商，比如水泥厂，那你就不可能西装革履，踩着水去看他的搅拌机吧。但是呢，我们金融组的话，他们的客户就是银行，比如广发、中信、中行、农行等等，他们每天去见客户就穿得很正式，因为你要是穿得不像样，他们对你的职业形象就感觉很差了，就会怀疑你有没有这个职业能力。

（C18，陈女士，26 岁，美资会计事务所客户经理，广州）

在陈女士看来，正式着装的文化差异是客观存在的，但同时，休闲着装并非一无是处，所以有时候他们会“默默”地休闲着装出场。换言之，遵守公司的着装规定是前提，在这一大前提下，可以有一定程度上的变通。这一变通并不是随意任性的，而是根据约见的客户群体来决定的。例如当打交道的客户是工地机器制造商时，西装革履则显然不合时宜，会使客户觉得难以接近。当即将会面的客户是金融机构时，体现职业形象的正装则是必要的，否则可能遭受质疑。

在陈女士看来，她所在的公司是很“本地化”的，这就决定了具体问题具体分析的处事原则。她认为，对于公司着装规定的变通处理具有特殊的意义，这一变通并不会损害公司的利益；相反，它能更好地建立起公司与客户的关系，因此，这一变通具有积极的意义，是受职员认可的。当然，还有一些变通的做法，是并不受职员认可的，例如第五章提到的“弹性工作制”曾受到很多受访者的追捧，但是在有的公司，这一制度似乎就变了味儿，使普通职员叫苦不迭。

关键词 98：“活是永远干不完的” + “加班加到大脑抽筋”

所谓弹性工作制，听起来很不错，公司当时进学校宣传的时候也是这么说的，可以自主安排时间，早点来早点走也行，工作干完了就好。但是最后你发现，活是永远干不完的。这个不是吃大锅饭，老板花钱请了你，能让你那么轻松？又不是慈善机构。要我说，这种制度就是变相加班不给加班费。为什么？你怎么知道某个任务8个小时就能做完呢？如果做不完，那一天工作12个小时是不是也是应该的呢？你说越洋开会，如果头一天你赶工作弄得很晚，然后一大早很可能又要和老美开会，这是不是连轴转？你本来晚上休息了，那边（美国）一个电话来要改客户的一个bug（程序缺陷），你又得爬起来干活。还有，有时候在中国是节假日，但是美国不是，你可能被派到美国去干活，还不补偿你的休息日。

（C25，贾先生，30岁，美资技术主管，深圳）

在美资企业，任何环境下工作量都很大，不是说朝九晚五到点儿就走人。加班加到大脑抽筋，那是家常便饭，没办法，干不完呀，加班加点也要搞定才能走呀。好在管理体系很完善，与时俱进工作起来还算顺畅，感觉很充实，学到了不少东西，有助于个人发展。

（C28，朱女士，25岁，美资营销经理，广州）

在贾先生看来，“弹性工作制”本身暗含着“变相加班”的可能性。第四章中有受访者认为弹性制是基于对员工的信任和尊重，员工可以根据自己当天的工作需要来具体安排上班时间，这种灵活自主性会使员工对企业更有归属感。然而，在本则语料中，我们却读到了完全不同的态度。贾先生认为，所谓的弹性工作制表面听起来很好，实则意味着隐形加班，甚至是毫无底线的加班，这一点毫无疑问是违背公司准则的。包括第五章有语料提到的弹性工作制可以方便国际网络会议的开展，在贾先生看来，这也颇具讽刺意味——为了保证国际网络会议的召开，职员不得不黑白颠倒地投入工作。对于这一切，贾先生抱怨颇多，但同时又一一承受。

同样是令人叫苦不迭的加班，朱女士却在“加班加到大脑抽筋”的同时感觉很充实，于个人职业发展有所裨益。年轻的朱女士在营销部门工作，她认为任何部门压力都很大，但是压力也意味着动力，这可能是她感觉充实和进步的主要原因。我们虽然难以想象她每日头脑风暴的激烈程度，但是在这种“家常便饭”般的加班现实面前，她的态度仍然是积极的，她认为该做完的事情一定要按时做完。她并不抱怨加班占用了下班时间，也没有表现出对上司安排的不满；相反，她还以积极的心态去体会公司体制好的一面，如完善的管理体系和个人进步空间等。与贾先生相比，同样是暴风骤雨、马不停蹄的加班，朱女士的态度正面而从容。这说明，当原有的制度在管理者的手中变了味儿，那么普通员工就变成压力的直接承受者，但是不同的年龄、身份和职位可能会影响这种压力的强度高低，从而导致不同的反应和行为。

与“弹性工作制”一样被受访者诟病的，还有休假的问题。尽管在第四章中，多位受访者的语料都颇带自豪口吻地描述了公司福利之一的带薪假期，声称这代表着更先进的管理模式，然而下一则语料却展示了不一样的声音。

关键词 99：“大部分年假是休不到的”

外企的年假是多，校招的时候也是这么宣传的，但是这个可能分部门和岗位。像我的话，其实大部分年假是休不到的。没办法，码农呀，项目永远是紧的，怎么休假？如果你一个人休假，导致你负责的这个模块进度滞后，自己也过意不去。如果你这个团队好几个人休假，哪里找人来干活？本来我们这个行业人员流动就大，变数就多，几个人同时休假的话，连个后备都没了，出了问题领导抓人都抓不到。如果你平时有事想请假一天半天，领导会建议迟点再集中休息；如果实在是要请假，领导还是会批准的，毕竟我们是 open（开明）的嘛。但是多数人尽量不请假，因为有一种关系叫作“表面上支持，心中的隔阂”。当然了，实在要请假的话，那就自己估算一下，快点把手头事情做完了，比如下午要请假的话，那就早点来干活；如果第二天要请假，那头一天晚上就干到晚点再走。

（C25，贾先生，30 岁，美资技术主管，深圳）

从贾先生的经历来看，校园宣讲会中诱人的休假制度对他而言似乎形同虚设。永远的赶进度使人不敢休假，也不能休假。即使厚着脸皮获得了休假，也必须接受高强度工作的附加条件，与领导同事们的心理隔阂也不可避免。或许因为贾先生作为程序员的工作性质，他的工作任务受太多因素牵制，领导的管理作风也是其中一大因素。当他用调侃的语气说出“没办法，码农呀”的时候，无奈之情呼之欲出。领导的态度和项目的进度决定了年假是否能够正常实现，在这一客观情况面前，年假制度常常如空中楼阁般虚无缥缈。

值得一提的是，以上两组语料暴露的并不是员工对于既有规则的变通，而是其所在公司或者某个特定领导的管理作风偏离既有制度的行为。出于经济需要，或者自认为是一种职业成长的必然过程，受访者们对于高强度加班的态度仅仅止步于私下抱怨，似乎是一种“痛并快乐着”的复杂感受。或者正如关键词66语料所言，中国人勤劳肯干，尊敬上级，愿意服从，因此受访者即使面对不公平的对待，也尽可能牺牲自我、顾全大局。当然，这并不是说受访者总是一味委曲求全，他们的沉默有时候其实很可能就是其态度的最好体现。

关键词100：“涉及种族、国籍、政治这些问题都会自然闭口不提”

公司当然是提倡同事之间坦诚相待，多多交流的，但是也不可能真的那么掏心掏肺的，一般就是仅限于工作，尤其是和外国人，我们同事里面有美国人、英国人、澳大利亚人、印度人，我们有时候也会聊天，主要是运动娱乐之类的，但是涉及种族、国籍、政治这些问题都会自然闭口不提，所以我觉得不太可能真正深入沟通，也不可能成为真正意义上的好朋友。

（C4，杜先生，36岁，英资软件开发经理，广州）

诚如杜先生所言，公司是鼓励员工之间自由沟通和交流的。例如英特尔《行为准则》中明确提出“尊重思想和观点自由交流”。但是事实如何呢？在杜先生看来，自由交流是绝无可能的，尤其是在与其他国籍的同事交流的过程中，但凡涉及种族、国籍、政治这类话题，他和同事们会自然而然保持沉默。这并不是出于对制度的恶意无视；相反，这实际上是出于一种朴素的、和平的愿望。我们也注意到，不仅仅是杜先生自己闭口不提这些内容，包括他的外籍同事们也心照不宣地采取了同样的做法。这在一定程度上说明这些跨国公司的职员们很清楚地了解，牵涉“种族、国籍、政治”的问题过于敏感，每个人身后的文化立场各有不同，容易引发矛盾，因此与其按照公司准则“自由交流”，还不如信奉“沉默是金”。当然，在特定条件下，在某些话题上选择不沟通，或许也能算得上是一种沟通自由的权利吧。

本节语料不多，其标签频次只占到总量的2%而已。不仅如此，这一部分中呈现的四组关键词语料在概念归纳上也并不统一，虽然它们都体现了在粤外企内的非合规行为，但又无法将它们归属到“变通”类属下的其他范畴中去。无论是因地制宜的本地化着装，还是管理层利用所谓弹性工作制对于员工工余时间的压榨，或是心照不宣地在敏感问题前保持沉默，这些语料似乎没有构成一个整体的概念，但都是在粤外企中国员工在规则面前变通态度与行为的描述，因此具有不可忽视的价值。

小　结

本章作者以40组关键词为着力点，从5个方面展示了在粤外企中国员工在规则面前的变通倾向，除去其中8组语料源自外籍员工，其余32组均取自中国籍员工的访谈语料。

在受访者角度看来，其一，所谓的平等原则并未得到真正贯彻，权威与等级仍然无处不在。这体现在上司的权威不容挑战，越级沟通更是大忌，来自不同国家和地区的员工无论在升迁还是薪资上都有差异，这些都说明了等级的固有存在。

其二，硬性的规则并未带来科学与高效；相反，权力的牵制和烦琐的程序造成了内耗与低效。尽管受访者承认程序对于风险控制的必要性，但是仍然不满于这一系列制度对于员工积极性和创造性的打击，更直接指出权力的相互抵消最终导致工作效率低下。除此外，低效的会议风格也是受访者不满的源头之一。

其三，道德与诚信的准则在现实中遭遇挑战，面子互动与人情往来成为关系型社会中不可或缺的手段。受访者语料中的主人公们为了达到个人或公司的目的，努力经营着与上司、同事、经销商、供应商、政府部门等的关系，其中就涉及作假、行贿、受贿等行为。

其四，尽管公司准则明确要求专业明晰的沟通，但是消极怠工与阳奉阴违的行为仍然存在，这具体体现在员工时间观念和安全意识的滞后，显然不符合现代企业文化精神。

其五，为数不多的几组关键词语料归纳为“其他声音”这一概念集结出现。无论是因地制宜或因时制宜的着装惯例、偏离初衷的弹性工作制，还是在特定场合保持“沉默”的交流自由，这些都反映了受访者或其同事、上司对于规则的变通式处理。

从以上5个方面的40组关键词语料中，我们读到了在粤外企内存在着对规则的忽视、不满、歪曲，甚至背道而驰。尤其值得一提的是，部分规则实际在管理层就已经发生变形，因此基层职员通常无力作出改变。除此之外，通过访谈还发现，大部分受访者自身很清楚“合规”是主流，因此在涉及不合规的行为时，很少会以自己为反面教材，更多的时候语料中提到的故事主人公都并非本人，而是其某位同事或熟人。诚如第四章所言，由于各种原因，“变通”类属下的语料偏少，因此作者将受访者对于他人不合规行为的描述也归为“变通”这一类属，但实际上部分受访者在描述他人的时候体现的却是自己“合规”的倾向。

总而言之，第三、四、五章主要是对语料的梳理和呈现，结合第一章的文献综述，本书在一定程度上实现了从理论到现实的推进。对前人文献的研读和反思，结合受访者语料文本，使作者陷入思索：这些针对在粤外企中国员工职场规则观的描述与文献综述所得是否两相照应？例如，这些规则观的形成是否与规则类型本身有关？受访者的个人经历是否对其规则观也有影响？受访者规则观是否存在一种动态发展的过程？此外，超过六成的语料体现出明确的合规倾向，这其中是否有其共性的原因？西方企业管理文化与伦理文化是否对于受访者的规则观形成影响？而近四成的语料显示出“变通”的规则观，这其中的共性原因又是什么？针对影响职场规则观形成的因素分析，除去受访者在访谈中自然提到的一些显而易见的因素之外，是否还应从东西方法制、经济等历史文化角度去考察其深层因素？最后，不容忽视的一点是，本书可以为跨文化管理带来何种启示？第三部分将致力于回答以上问题。

第三编　规则观与跨文化管理

在粤外企中国员工规则观的形成受多种因素影响，从表层来看，浸淫于外资企业文化中，在职员工以法律为核心的规则意识日益增强，对于生产标准化、职责规范化、分工精细化和操作程序化的认同度持续攀升，科学管理理念深入人心。从企业伦理角度来看，以人为本的企业价值观、诚信为先的商业道德与社会责任对受访者影响深刻，因此大部分受访者体现出较高的合规性。

民族文化是影响规则观的深层因素，因其涵盖甚广，本书仅撷取两个角度予以分析。从中西方法律制度缘起看，西方人更强调个人利益与平等正义的契约范式，中华文化更强调等级人伦与社会和谐。从中西方近代经济形态观之，资本主义发迹壮大于近代西方，商业运作经验和企业管理理念随之日趋完善，客观而言，受民族历史文化影响，国民法制意识相对淡薄和企业管理理念落后确为不争事实。

跨文化管理模式有其普世性，“平等、公正、诚信”是放之四海皆准的基本原则。涉及具体的企业内部管理制度，则应当充分考察跨文化管理的差异性，尊重东道国国情与民俗，寻找与东道国文化背景相匹配的管理模式。

第六章　规则、个体与组织

——影响在粤外企中国员工职场规则观的表层因素

对规则的本质剖析发现，规则主要存在于知识、心理、行为三个层面，它表现为对人们行动的结构化，行动范围、内容、边界、趋势等的相对稳定化，是处于共同关系中人们行动的相对协调，是对形成的共同关系、共同行为特点与趋势的自觉或不自觉的心理认同，是对共同关系、共同行为特点与趋势的自觉揭示与符号化规定。总体而言，规则是共同行动、共同心理和共同知识的辩证统一。

从第三、四、五章质性访谈结果描述来看，身处在粤外企的中国员工都接受了入职培训，在一定程度上应当拥有趋同的职场规则知识，但是在心理层面和行为层面却表现出多样性。在心理层面认同这一规则体系的人，在行为上会趋向于“合规”，而在心理层面不认同这一规则体系的人在行为上会趋向于“变通”。

本章将进一步了解和分析造成“合规”与“变通”两种相异的心理和行为的表层因素，其探讨路径依次为规则类型因素—个体经历因素—规则观动态特性因素—企业文化因素，而之所以将以上因素归纳为表层因素，主要是基于在绪论部分提及的特洛比纳关于社会文化分层的论述。具体而言，是将隶属于特洛比纳论述中的文化外表层和中间层的概念归结为表层因素，将隶属于核心层的概念归结为深层因素。

第一节　规则类型因素

在粤外企中国员工面对同样的企业制度表现出不同的态度和行为，是否与规则本身的特点或类型有关呢？这是作者在研究中的第一个设想。

如前所述，规则可以依据其约束基础分为技术规则、游戏规则和道德规则。具体而言，企业生产安全规定属于典型的技术规则类型，其约束规范是不以人的意志为转移的自然规律。人力资源制度如职员招聘规定、考核办法则很大程度上隶属于游戏规则类型。企业财务制度如薪酬管理办法、内审与外审规范不仅是一种游戏规则，同时还包含道德规则的成分。

结合语料发现规则类型并不能决定研究对象的规则观。以技术规则为例，语料显示以化工物流公司总经理林先生为代表的人群对于安全规则的遵从持最为坚定的拥护态度，他将美资企业与新资企业、日资企业作比较，认为美资企业在安全规则的设置和执行方面是做得最好的，他对此也颇为自豪。当然这并不意味所有外资企业的中国员工都重视安全规则，比如与林先生同在一家集团公司旗下的工厂老总，对于公司的安全规则就颇多微词，他认为将大量金钱投入在安全设施建设，其意义不大，看不到立竿见影的成效（关键词 96 语料）。拥有完善的安全保障原本应当是所有员工所希冀的，但事实上，诚如第一章文献综述所提到的，安全规则作为一种技术规则，其履行情况受经验性知识、资源、费用、人力、风俗等因素影响极大，可见仅从规则类型去判断其接受情况颇为一厢情愿。

再以游戏规则为例，受访者的态度也呈现出各异的姿态，这一点在针对“效率”的看法上尤为明显。关键词 74 语料中受访者称“我承认它的必要性，但是不喜欢它”。关键词 75 语料中受访者则直指自己所在的公司“开发效率相对民企要低得多”，这些都意味着过于严格地遵照公司规定，各部门之间的相互质疑会使公司研发效率低下；严苛的流程使管理权限内部消耗，最终导致公司整体运营低效。

然而与此同时，亦有受访者为“效率”发声。他们相信复杂的流程有利于使每个人发挥自己的专业优势，权力的相互限制能保证整个操作的公开透明不出纰漏（关键词 35、36 语料）。当然，也有举棋不定者一方面认为公司流程会导致决策低效，但另一方面又认同科学的程序能够有效避免人治（关键词 76 语料）。

再以“弹性工作制”为例，有受访者认为弹性的上班时间和灵活的上班地点体现的是对劳动分工的科学管理，体现了公司对员工的信任（关键词 44、45 语料)。然而也有人认为弹性的工作时间实质上可能意味着要求员工不分白天黑夜地投入工作，这无异于变相的加班（关键词 98、99 语料)。

同样让人又爱又恨的还有人事测评制度。以“271 比例”的评估制度为例，受访者一方面认为这种“内部赛跑”的机制确实会产生内耗，造成员工之间的嫌隙，妨害员工之间的和谐相处；但另一方面，又认为无能者不应处其位，否则会对整个团队带来负面影响（关键词 48 语料)。

最后让我们以道德规则为例，来看看受访者语料所呈现的一个更为黑白分明的世界。之所以用到“黑白分明”这个词，是因为在这一规则视角看到的态度和行为远离了“矛盾”与“纠结”这样的描述，呈现出分明利落的姿态。相当一部分受访者明确提出作假不可容，无机可乘。换言之，一是作假事关道德诚信问题，不可姑息；二是公司强大的既定流程和网络使作假无机可乘、无所遁形。如果说他们代表着“白”的那一面，那么是否还存在“黑”的那一面呢？答案是肯定的。

第五章语料中那盒内藏乾坤的月饼、吃回扣的销售人员、为配合客户造假调整账期的审计员、为同事开具假工资证明的人事经理，这一切都说明贿赂和作假现象是客观存在的，无论其目的是什么，其本质都是违背商业道德的行为。

从以上论述可以发现，规则的类型并不能决定人们的规则观。人们对于技术规则、游戏规则和道德规则，在心理和行为上的表现是各异的，认可和遵从规则固然是我们期待见到的，但否定和违背规则的现象也是客观存在的。

具体来看，那些不遵守自然规则（如安全规则）的人通常怀有侥幸心理，认为意外的出现太过偶然，大费周章防患于未然大可不必。结合前面的文献来看，这属于典型的将技术规则与游戏规则相混淆的行为，心怀侥幸者忽略了自然规律并不会围绕着人们的主观意志发生变化这一事实。

从现实来看，这种缺乏安全规则意识的现象并不是个体现象，它受经验性知识、资源、费用、人力、风俗等因素影响极大，因此更多地表现为某一群体在一定阶段的普遍行为。文献综述中曾提到，2019《报告》指出，人们对于安全预警上存在着一定的“任性”和“侥幸”心态。当然，人们并非不珍视自己的生命，而是在社会经济欠发达、大众生活水平普遍低下的状态下，企业与组织是没有足够的能力和手段去保障生命安全的。同样地，普通劳动者并非视生命为草芥，而是在长年的社会生产力低下的社会现实下，企业没有足够的能力去提供相应保障，人们不得不铤而走险，拿生命作赌注去维持生计。随着经济发展到一定程度，人们的生活水平达到一定水准，大众对于安全保障的呼吁凸显出来，企业的经济实力进一步增强，安保措施进一步完善，在多方面条件成熟的情况下才可能建立强烈的安全规则意识。我们同时欣喜地看到，绝大部分的受访者对企业给予的安全保障评价甚高，无论是办公设施的完备，差旅酒店的甄别，生产环境的配置，都使在职员工感到安全、安心，这说明以人为本的安保制度是深入人心的。

那些不遵从道德规则的人则在一定程度上认为，如果贿赂和作假是出于善意的目的，能保护甚至激励人的经济行为，又或者是普遍的“存在即合理”的行为，那么适度为之也无伤大雅。这些人的行为属于典型的将道德规则与游戏规则相混淆。在关键词 91 语料“上面是月饼，下面全是钱”中，受访者声称“大家都这么做”，这实际上就是将其默认为通用的惯例。大家都做同一件事，是否就代表着这是一件正确的、符合道德标准的事呢？答案自然是否定的。甚至有时候，受访者是明白某些做法（例如吃回扣行为）是违规的，但是另一方面又认为如果能够促进业绩增长就无可厚非。这显然是将道德规则置于可有可无，甚至可以任意改变的地步。

技术规则不能与游戏规则相混淆，道德规则不能与游戏规则相混淆，这缘于技术规则和道德规则的约束基础的特殊性。相比较技术规则和道德规则，游戏规则的任意性和偶然性更大。诚如第一章文献综述所言，游戏规则不能与道德规则相混淆，不应将任何人与人之间的约定上升到道德范畴，从而道德绑架某些行为。例如访谈语料中，我们发现关于管理与效率的关系问题，关于如何进行内部考核评价的问题，关于聘用偏好和薪资差异的问题，颇有仁者见仁智者见智的景象。应该说，管理流程、考核机制、人力资源制度，这些大多属于游戏规则的范畴，不具有非黑即白的特点，呈现出多样性和易变性的特点，这极有可能导致不同时代、不同群体、不同背景的行为人产生不同的态度和行为。

这一小节的讨论尽管未能证明在现实中规则类型对于个人规则观的影响，但这并不说明该讨论是徒然的；相反，正是对于规则类型与规则观的讨论使我们陷入深思，即在理想情况下规则类型是否应当决定个人规则观。结合到本书，极具现实性的一个问题是，外国企业的规章制度是否应当全盘复制进入在华外企并且要求中国员工全盘遵从呢？是否应当视规则类型区分对待呢？换言之，这涉及是否存在一种普世性的跨文化管理模式的问题，而这将在第八章展开讨论。在此之前，让我们持续聚焦微观层面——如行为人本身因素对其规则观的影响。

第二节　个体经历因素

回顾50位受访者的人口统计学资料，尤其是他们的年龄、职务、职位、教育背景、工作背景，似乎可以发现某些规律。从有限的访谈语料来看，初进职场便任职外企的人更偏向于合规，以社招或集团融资收购为渠道进入外企的则更倾向于偏离合规。身处财务、法务部门的职员更偏向于合规，而身处销售部门的职员更倾向于偏离合规。当然，由于样本小，并不具备统计学意义，仅只能留作设想，需要通过科学设计具有信效度的问卷进行调查和统计，以确定两者之间的相关性。

2016《报告》指出，受过高等教育的受访者，其规则意识要显著高于未受过高等教育的受访者。本书中受访者学历水平基本在本科及以上，因此知识水平的差异并不明显，但是从生活阅历来看差异相对明显。生活阅历可对应到受访者本身的年龄、在欧美外企的工作年限、担任职务职位等情况。

从生活阅历来看，最有代表性的两位受访者是林先生和金先生。两位受访者的年龄都在45岁以上，学历都是本科，在公司都担任高管的职位。但是仔细阅读两位受访者的语料，可明显发现话锋的差异。

林先生初入社会在港资公司任职，后跳槽新加坡控股公司，最后落定美资企业任职至今，他直言自己很有“倾向性”（关键词3语料），这种倾向性集中体现在他对外企完备的制度的肯定。这一肯定来源于他所能感受到的公司对他的尊重和保护，来源于公司对诚信原则的实地奉行。基于此，当看到某企业漏洞百出的消防设施时（关键词 19 语料），当面对不愿遵守总部安全要求的工厂老总时（关键词 96 语料），他的态度是明确否定的。他恪守经营准则，宁可不接单也不愿意随波逐流、以次充好（关键词 29 语料），这些都彰显了他的合规精神。

与林先生年龄相仿的金先生，初入社会任职某中资公司，随着公司控资变动，他的身份也转变为英资公司职员。在访谈中，金先生表现出对总部严谨的工作作风的称赞，但是同时也并不排斥人情凌驾于制度的做法，他相信通过公关拉拢熟络关系，“可以绕个弯子，绕开一些制度，事情好办一点”（关键词 86 语料），这在一定程度上体现出他在规则认知和执行上的局限性。

问题的症结正在此处，年龄相仿、学历相同、职务相当的两位资深人士为什么会体现出在规则面前如此之大的差异呢？作者认为，两者的职业经历差异或许可作为解释。林先生年龄 46 岁，在美资企业任职 18 年，之前在港资与新资公司任职 5 年左右；金先生年龄 50 岁，在英资企业任职 15 年，在某国有企业任职超过 10 年。尽管两者在外企工作的年限看似差异不大，但是值得注意的是，在投身外企之前的职场初期经历很可能对两者的规则观有某些影响，这些构成了其生活阅历的重要部分。这一履历差异或可解释为何两者在规则执行上的不同。

实际上不仅仅研究者看到这一差异，有些受访者本人也能感受到这一差异。例如受访者陈女士将公司的新同事分为两种来源：毕业生与社招。所谓毕业生，是指刚一毕业便进入公司的职员。所谓社招，是指从其他公司或单位（尤其是中资企业）跳槽进入该公司的职员。可以理解的是，社招人员在一定程度上会延续在原公司或单位的职业作风，而这一作风的负面典型，陈女士用了“做得比较水”（关键词 84 语料）这一话语来形容。“水”集中表现在他们会暗地里默许被审计单位将针对客户的信用期调长，造成超过信用期的账龄变短的假象。

回顾陈女士的个人信息不难发现，26 岁的她在某美资会计事务所任职 4 年，可以推算出她大学一毕业便进入该公司，换言之这里是她的职业生涯起点处。尽管她资历尚浅，但是在职业价值取向形成的关键时期，公司企业文化对她的影响是深远的，这在一定程度上会使她的合规程度远远高于年长的社招同事。换言之，即使在同一家公司的工作年限相同，即使社招职员的年龄大于毕业生职员，其规则认知和行动的水平仍然可能低于毕业生职员，这中间很可能有第一家任职公司文化“先入为主”的因素存在。

同样的情况还发生在林先生与他所谈到的那位工厂老总之间（关键词96语料），尽管两人级别相同，但是他们在安全规则上的认知和行动截然不同。这位工厂老总不认同总部要求的整平坑洼和安装逃生设施，尽管林先生说明了逃生设施的必要性，但这位老总在思想上并不为所动。究其原因，恐怕关键点在于这家工厂是集团收购得来，尽管性质变为外资，但其运营仍是原班人马。当林先生感叹“人的思维不会马上转变”时，他深知在一种经营体制下工作太久，多多少少都会受其影响，因此在企业转轨后，人必须经历一定阶段才能适应新的环境。成熟睿智如他，对于这一转变之难心知肚明，因此格外耐心宽容。

以上三组对比使我们清楚地意识到，初入职场即投身外企或在外企任职年限更长的受访者，相比较中途跳槽任职外企或入职年限偏短的受访者，在规则认知水平上更具有优势，这与李和民关于规则认知水平与生活阅历呈正相关的理念基本吻合。但是，也应当看到，生活阅历这一词包含面甚广，所指不甚清晰。生活阅历可以包含教育经历、职业背景、社会关系等方面，并不是一个可以轻易量化的概念。在本书的研究范围内，生活阅历主要围绕其职场阅历，细化而言是在外资企业的职场经历和年限，甚至还要细化到在外企和在其他企业单位的任职年限，是否初入社会便投身外企等细节，只有细节化到这一阶段，才可能真正使用量化的标准去判断各变量之间是否存在相关性。

关于规则认知水平与知识水平呈正相关的论述在一定程度上也得到印证。本书的50名受访者基本都拥有大学本科及以上的学历，唯有两位只有大专学历（销售部职员周女士与维修部职员康先生）。如果要找出本书中50位受访者中的两个极端，也许张嘉和周女士是最好的例子。

张嘉是法律硕士，她对规则文化的认可与执行在第三章中体现得很充分。周女士受访时大专在读，她对于同事收到的那盒内有乾坤的月饼显得轻描淡写，她认为这种做法很“正常”，而且推测上面的人收得更多。实际上提到行贿受贿、吃回扣、作假这些做法的并不是只有周女士，但是她的语言和态度是最直白露骨的，她不像有的受访者会为自己的所作所为找借口设托词，而是直接置规则于罔顾，声称“规定是那么规定，但做是另外一回事”（关键词 91 语料）。或许，这与个体的受教育水平和知识水平确有一定的关系，但是这并不是绝对的，因为我们不能排除还有其他因素影响到了她的规则观，例如她所处的岗位和职务。

周女士是一位日用品公司销售人员，她的工作对象以公司外部客户居多，而客户所在公司与部门的文化氛围或多或少会影响到销售人员的工作作风。在访谈中作者还注意到，受访者中身处销售岗位或营销出身的公司管理人员对于规则的变通更加灵活自如。

如关键词 81 语料“乙方要和甲方搞好关系”所示，受访者认为对于政府部门是需要“好好照顾”的，对于经销商是需要“讨好”的，而针对政府部门是有公关部出面“照顾”的。身为销售人员更需要“发挥主观能动性”去与经销商建立朋友乃至挚友般的私人关系。

在关键词 88 语料“这是公司领导主观意愿的问题”中，受访者表示销售人员吃回扣现象较为普遍，查不查仅仅取决于领导的意思。在关键词 86 语料“以人情代替制度”中，营销出身的银行高管金先生谈到人情公关时心如明镜。在比较了国内经管局官员和英国经管局官员的工作作风后，他非常清楚如何应对不同场合下的不同人物，因此能在“有情”与“无情”之间无缝切换、游刃有余。

当然，我们不能以偏概全，不能简单地声称销售背景的职员合规性都较低，因为我们确实接触到了一些合规程度很高的受访者，例如关键词 2 语料中的销售经理宋女士不仅在工作中倡行法规培训，而且合规敏感性很高——当她与同行讨论某位客户时，突然意识到可能违反了反垄断法，于是立即结束谈话，这一点可以很好地证明她的合规精神。但是作者也发现了一个细节，那就是她所在的大型德资物流企业，其客户也是以外资企业居多，这很可能使她在工作中保持了一贯的营销作风。

许多受访者表示更愿意与外企合作，究其原因，外企行为规范严明，回账日期能说到做到不拖账。面对不同背景的经销商，销售人员无奈之余或许只能采用非常手段予以应对。这说明工作对象的不同对于营销人员的工作风格是有一定影响的。

相比较销售岗位出身的受访者，那些财务、法务背景的受访者的合规情况似乎相对乐观，这或许是因为他们身处公司的后勤部门，工作对象更多局限于公司内部，因此能较好地贯彻和实施同一套规则体系。

回顾文献综述关于规则认知水平与生活阅历的关系的论述，我们发现，受访者的岗位职责、工作对象可能同样对其规则认知水平有所影响。因此所谓生活阅历尤其是职场阅历，不但要包括职场经历与职场年限、在不同文化背景的企业单位的任职年限、初入社会所投身企业的文化背景，还要包括岗位职责、工作对象和合作伙伴等因素。当然，我们也必须意识到，受访者的规则观并不是处于静态的，它会随着职场经历的日益丰富而持续发展，这与第一章文献综述中所关注的规则意识的形成与发展或能两相应和。

第三节　规则观的动态特性因素

作为现代社会的公民，其重要特征便是不断进行社会化，即接受社会教化、完善与发展个性的过程。在理想的状态下，个体会了解、掌握各种社会规则，形成具备执行规则的意识和能力，实现他律、自律、自由三个阶段。换言之，就是从最开始感受到外界约束力量的存在，到接受和服从于某一规则制度，再到将规则融入日常习惯。我们可以借用受访者林先生的语料来还原他的职场规则意识发展历程。

受访者林先生，46 岁，美资化工物流公司总经理，他描述自己最初进入公司时，很“讨厌”被同事质疑“合不合法”。后来他了解到这并不是一种质疑，而是一种提醒，提醒自己必须在法律许可的范围内行事，否则可能面临巨额罚款（关键词 1 语料）。如果说不守法可能导致整个公司蒙受经济和名誉损失，那么不遵守公司内部规定则可能导致行为人直接被炒。林先生提到自己所在的美资公司要求员工必须佩戴标准的安全护具，否则可能面临罚款、收警告信，积累三封警告信则敬请离职（关键词 3 语料）。这种制度乍听起来似乎过于苛刻，但是联系到林先生所在的公司是做危险品化工运输和储藏的，一切却似乎可以理解。无论是规定不得踏出车间黄线外，还是厂区内不允许快步走或者奔跑（关键词5语料），所有看似束缚行动的条条框框，实际上最终都是为了保证员工的人身安全，因此林先生不再有任何抱怨，而是趋向于认同和适应，并表示“束缚都是为了你好”（关键词5语料）。

这样的话语颇有些良药苦口的意味，实际上这种哲学态度或许适用于多个领域。林先生在谈到危险化工品运营的时候，极其不赞同罔顾安全准则的做法，例如“用一个日常的面包车，派个员工，一手提着就拿走了”（关键词29语料），即使这样运营成本低，可以以价格优势吸引到更多的客户，短期内能为公司赚取利益，但是在他眼中仍不可取。他宁可失去客户也不愿意采用无视安全准则的低成本做法，尽管这种“曲高和寡”的姿态必然导致难以融入国内市场，但是他仍然“选择不做”。因为他心知肚明，随着市场的规范化和人们规则意识水平的提升，笃守规则者必将获得丰厚的回报，即使在短期内看不到收益，但是来日方长，未来可期。

实际上，林先生不仅身体力行这些规则，他还会劝诫同行、同事和朋友重视规则，尤其是与生产安全相关的制度和准则。他在受邀去其他企业担任培训官时，就毫不留情地指出该公司仓库在安全管理方面相当糟糕（关键词19语料）。即使是在本集团内，他对同事也毫不含糊。集团收购的佛山某工厂，在改制后内部管理层仍保持不变，其思维转变却道阻且长——这集中体现在工厂老总对于集团统一安全要求的不认同和情绪敷衍（关键词96语料），尽管林先生对其进行了细致专业的劝说，然而效果并不显著。可喜的是，林先生毫不气馁，他深知思维转变过程需要时间，因此苦口婆心无怨无悔。

结合以上语料中林先生的表现，我们发现他已经实现了规则的他律、自律到自由的阶段。从一开始认为规则是对自己的质疑和束缚，到意识到这种束缚的好处，于是甘于寂寞笃守规则，最后会自发地对他人不遵守规则的行为予以抨击和劝说，我们看到了一个理想状态下，人的规则意识发展的过程，这与文献综述中对于人类规则意识发展的描述是基本一致的。无论将其描述为他律—自律—自由，或是依从—认同—信奉，都是一种规则内化的过程，是人类规则意识发展的理想化描述。之所以称其为“理想化”的描述，是因为这一描述并不能解释现实情境下的各种偏离规则的行为。

社会规范要转化成个体遵守的规则和约束，必须通过人格这一中介。人格内在的规定性决定了个体对外在的规范会进行判断和选择。因此，对外部规范有可能认同，也有可能排斥。从访谈所获得的语料来看，有的受访者表现出对外企规则文化明显的倾向性，从其言语中可见一斑，如“这里最吸引我的，应该是晋升相对公平公正，没有那些送礼买官之类不正之风”（高女士）；“只要有规则，你就会比较安心”（张嘉）；“从港资到新加坡控股到现在的美资，我还是很有感受的，也很有倾向性”（林先生）。以上受访者正是由于对规则文化的心理认同和情感共鸣，因此日益趋于合规。

第一章文献综述中也曾提到，不少中国员工在外企的工作经历使他们的一些观念发生了变化，例如越来越重视书面合同的作用，越来越不喜欢体现强烈等级关系的管理体制和秩序。与之相似的是，在关键词 9 语料中受访者宋女士就明确提出了“白纸黑字”的这一办公惯例的重要性，还以自己的亲身体验为例，说明了自己从一个等级意识浓厚的职场新人到与上司平等相待的蜕变过程。

与规范产生心理认同和情感共鸣，会使行为人趋于合规。但如果这种心理认同和情感共鸣并未如愿产生呢？在第五章中，我们读到不少受访者对外企规则文化的不满、抱怨或阳奉阴讳：“有些规则呢，执行得太过严谨固然是不错，但是就会导致内耗很严重，就是相互之间有一个制约，结果没有一个人去拍板，所以可能效率比中资银行还更低”（关键词 76 语料）；“规定是那么规定，但做是另外一回事”（关键词 91 语料）。

以上语料说明，当受访者并未产生足够的心理认同和情感共鸣时，他们会趋离合规，同时对周遭的工作氛围持消极态度。这体现在企业管理中，是一种制度认同与自我效能感的相互关系，即对制度的认同会促使改变意图的产生，继而提升自我效能感，反之则会降低自我效能感①。从跨

① CHIA-HAO M, HSIN-HONG K. Validation of the Mediation Effect between Cross-cultural Management and Employee Identification［J］. Psychology Research and Behavior Management, 2020（13）: 169-183.

国企业管理的角度来看，组织价值观只有在不同文化背景下的员工个体内化后才可能被赋予生命①，反之则可能使其对公司的核心价值体系发生认知和理解复杂化②。换言之，可能造成对公司制度的误解或者曲解，从而导致与公司价值体系渐行渐远的现象。有研究显示，一旦员工产生与企业价值观相违背的心理，便可能进而演变为“愤世嫉俗的员工③”。这可能有损公司管理层的形象，同时对于海外子公司的团队合作造成负面影响④。实际上在阅读第五章部分语料的时候，我们都能隐隐感觉到这一点，即部分受访者对于公司制度不太认同，因此抱怨不断，其工作效率也堪忧。

在访谈中我们还发现，有些受访者可能出于维护公司形象的初衷，在访谈中说话口吻和内容都十分官方化（如关键词 32 语料“我们很注意合规”），以致研究者无法准确地判断出他是否对于企业规范有认同和共鸣，还是仅仅以一种公司代言人的形象出现，来介绍公司相关规范。甚至根据可信的新闻媒体报道，个别受访者所在公司明明已经因为诚信经营的问题遭遇罚款，但是在访谈中该受访者会避重就轻，转言其他，这似乎体现出在规范面前，行为落后于语言的现实。然而结合市场环境来看，我们有理由相信，个体职场规则观的发展过程中，不能仅看其内部的因素如“人格”，而应当将整个企业背景、行业背景、社会背景和历史背景纳入考量，因为这些都可能极大地影响个体在规则认同、规则共鸣和规则习惯的发展过程中的点点滴滴。

综合本章前三节，主要分析了规则类型和受访者个体因素对职场规则观的影响，以及个体规则观的动态发展。当我们意识到仅仅从个体角度去考量规则观已经不够时，是时候放眼更为宏观的层面了。第二章通过 NVivo12 软件对所有访谈文本的词频统计中已经显示出，“文化”“管理”“培

---

① ZANDER M, JONSEN K, MOCKAITIS A I. Leveraging Values in Global Organizations: Premises, Paradoxes and Progress［J］. Management International Review, 2016, 56 (2): 149 – 169.

② KWANTES C, ARBOUR S, BOGLARSKY C. Organizational Culture Fit and Outcomes in Six National Contexts: An Organizational Level Analysis［J］. Journal of Organizational Culture, Communication and Conflict, 2007 (11): 95–112.

③ LENCIONI P M. Make Your Values Mean Something［J］. Harvard Business Review, 2002, 80 (7): 113.

④ ORTEGA–PARRA A, SASTRE–CASTILLO M. Impact of Perceived Corporate Culture on Organizational Commitment［J］. Management Decision, 2013, 51 (5): 1071–1083.

训”三个词语占据十分明显的位置，这基本上说明受访者的规则观受企业文化影响极大，频繁的培训正是强化员工规则观的外力推手。下一小节我们将关注企业文化因素对于在粤外企中国员工职场规则观的影响。

第四节 企业文化因素

从本书第二部分的语料呈现来看，大部分受访者都体现出对外企规则文化的认同与遵从。从第二章 NVivo12 软件生成的数据来看，合规类属下的标签频次占比六成以上，变通类属下的标签频次占比不足四成；相应地，第四章和第五章中的 100 组语料中有 60 组语料都体现出受访者的合规倾向，其余 40 组则归属于“变通”名下，但是细细研读这些语料，有的实际上是对管理层违规行事的抱怨抨击，有的也并非是对规则文化的完全背离，其本质只是在中国文化中的一种适应性的变体，仅仅是文化差异或管理理念之差别而已，由此可见，受访者的合规度是较高的。至于为什么大部分受访者体现出合规的倾向，结合前文对于现代西方企业文化的综述，我们或能从外企管理文化和伦理文化中得到答案。

（一）外企管理文化的影响

文献综述提到了西方企业管理文化的一大重要的特点，即重视法律、信守规范，具体而言便是成熟的企业法律顾问制度和完备的生产经营规章制度。如果说文献综述带来的只是文字层面的认识，而语料呈现则提供了更鲜活真实的描述。

第三章个案研究中的法务专员张嘉，以其高度的法律敏感性令人印象深刻。在美资企业，公司每个部门的运转都不能离开法务部门的把关。以营销工作为例，公司推出的每一个产品广告都需要法务部门反复斟酌其合法性，宁可未雨绸缪将风险控制在最低，也不建议公司贸然将不合规的广告推出市场。再以财务工作为例，涉及签合同与开发票等事项，必须公司法务部审批。最后以人事工作为例，公司对于“公开举报制度”所涉及的违规行为，一贯事无巨细监察到底。

实际上不只是法务部门的工作人员体现出了敏锐的法律意识，许多非法务出身的受访者也体现出了较好的法律意识。例如“万事先问合不合法”（关键词1语料），“进入公司都要经过培训和考试”（关键词2语料），“我们很注意合规”（关键词32语料），等等。查看这些受访者的背景，均非法务出身，但是多年的外企工作经验使他们习惯性地把相关法律法规谨记于心，以至于动辄考量自己的行为举止是否合乎法律规范。他们或者并非从一开始就理解法律意识的重要性，但是经年往复的培训与耳濡目染，使他们日益趋向合规。

文献综述中有研究指出，中国籍员工法律意识淡薄，作者认为这或许有失偏颇。从纵向的角度来看，当下中国国民的法律意识日益增强，2016《报告》和2019《报告》可以作为佐证。

如果说成熟的企业法律顾问制度为企业各个部门的健康运营提供了一个法律框架，那么完备的生产经营规章制度则体现了企业科学高效的管理理念。在这一方面，我们首先看到的是全球统一的原则（关键词33语料）和产品制造的标准化这一概念（关键词34语料），从中可以发现美资企业对于自身企业文化的自信以及与国际接轨的战略眼光。同样地，受访者对于外企管理理念的高度认同也在他们不容置疑的口吻中得到证明。

外资企业的精细分工也是令人印象深刻的一点，无论是“每个人就是一颗螺丝钉”（关键词38语料），还是“某个人走了，项目就烂尾，不存在的”（关键词39语料），都使人惊叹于外企完备的培训制度和人才储备制度，这很大程度上使得每一个岗位的职责都趋于固定，有效杜绝了因人才流失导致的公司运作风险。这一理念与第一章文献综述中王建光的观点趋于一致——如果不能以企业制度规范职权，那么每一次人事变动都可能造成一次重大事故。

值得一提的是，关键词38、39语料描述的情形与前人发现并不完全一致。例如于（1995）的研究显示，调查中的中国籍职员认为“公司明确每个职员的职责范围意义不大”，而本书中的受访者对于精确的职务描述均持赞成态度。据此我们有理由相信，随着时代的进步，现代管理理念日益深入人心。当然，这一过程绝不会是一帆风顺的，人们需要在不断的摩擦冲突中去寻找最适合的企业运营和管理模式。

实际上在这一磨合过程中，我们也听到了不同的声音，比如有受访者提出“开发效率相对民企要低得多”（关键词75语料）以及“内耗很严重”（关键词76语料）的观点。那么程序化管理是否导致“内耗”，进而造成“低效”呢?

仅从我们有限的访谈来看，更多人认同外企管理高效的说法。正如第二章针对各个范畴的标签频次占比来看，“科学与效率”这一范畴内标签频次占比14.1%，而“内耗与低效”这一范畴内标签频次占比9.4%。有受访者坚定地认为“宁愿把流程复杂化，也要降低潜在的风险”（关键词36语料），其理由在于精细分工可以保证每个岗位的针对性和专业性，复杂的流程可以把控每个步骤的规范性，从而遏制潜在的风险。

我们据此隐约体会到，严谨分工和复杂流程的做法是以一种更长远的眼光来看待发展，即使牺牲眼前似乎唾手可得的利润，也要保证企业的稳定发展。而稳定，就意味着一种控制与约束，它必然会带来能量的抵消。这种能量的抵消意味着对权力的制约，因此会出现跳级请示分管领导的做法（关键词40语料）；这种能量的抵消可能还意味着观点的不被采纳，因此会出现“部门PK”（关键词8语料）。如果这种能量的抵消与这种权力的相互制约就是内耗，这似乎也不无道理。正是有了这种相互制约，公司得以降低风险、遏制腐败，用受访者的语言来说就是“有一些乱来的东西可以从制度上避免”（关键词41语料）。因为“乱来”意味着生产经营不规范，“乱来”意味着权力凌驾于制度，“乱来”意味着以权谋私中饱私囊，而这一切都是任何一家企业所不能承受之痛。

结合访谈语料发现，有受访者认为权力分散原则运用到企业管理领域，可保证民主决策和杜绝腐败。比如在关键词40语料“可以完全跳过分行的行长”中，分公司业务支持部门如财务部门是可以直接请示总公司财务上级的，这实际是对分公司总经理的权力限制，以免“一人独大”。同样的情况出现在关键词41语料“从内部机制上避免了潜在的作假”中，按照受访者的说法，财务经理是不受分公司总经理管辖的，而是直接归属总部管理。另外，下属工厂的厂长批单权限设置清晰，超过权限则必须由财务经理上报区域甚至总部管理人员。受访者认为，尽管这样做会对厂长的执行力造成影响，但是如果能够有效避免派系丛生，伙同滋事，权力的分散与相互制约是很有现实意义的。

这一系列的语料都很好地印证了许多管理学领域学者们的观点。Z理论的提出者大内指出，企业规范有助于建立和谐的工作关系，有效杜绝投机行为；彼得斯和华特曼提出，企业文化可有效地控制在生产运作和后勤管理中的模糊性与矛盾性——这些代表着管理学经典理论的观点，都着力强调规范的重要性。本书中的受访者们不见得曾熟读管理学理论，但是他们朴素的语料中渗透出对于成熟完备的管理制度的欣赏和遵从，换言之，推动他们趋向合规的正是企业成熟完备的管理制度。

综上所述，重视法律、信守规范的企业管理文化对于受访者的规则观的影响是毋庸置疑的。回顾文献综述发现，任何企业都不能只着眼于企业管理制度，还必须注重企业伦理文化，据此我们试图去寻找企业伦理对于受访者规则观的影响。

（二）外企伦理文化的影响

企业伦理是企业文化的基础组成部分，是企业所奉行的社会行为准则和道德规范，是企业文化的承载，也是企业管理效率提升和企业持续发展的重要保证。企业伦理涉及两个方面：其一是企业内部伦理，主要体现为对人的关注，“以人为本，尊重员工”是企业内部伦理的集中体现；其二是企业外部伦理，主要关注的是涉及企业与社会其他职能部门、与消费者、合作商、供应商等打交道时应遵守的国家行业的各项法律法规以及相应的社会责任。

文献综述部分介绍了美国西南航空、星巴克、英特尔等知名公司为贯彻其“以人为本”的管理理念所制定的一系列规章制度。这些以尊重员工和保护员工为出发点的企业伦理制度，无疑是深得员工之心的。

第三章个案研究中的法务专员张嘉在公司涉及劳务纠纷时，领导建议她另找其他律所代理案件，而不是自己出面担任诉讼，其初衷就是为了保护张嘉本人的人身安全，为此即使公司需要支付昂贵的律师代理费也在所不惜。也许这并不是成文的规定，但是确确实实的惯常做法，张嘉因此获得的安全和保护令她记忆尤深。

同样让受访者津津乐道的还有第四章中出现的“打那个电话，直接打到总部”“飞机整坏了没关系，人没事就行”“员工满意度调查”“这样的公司真的很难得”“公司的文化氛围是开明的”“有中国特色的工会组织”等语料，这些都集中体现了公司“以人为本”的伦理精神。

研读这些语料不难发现，受访者们在谈到这些时是笃定自信的，是豁达坦然的，他们毫不掩饰自己对于公司这些做法的认同，他们喜欢与上级亦师亦友的关系发展，他们庆幸自己在开放包容的文化氛围中成长，他们在“有中国特色的工会”里体会到关心和照顾，他们在工作时、出差时得以全身心投入而无后顾之忧，因为有各项规章制度在保障他们的人身安全，即便只是公司最基层的小职员或普通工人，也能获得相应的尊重和保护。

就事论事，从以上语料来看，外资企业对于“人”的关注是相当具体和细节化的，它包括了对员工身心的保护、对员工工余时间和个人爱好的尊重、对福利报酬假期的保证、对职业发展的帮助等实实在在的关怀，换言之，这是一种在物质上和精神上的双重关照。

行文至此，为什么如此多的受访者体现出合规倾向，其答案已经呼之欲出。正如在文献综述中美国行为科学家梅奥的关于人是“社会人”而不是“经济人”的著名观点——人的行为并不单纯具有追求金钱的动机，还有社会方面和心理方面的需要，其中包括追求人与人之间的友情、安全感、归属感和受人尊敬等需要。这一观点体现的正是人文伦理的重要性。换言之，企业内部伦理是提高组织员工满意度的首要因素，一切不重视人、不关心人、不尊重人的管理必定是无效的。

当我们讨论企业伦理的时候，也发现它实际上与企业管理是息息相关的。举一个简单的例子，如果甲、乙是上下级关系，平时私交甚好，但是由于业绩不佳乙面临被解雇，这个时候甲往往陷入两难——不解雇乙，等于违反了公司规定，会在公司造成不好的影响；解雇乙，则十分伤害同僚情谊。这个案例实际上就是关键词 27 语料“系统怎么造假”中宋女士所描述的情景。该事件的结局是业绩不佳的下属被辞退。诚如宋女士所言：“我也很痛心，但是业绩没完成，我也保不了她，就算是亲爹亲娘也没办法。”我们从她的话语中读出了无奈和纠结，这实际上是一种在工作中与同僚的交际压力。

文献综述部分介绍了霍夫斯泰德的一项实证，在该研究中他发现，在职场环境下，当员工感受到工作中与同僚的交际压力时，会引发对规则的迫切需求和广泛尊重。而在关键词27语料中，受访者宋女士最终以“业绩没完成”为理由作出了解雇下属的选择，其依据正是公司的明文规定。这一规定在“优胜劣汰，没什么可说的”（关键词47语料）和“除了讲业绩还是讲业绩”（关键词49语料）中都可以得到佐证。当公司将这一规定制度化，就能清晰地明确雇佣双方的权利和义务，同时能有效缓解同僚之间的压力。

同样的情况还会出现在“什么都要白纸黑字”的情形下（关键词9语料）。如果同事之间因为其中一人未按程序行事，导致公司蒙受损失，根据公司规定没有文书形式的口头证明不具备任何效力，那么在这一程序中“掉链子”的一方就责无旁贷，其余同事也大可心安理得，不必承担责罚。

以上例子都可以证明，正式的规章制度能明确职场人的角色、权利和义务，这不但在企业管理层面可以保证科学高效，在企业伦理层面也有助于缓解职员的工作交际压力。正是因为企业伦理得到保证，才使员工在工作中能获得稳定感、幸福感和归属感，才会使他们拥护公司的经营理念和企业文化。

企业伦理的重要性不但体现在对企业内部人员的尊重和保护，同时体现在企业对外部社会规范的遵循，这将涉及企业与社会其他职能部门、与消费者、合作商、供应商等打交道时可能出现的情形。

哈佛商学院教授科特和赫斯克特在对200多家企业历时11年的经营业绩研究分析后发现，企业伦理对企业长期经营业绩有着非常大的促进作用①。重视企业伦理、重视与其利益相关者伦理的企业，其经营业绩远远胜过没有这些企业伦理规范的企业。在缺乏企业伦理的公司中，经营者为了追求利润，可能不惜采取各种非法途径去达到目的，而这些不正当的企业经营行为，既扰乱了市场秩序，也使企业陷入发展困境，甚至自取灭亡。

在这一论述中，企业伦理关注的是企业的诚信经营和社会责任。诚信是一种具有普世意义的道德规范，当诚信被纳入企业伦理的范畴时，则要

① 程月明．企业持续发展视角的企业伦理研究［D］．南昌：江西财经大学，2012：3.

求企业将利润置于诚信之后，在两者发生冲突时，诚信至上。这乍一看来违反了企业盈利的初始目的，但是从长远来看才是生财正道。例如第一章文献综述中曾提及的谷歌公司，其十大信条之一的“绝不作恶”，就凸显了谷歌对于诚信的推崇。同样地，英特尔《行为准则》开篇便是“高度诚信的文化”，其五大原则首位便是“秉承诚信开展业务”，这种诚信不仅仅体现在对于员工个人品质的要求上，还体现在对于客户、分销商等合作伙伴以及政府部门官员的要求上。

在访谈研究中，我们欣喜地听到了不少笃守诚信的语料。例如财务总监谢女士毫不留情地开除了虚报销售数据的财务主管和销售员（关键词23语料）；年轻的技术职员赵先生用“杀鸡儆猴”来形容因将公司通信工具给家属使用而被开除的某位经理（关键词24语料）；同样年轻的咨询经理熊女士对于虚报差旅费用的同事予以申请驳回，并考虑将该行为与其年终奖挂钩（关键词25语料）。

他们之所以这么做，其理由或者不尽相同。对于年轻职员来说，他们的行为可能受入职时的诚信培训所影响；而对于资深职员或者高管来说，他们则深知“英语不好，业绩不好，这些能力、技巧的东西可以改变，都可以原谅。但是你不诚实，这是不可原谅的，因为这是诚信的问题、道德的问题，我们公司不能留这样的人，无法信任这样的人”（关键词23语料）。在管理层看来，诚信作为一种个人品质，其重要性远远高于个人能力。这一观点与前文所谈到的企业伦理一脉相承——企业应当将利润置于诚信之后，在两者发生冲突时，诚信至上。

我们无法断定年轻的职员需要多久的历练才能领会这一理念，在这一过程中必然需要有力量进一步强化这一理念，这可能就是为什么赵先生用了“杀鸡儆猴”这一成语来形容自己的感受。被开除的是诚信扫地的经理，而被预警的则是如他一般的普通职员，其预警手段正是规章制度本身。实际上也应当注意到，规章制度作为一种外力的存在，本身就具有震慑作用。这也就是为什么在关键词27语料中，业绩差的下属只能予以解雇，无法保全。因为销售数据录入系统后是公开透明的，每个员工都能看到，因此不可能编造销售数据，套用受访者宋女士的话就是：“数据库都在总部那里，怎么造假?”这种系统实际上就是一种外力的约束，这种约束在不断的强化过程中使得诚信的理念进一步内化于心。

诚信这一理念得到内化的最高阶段就是，明知自己笃守诚信的做法可能显得很刻板，或者短期内无法为公司带来利润，却仍然坚守初心、甘之如饴、静待花开。身为化工物流公司总经理的林先生坦言“不傻的话就赚不到钱”（关键词 29 语料），他所在的公司不愿意为了迎合顾客需求降低成本，使用不合格不安全的方式来运送危险化学品。即使因此他们不得不失去潜在的顾客，但也无法迫使他违背企业伦理。

这种对于“随波逐流”的拒绝，实际上凸显的是企业在与消费者、合作伙伴等打交道时所秉承的诚信态度。诚如关键词 26 语料中叶先生直言“我们更愿意和外企合作”，其关键的原因就是外企超市从来不拖欠货款。当然我们也注意到，身为快消行业的销售人员，很难像林先生那样自主选择客户，因此不得不周旋于不同背景的超市之间。

对人的尊重、对诚信的坚守构成了企业伦理的重要组成部分，但还不是企业伦理的全部。正如第一章文献综述中提到的，企业伦理中不可或缺的是企业的社会担当。企业固然是存在于经济领域中的，但同时也是社会领域的重要组成。盈利不是企业的唯一目的，社会责任也应当被融入企业的日常管理和经营活动中，对环境的关注和对社区的关注是企业社会的具体表现。第一章就曾提到过英特尔公司、西南航空公司和星巴克公司等对环境的关注和对社区服务的投入。

无独有偶，在我们的访谈中，也接触到了类似的语料，担任法务专员的张嘉在谈及公司的环保举措时使用了“节省”一词——他们会把办公余下的废纸进行定期回收，还会把工厂的牙膏废品改造成机器清洗剂——这些做法乍一看来仅仅是为了节省成本，深层考虑下其实是一种可持续发展的环保举措。公司通过在微信群中号召职员参与这种活动，实际上就是企业社会担当的一种体现。当然，环保到底是落到实处还是刻意作秀，也是经常为人诟病和质疑的现实。而张嘉则坚定地指出“不会空喊环保的口号”，“不会干这种纯粹包装性的事情”，同时可以拿出实实在在的数据来作为支撑，据此我们有理由确信这一社会责任的深入人心。于张嘉而言，环保是一种社会责任，能尽个人绵薄之力实现企业的社会价值是有担当的表现。

综上所述，企业伦理作为企业文化的基础组成部分，代表了企业所奉行的社会行为准则和道德规范。企业内部伦理对人的关注与尊重这一核心，使员工收获了归属感和幸福感，他们对于企业内部伦理范畴下的各项规章制度评价积极，从而体现出很好的合规性。企业外部伦理关注企业与社会其他职能部门，与消费者、经销商等的关系，是商业道德的群体体现，以诚信为核心价值观的理念辅以强大的公司内部监管系统，促使受访者们体现出了较好的合规性。作为企业外部伦理不可或缺的一部分，对社会发展的关注和社会责任的担当使企业员工体会到了自己作为职场人的社会性而非单纯经济性的一面，丰富了自我的职业内涵，因而在社会责任履行方面体现出了高度的合规性。

本小节中，我们试图从企业管理文化和伦理文化两个层面去解释在粤外企员工的合规倾向，这集中表现为员工对于企业管理制度和伦理精神的认同与尊崇。这一合规倾向已在第四章得到充分展示，其中“约束与制衡”和“科学与效率”两个小节的语料体现的是员工对于企业管理制度的认同；而“尊重与保护”“道德与诚信”以及“平等与公正”三个小节的语料则凸显了员工对于企业伦理精神的尊崇。换言之，这些语料不仅描述了现象，也在一定程度上揭示了原因，尽管这些不见得是根源所在，但是却为更深层的探索提供了方向。

小　结

本章结合文献综述所得与访谈语料，针对影响在粤外企中国员工职场规则观的表层因素进行分析，其视角顺序依次为“规则类型因素—个人经历因素—规则观动态特性因素—企业文化因素”。

从规则本身来看，规则类型不能决定规则观。第二章中将规则分为技术规则、游戏规则和道德规则三大类型，而访谈语料显示规则类型与受访者的规则观没有必然联系。换言之，对于各种规则类型，受访者的态度和认知均表现为各异的状态，即使是针对安全规则（技术规则的一种），受访者的态度也并不完全一致。

从受访者个人角度来看，受访者职场经历和职务等自身因素对其规则观有一定影响。从有限的访谈资料来看，初进职场便任职外企的人更趋向于合规，以社招或集团融资收购为渠道进入外企的人则更趋向于偏离合规。在外企任职时间较长的职员比任职时间较短的职员更趋向合规。身处财务、法务部门的职员更偏向于合规，而身处销售部门的职员更倾向于偏离合规。当然，这一发现的适用性仍需定量研究予以证实。

从规则观发展的特性来看，对于本身倾向于西方企业文化的受访者，其规则意识发展的轨迹清晰明确，一般能顺利理想地完成规则内化的过程。相对地，对于外企某些制度和惯例不认可的受访者，很难实现与规则的情感和心理共鸣，对于企业规章制度可能会有意阳奉阴违。

从企业文化本身的特点来看，受访者受其影响极大。浸淫于外资企业中，使得大部分受访者法律意识日益增强，他们对生产经营的标准化、职责描述的规范化、人员分工的精细化和操作流程的程序化都十分认可，将其视为科学高效的管理制度。从企业伦理角度来看，受访者对于企业“以人为本”的价值观以及就此衍生的多项制度十分拥护；对于企业的商业道德要求和社会责任，大部分受访者体现出较高的合规性。

当然，仅仅关注企业文化对人的影响是不够的，每一个企业人本身首先是社会人，每一种企业文化的形成与其所处的社会历史文化也是息息相关的。每个人从一出生便深受其所在社会的民族文化所影响，而进入社会工作后所处的组织文化是“在生命后期的意识层面上获得的，可见民族文化比组织文化更深刻地根植于个体之中，改变一个人的民族文化比改变组织文化更困难”。因此，下一章我们将从企业人作为社会人、企业作为社会缩影的宏观角度入手，进一步探索影响在粤外企中国员工规则观的深层因素。

第七章　法制与经济
——影响在粤外企中国员工职场规则观的深层因素

第一章就中西国民规则观的文献进行梳理，总结了中西国民规则观的特点，而国民规则观的背后正是民族文化的深厚渊源。本书的研究对象是在粤外企中国员工，他们身为中国人，任职于在粤外资跨国企业，可以说他们生活和工作在两种文化的影响之下，因此很可能兼具中西国民规则观的特点，同时反映中西文化价值观。本章拟从法制起源与经济形态两个维度去分析影响在粤外企中国员工职场规则观的深层因素，实则是探索中西国民规则观的溯源。在此之前，首先需要结合本质性访谈与第一章针对中西国民规则观的综述作一个简要分析。

第六章从企业管理文化和伦理文化两个层面解释了在粤外企中国员工的合规倾向，这种对于公司制度的认同、对于平等公正的秩序的追求都是其合规精神的具体表现，而这与第一章对西方国民规则观的归纳有相互应和之处。但同时我们也发现西方国民规则观中凸显的诉讼态度和维权行动，实则在语料中体现得较少，仅在几则涉及“公开举报”的语料中能感受到中国员工对于自身权益的维护。更多时候中国员工所表现的是一种消极的维权行为，其中一个原因似乎指向等级的客观存在。

如第五章语料所示，受访者臧先生表达了对于等级客观存在的无奈认同和对于不公平待遇的“逆来顺受”。这种等级的客观存在，体现在上下级之间；这种不公平的待遇体现在不同国籍、不同肤色的人种之间；地位的悬殊、升迁和薪资的差异就是其现实表现（关键词 69 语料）。而这一点与文献综述中读到的非裔或墨西哥裔美国人在美国受到的边缘待遇是有相似之处的，这也从一个侧面证实了种族歧视仍然是当今美国社会的一大问题，这种针对白人与黑人的差别待遇和双重标准被比喻为“美国人道德体系中的一个毒刺①”。诚如社会学家费孝通所言，像美国这样一个“文化拼盘”的移民国家，不仅是白人与有色人种存在差别待遇，即使同是白人，各个民族也存在不平等，那些在美国社会居于最高地位的，历来掌握政治和经济权力的，还是“最早移入的北欧的盎格鲁-撒克逊人，信奉基督教的新教徒②”。

而回到本书，访谈语料显示中国员工能清晰地感受到等级的存在，但他们同时相信，如果能提升自己的外语语言能力和跨文化沟通水平，是有助于提升自己在公司的地位的（关键词 71、72、73 语料）。这反映的一个现实是，西方企业宣传的所谓“平等的雇佣机会与多元化”并未完全落到实处。

与此相应的是，文献综述中曾提到，20 世纪 90 年代末以来中国员工由于受到西方国家关于职场公正理念的影响，在不同程度上对于个人权益日益维护。有研究还发现，中国香港员工具有极强的职场平等意识，在涉及工作的行政维权上，其态度相比较台湾地区与内地员工更为积极。这一点也在本书中同样得到印证，内地员工的等级意识的确比中国香港员工要更加强烈（关键词 68 语料）。另外，第一章文献综述中有研究指出，在华外资企业的中国员工普遍认为外派来华的外籍人士比本地员工的薪酬更为优厚，不少中国员工都对外派人员的薪酬高于本地人员这一“同工不同酬”的现象提出公开质疑，这一点也与本书访谈所得一致（关键词 69、70 语料）。这一切都说明，一直以来在华外企中国员工都具有一定的维权意识。尽管与西方国民相比，这种意识和态度仍不十分强烈，但是仅从历史的角度来看，已经意味着进步与突破。

当然，仅以西方国民规则观的特点去比对在粤外企中国员工的规则观，仍然是不够的，因为本书的大部分受访对象本身是中国人，因此不可避免地带有中国国民规则观的特点。在第一章针对在华外企中国员工规则观的文献梳理中，几乎是一边倒地将中国员工的规则观定义为“人治重于法治”或“人情高于法理”。但是从本书第二部分的访谈语料呈现看，现

① 费孝通．美国人的性格［M］．上海：华东师范大学出版社，2013：30.

② 同上，2013：215.

实并非完全如此，合规倾向的描述是大大超过变通倾向的描述的。2019《报告》也同样显示，中国国民规则意识呈日益上升的态势。本书无意于粉饰或者描黑中国员工的职场规则观，尽量客观地呈现所了解到的事实，是任何社会调查的基本准则。

同样地，我们无须回避访谈中暴露的那些趋离规范、背离制度的态度和行为，实际上它们与第一章针对中国国民规则观的文献，以及针对在华外企中国员工的描述有不少吻合之处，可见这并非特例或者巧合。

首先是规则认知与规则行为的分歧问题。正如第五章“关系、面子与人情”一节所示，有的受访者尽管深知贿赂作假有悖原则，然而为了保全相互关系，仍然面子、人情互动不断，暗箱操作比比皆是（关键词 80、81、82 语料）；有的为了保证眼前的短期经济利益而大打擦边球，甚至不惜与规则背道而驰（关键词 88、91 语料）。

至于说中国国民对于正式规则及其效力缺乏足够的尊重和信任，这一点也可从第五章语料中得到印证。例如有员工对于公司要求的安全规范不能理解，认为安保措施烦琐多余，是对物力、财力的浪费（关键词 96 语料）；有受访者认为，美国总部应当考虑中国国情，在某些法律问题上不必过于严格（关键词 89 语料）。

关于中国人对于违规行为持容忍态度，这在第五章访谈语料中也有所体现。有的受访者明知下属私拿销售回扣，却以保护工作积极性为借口睁一只眼闭一只眼（关键词 88 语料）；有的受访者眼见同事收受钱财贿赂却轻描淡写，认为是再寻常不过的事情（关键词 91 语料）。

当然，无论是规则认知与规则行为的脱节，还是对规则的不尊重、不信任或是对于违规行为的容忍态度，在我们的语料呈现中都处于非主流的地位，这直接体现在第五章“变通”的内容远远少于第四章“合规”的内容。从数据上看，NVivo12 软件统计下“合规”范畴内的标签频次占比（60.4%）是“变通”范畴内标签频次占比（39.6%）的 1.5 倍，这说明总体而言本书访谈中所体现出的合规性是较高的。

结合第一章对于中西国民规则观的综述，再来回望第三、四、五章受访者语料呈现，我们认为在粤外企中国员工的规则观兼具中西方国民规则观的特点。例如，在读到有关于欧美企业法律顾问制度的文献后，再接触到法律意识和规范意识很敏锐的受访者时，研究者很明确地体会到了一种契约精神的连贯性与传承性。我们相信，这种对于法律规范的坚持，一定有它的社会历史的追溯处。同样地，当我们在访谈中发现员工有行贿受贿、暗箱操作、敷衍怠工的行为时，会发现这在某种意义上是普遍存在的，而这种共性必然有其历史的缘起处，这正是本章的关注重点。

需要清晰界定的是，我们要考察的并不是中西两种社会文化的源头，而是两种规则观念的分歧起源，而法制起源正是第一个着眼点。在为《法律与资本主义的兴起》一书作序时，陈方正一针见血地提出如下问题：以法律为核心的规则观念，为什么在西方能形成当今这样高度精密与思辨性的系统，并对西方世界的政治、文化和社会产生巨大的影响？为什么同样的法律革命和演化没有在中国发生？他认为，一个明显的答案是中国的大传统重礼而不重法，讲求个人道德修养的儒家是主流，讲究刑律的法家自秦以后便失去势力，这与西方文明源头重思辨的希腊精神以及重法律的罗马精神迥然不同，遂导致后来的发展相异①。

受此启发，本章首先尝试从处于同一时代的罗马帝国和两汉王朝入手，去剖析中西方以法律为核心的规则观差异。之所以选择罗马帝国，是因为罗马帝国作为西方文化根源的古希腊文化的继承者，已经初具较完备的法制形态。同样地，两汉王朝继承了春秋战国时代诸子思想与秦文化，其法律制度对于后代影响极其深远。罗马帝国时代与两汉王朝时期，正是东西方文化处于轴心时代的后续时期。这一后续时期，是轴心时代文化所孕育出的第一个社会政治形态，东西方文化由此而滥觞，社会根本特质表征皆可以追溯至此。

第一节　中西法律制度缘起差异

历史上任何一套法律体系都有其核心的哲学思想，在此基础上才逐步衍生出相应的法律制度。我们试图遵循从法律哲学思想到法律制度这一思

① 泰格，利维．法律与资本主义的兴起［M］．纪琨，译．上海：学林出版社，1996：2.

路，对罗马帝国与两汉王朝的法律体系进行粗略的梳理，寻找中西方以法律为核心的规则观的差异根源。

（一）罗马帝国与两汉王朝法律哲学思想

罗马帝国是古希腊的征服者，在文化上却是古希腊的继承者，其法律思想除受柏拉图（Plato）和亚里士多德（Aristotle）的哲学思想影响外，还直接来源于斯多葛学派（The Stoics）的自然法理论和理性学说。在人类历史上，斯多葛学派第一次论证了天赋人权、人生而平等这一西方人文主义的核心理论。斯多葛学派认为，神出于相同的目的创造了同样具有理性的人，每个个体所获得的理性与世界理性是统一的，因而他们拥有和服从于同等的正义和法律。斯多葛学派创立的这种人人平等的原则和以自然法的普遍性为基础的世界主义哲学，为后来西方近代法律哲学的发展提供了重要的基础。

古罗马著名的政治家和影响最大的法律思想家、罗马自然法的奠基者西塞罗（Cicero）认为，每个公民平等享有法律权利，他在《义务论》中指出：“制定宪法的理由与拥立德高望重者为王的理由是相同的，因为人们始终在求索的就是在法律面前享有平等的权利。因为凡是权利，就应当人人共享，否则就不能算是权利[①]。”西塞罗将这一平等观念引入法哲学领域，使罗马人以一种全新的日光审视外邦人，促进了“万民法”的发展。斯多葛学派的人类平等的自然法思想，对整个人类社会作出了重大的贡献，产生了深远的影响，现代的国际法及其普遍的人权思想，都可以映射出斯多葛学派的自然法思想。

从自然中获取灵感继而衍生出对后世影响深远的哲学思想，这并不是发生在罗马帝国时代的特例。在处于同一时代的中国两汉王朝，董仲舒已超越先秦时期的道家“黄学派”，在法律与自然的关系问题上展开了系统详密的论证，其所著的《春秋繁露》深入细致地阐明了阴阳刑德的理论。

董仲舒从天人合一的思维模式出发，把“贵阳贱阴”的天道和“德主刑辅”的人道结合起来，通过“王者法天”“王者承天意以从事”的途径

---

① 马尔库斯·图利乌斯·西塞罗．精神的超越［M］．长春：吉林大学出版社，2004：148.

使前者为后者提供了一个自然的根据，并使后者获得了某种神圣性、永恒性和普遍性[①]。根据阳为主、阴为辅的原则，刑罚只是德教礼治的一个补充，在刑罚的执行制度、刑罚原则以及刑事政策的制定中，贯彻先德教后刑罚、德刑并用、以礼行法的原则。刑罚是维系社会纲常和“君君、臣臣、父父、子子”的伦理体系的工具，强调刑罚对于犯罪之愚民的教化功能，取得“民晓于礼”进而“耻犯其上”的效果[②]。“德主刑辅”论作为一种立法思想，其实质就是把刑法视为维护儒家道德的工具，并使刑法体现儒家的道德精神。

董仲舒提出的“春秋决狱”，即以儒家经典《春秋》所载有关事例及其体现的道德原则作为司法审判的依据，是儒家道德法律化进程的起始。这种道德法律化是对西周的以礼为法、刑礼并用的传统的继承，也是基于秦朝重刑法律思想对社会伦理体系的破坏的反思。这样一种法律与道德、自然的结合，诠释了法律思想形而下的一面，即道德的法律化，以及形而上的一面，即法律的自然化，正是这种完整的结构性对民族文化心理结构及传统思维模式的适应性使其获得时代各阶层的支持，从而对后代法律思想产生了深远的影响。

通过对罗马帝国时代与两汉王朝时代的法律哲学思想的比较，我们发现古代中西方哲学家们均通过对自然的探究阐发了各自的哲学思想。斯多葛学派的天赋人权、人生而平等的核心理念与儒家学说“德主刑辅”的主旨从一开始便大相径庭，西方对于个体权利的捍卫和东方对于社会伦理秩序的维护，使得东西方后来的法律法典的侧重点也迥然不同。

（二）罗马帝国与两汉王朝法律制度及其对现代人规则观的影响

罗马帝国时期的法律制度从其广义角度来看，是指罗马奴隶制的产生直到东罗马帝国灭亡之时全部的法律制度，而学界通常将关注点聚焦于公元前5世纪罗马第一部成文法《十二铜表法》至公元6世纪的《国法大全》（Corpus Juris Civilis，又称《民法大全》）这一历史区间。《十二铜表

---

① 崔永东．论汉代法律思想与法律制度的变革［J］．孔子研究，2000（1）：88.

② 刘超．“德主刑辅”法律思想对汉朝法律制定的影响［J］．兰台世界，2013（6）：109.

法》的主要内容包括传唤、审理、执行、家长权、继承和监护、所有权和占有、土地和房屋、私犯、公法、宗教法等，而“传唤”和“审理”这两篇被置于首位，这极大地说明了罗马法对于“诉讼”的重视。

据粗略统计的结果，该法典共计十二篇 108 条，其中有关民事的法规占到一半以上，这表明私法是该法典的最主要特色（所谓“私法”主要涉及个人利益，而“公法”则涉及罗马帝国的政体利益）。《十二铜表法》对个人利益的关注，从某些条文中可见一斑。如第六篇第 2 条“凡主张曾缔结‘现金借贷’或‘要式买卖’契约的，负举证之责；缔结上述契约后又否认的，处以双倍于标的的罚金”，这无疑体现了庄严的契约精神。第六篇第 7 条的“出卖的物品纵经交付，非在买受人付清价款或提供担保以满足出卖人的要求后，其所有权并不移转”，体现了对卖方利益的维护和公平交易的精神。第七篇第 8 条的“用人为的方法变更自然水流，以致他人财产遭受损害时，受害人得诉诸赔偿”，是对私有财产神圣不可侵犯的朴素诠释。

公元 6 世纪左右，东罗马帝国统治时期，皇帝查士丁尼下令编纂了由《查士丁尼法典》《学说汇编》和《法学阶梯》等组成的《国法大全》。由于《查士丁尼法典》最早编成，并且是这部《国法大全》的核心，所以人们也常以《查士丁尼法典》作为代称。

作为世界上第一部完备的奴隶制成文法，《国法大全》系统地收集和整理了自罗马共和时期至查士丁尼时期为止所有的法律和法学著作，卷帙浩繁，内容丰富。不同于以往的奴隶制法典，《国法大全》在内容编撰上更为详尽，法律理论更为成熟丰富，法律概念和原则更为严格确切。尤其值得一提的是，罗马帝国时代的“私法”的发达程度远胜于“公法”，形成了以私法为核心的法制局面。

纵观罗马帝国时代以《十二铜表法》为开端，以《国法大全》为总结的历程，我们不难发现斯多葛学派天赋人权、人生而平等的核心理念在罗马法尤其是民法中的集中体现，无论是对权利主体资格、物权与债权等制度的详尽规定，还是对民事诉讼的重视态度，都对后世西方各国的法律形态提供了参考，更为资本主义发展初期阶段提供了现成的法律形式。

实际上，粗略地了解了罗马帝国时代的法律系统之后，我们似乎更容易理解西方以法律为核心的规则观。回顾第一章对西方国民规则观和企业文化特点的梳理，不难发现，无论是对于正式规则的崇尚和积极的诉讼维权态度，还是企业对于法律制度的高度重视和“以人为本”的企业伦理精神，均可从历史源头上找到依据。同理，我们在访谈中获得的那些体现出高度合规精神的语料，正是这一文明传统的现实体现，这一部分已在第七章有所阐明，在此不赘述。同时我们也完全有理由相信，回到历史源头去了解东方古代的法律制度，必然有助于我们理解现当代中国国民的规则观。

前文中我们曾发问，为什么类似西方的法律革命和演化没有在中国发生？对此，陈方正认为中国重礼不重法的传统是其主要原因。他将《查士丁尼法典》与中国秦汉时代留下来的法律文献相比较，认为后者不仅在数量上寥寥无几，在法律观念上也差异迥然。根据陈方正的研究，《查士丁尼法典》作为一套完整的法律文库，不但包括历代敕令、律例，而且还有教材和大量案例、判词，其英译本统共有 4500 页，约二百万字；相比之下，秦汉时代遗留下来的法律文献，则委实少得可怜①。

陈方正认为，汉高祖入关时的约法三章，即所谓“杀人者死，伤人及盗抵罪”不但表现了对严密和繁复法律条文的厌恶感与不耐烦，并且反映了民法和商法上的巨大空白——契约、财产、买卖、借贷、婚姻等这些罗马法中有详尽论述的题材，在秦汉都根本不见之于律法，或者完全不被视为其重要部分，只有刑法似乎才是正史中唯一有地位的法律，而且其关注点也只限于刑罚之轻重，法网之疏密，至于刑法本身的理论基础、结构、自治性等等则是罕有提及的②。

但如果说刑法是两汉王朝法律制度的唯一形式，此话未免武断。西汉初期叔孙通作《傍章律》十八篇，对朝廷、宗庙、君臣、贵贱等等级制度进行了规范，这是典型的礼仪制度。汉武帝时期，出于加强专制统治的目的，廷尉张汤制定了《越宫律》二十七篇，专门用于规范宫廷警卫职权行为，以维护皇帝的尊严和保护皇帝的人身安全。同一时期廷尉赵禹制定的

---

① 泰格，利维．法律与资本主义的兴起［M］．纪琨，译．上海：学林出版社，1996：7.

② 同上．

《朝律》六篇，是一部朝贺制度方面的专门法律，它进一步规范了臣子朝见君主的礼仪。《九章律》《傍章律》《越宫律》《朝律》，统称为“汉律六十篇”，构成了汉律的基本框架。至东汉时期，应劭对汉律进行了一次大规模的整理，制成《汉仪》及《律本章句》三百余篇，实际上是对以儒家思想注释汉律的进一步强化。

纵观两汉法律制度系统的发展，汉律经历了重刑、德刑并用，再到德主刑辅的三个阶段，开启了以“春秋决狱”为代表的儒家道德的法律化进程。我们可以当时记载的一桩案例来了解“春秋决狱”的概念。

时有疑狱，曰：甲无子，拾道旁弃儿乙，养之以为子。及乙长，有罪杀人，以状语甲，甲藏匿乙。甲当何论？仲舒断曰：甲无子，振活养乙，虽非所生，谁与易之。春秋之义，父为子隐。甲宜匿乙，诏不当坐①。

该案例中的父亲隐藏包庇犯了杀人罪的义子，董仲舒依据“父为子隐”的“春秋之义”，判决不予治罪。“父为子隐”合乎儒家道德的“亲亲”原则，能较好地维护家族和谐，但是却与当时法律中“告奸免罪”的条文相违背，而在司法判决中，儒家道德可取代既有法规，这就是一个典型的“春秋决狱”的案例，即当义关伦常遇现行法律无明文规定，或虽有明文规定但却有碍伦常的案件时，则以儒家经典《春秋》所载有关事例及其体现的道德原则作为司法审判的依据。换言之，儒家道德原则的地位大大高于现行法律，拥有与法律条文同等的法律效力。

儒家道德原则在司法判决的渗透比比皆是。如“父攘羊而子证之”的公案中，当被问到“遇到父亲攘了羊，其子应不应该做伪证”的问题时，孔子明确回答：“父为子隐，子为父隐，直在其中矣。”（《论语·子路》）孔子认为，血缘亲属应当掩盖对方的错误，其实质就是包庇犯罪亲属的行为，而这种要求立法者或判决者宽恕包庇者的做法，体现了儒家的“亲亲”原则。

从本质来看，这种儒家道德准则，正是借圣人之口行包庇之实，即对于身边人或同一利益团体的人，即使其违反规则却持包容态度的做法，这在文献综述对于中国国民规则观特点的归纳中亦有提及。在第五章访谈语

---

① 崔永东. 论汉代法律思想与法律制度的变革［J］. 孔子研究，2000（1）：88.

料中亦有体现，如“开个假工资证明”（关键词83语料）、“经理总是想办法去隐藏问题”（关键词85语料）等。

儒家的“亲亲”原则指代的是对血缘近亲的维护，而对长辈与上级的尊敬服从则体现的是儒家的“尊尊”原则，所谓“尊尊”即尊敬尊长，而皇帝便是最高的尊长，故尊长首先是尊敬皇权。汉时皇帝赐予高龄老人的鸿杖，即等同于授予其法律上享有种种特权，而这种特权是神圣不可侵犯的，胆敢侵犯者都将以大逆不道罪论处，判处弃市之刑①。这种“尊尊”的儒家道德准则，体现在日常矛盾中就是官民有别、尊卑有别、不得以下犯上的森严等级。

在第五章“权威与等级”小节中，多位受访者提及等级现象——如“千万不要在领导面前充老大”（关键词63语料）、“越级沟通绝对是大忌”（关键词65语料）。在“等级意识是由我们的国情决定的”（关键词66语料）中，受访者描述了中国人与澳洲人对待同一位上司截然不同的态度——中国人“尊重上司”“听话”，澳洲人却合伙将上司“逼到很难堪的境地”。在“等级制度应该要改一下”（关键词67语料）中，年轻的受访者琼斯女士在公共场合直接拒绝了上级要求，令在场员工瞠目结舌，这些都体现了东西方民众的等级意识之差异。

“尊尊亲亲”的儒家道德准则，乘着“春秋决狱”之风，得以凌驾于成文的法律规则之上，当两者出现矛盾时，以前者为准，这使得法律的权威性大打折扣，因此给司法断案造成了很多困扰。可以说，正是因为正式的法律制度地位低下，常常取而代之的儒家道德准则又过于笼统宽泛，甚至不同的经律解读之下还可能造成不同的判决方案，长此以往，导致民众对正式的规章制度及其效力缺乏足够的尊重和信任，这一点也正是在第一章文献综述中归纳中国国民规则观特点时所提及的。

在这种混乱之中，“人治”之风水涨船高，这无疑更加剧了国民对于法律制度的不信任，使人认为权力可以凌驾于制度之上，正如第五章出现的“老板一个人说了算”（关键词61语料）、“这是公司领导主观意愿的问题”（关键词88语料）和“看领导的格局和视野”（关键词87语料），几

① 崔永东．论汉代法律思想与法律制度的变革［J］．孔子研究，2000（1）：90.

位受访者一致认为长官意志高于公司制度，而拥有智慧的领导更胜于刻板的规章。

除却“君君，臣臣，父父，子子”的儒家伦常观念对于立法程序和司法结果的影响，“无讼”思想也极大地左右了国人的规则观。孔子有云：“听讼，吾犹人也。必也使无讼乎。”（论语·颜渊篇）此言集中体现了孔子对于诉讼的厌恶之情，表达了他对于“无讼”社会的向往。

“无讼”是中国传统法律文化最重要的价值取向之一，有其悠久的历史根源。“无讼”思想在一定程度上有助于规避矛盾激化，和谐社会关系，还能大大节省司法资源，使部分纠纷通过官府或民间调解方式予以解决①。在儒家道德对“无讼”的大力鼓吹下，争讼被视为刁风劣习，是社会不安定的表现，须用刑法予以打击，加之诉讼费用不菲②，更使人惧怕诉讼带来的后果。

以“无讼”为指导思想，汉代以后不少律法对于“诉讼”有严格的限制，比如《唐律疏议·斗讼律》规定“诸越诉及受者，各笞四十③”。除去这一限制外，匿名告发也是被禁止的，如《唐律疏议·斗讼律》规定“诸投匿名书告人罪者，流二千里④”。由于官方禁止用匿名信的方式告发他人，这使民众为了和睦邻里关系或者不得罪权贵而不提起诉讼。

从某种意义来看，这种把社会秩序看得比正义更为重要的态度，也正是伦理型社会所必然需要的⑤。但是，“无讼”容易导致形成“厌讼”“惧讼”“贱讼”的心理，最终为了息事宁人，人们可能忍气吞声、逆来顺受，长此以往，人民法治意识淡薄，法律权威和信仰无以树立；一旦个体权利法律意识消耗殆尽，更将导致社会矛盾累积，容易酿成更大祸乱⑥。

---

① 史广全，于逸生．对传统无讼立法的考察与反思［J］．北方法学，2010（5）：7-12.

② 清代名幕汪辉祖在其《作制药言》中曾描绘了受讼累而破产的乡民原有田十亩，夫耕妇织，可给数口。一讼之累，费钱三千文，便须假子钱以济，不二年必至鬻一亩，则少一亩之人，辗转借贷，不七八年而无以为生。

③ 陈锐．唐代判词中的法意、逻辑与修辞——以《文苑英华·刑狱门》为中心的考察［J］．现代法学，2013（4）：48-62.

④ 同上．

⑤ 肖巍．罗马帝国与两汉王朝的法律制度比较［J］．文史博览，2006（9）：12-17.

⑥ 方潇．孔子“无讼”思想的变异及其原因分析——兼论对我国当前司法调解的启示［J］．法商研究，2013（1）：45-50.

单从诉讼这一层面来看，罗马帝国时代的法律精神是更为积极的，从《十二铜表法》前两篇便是“传唤”和“审理”这一点即可看出。西方民众的诉讼态度更为积极，这在第一章文献综述中亦曾提及：哪怕是社会底层普通人也毫不怀疑法律本身的合法性和法治社会的价值，尽管他们没有受过严格法律教育，生活上也并不富裕，但是当他们的某种权益受到侵犯时（如邻里间的琐碎争执），他们会倾向于选择法律手段来解决问题。相对地，中国国民受“无讼”观念的影响，以往国民尽量避免诉讼，认为与其对簿公堂不如私下了结，尽可能和谐相处。

“无讼”情结的现实体现就是国民对于自我权益受损时的屡屡退让和委曲求全。回顾质性访谈中，除了张嘉对于现任职公司“公开举报”制度的具体案例有详细描述，其他大部分受访者只是从制度内容上进行了模糊的描述和评价，基本没有实实在在地行使过这一权利。在“越级沟通绝对是大忌”（关键词 65 语料）中，我们读到了受访者的内心独白：高管的大门固然是敞开的，但是谁能保证满怀激情畅所欲言后的后果如何？“老板一个人说了算”（关键词 61 语料）或者已经一语中的：小朋友（新员工）投诉上司，结果通常是前者走人完事。归根到底，等级和地位决定了其价值，这种不平等的客观存在，会促使员工避免举报行为，这正是“无讼”意识的现实体现。

通过对罗马帝国和两汉王朝在法律哲学思想和法律制度的比较，我们不难发现，中西方法律系统分别关注社会和个人的两个不同方向。强调个人利益、平等正义的契约关系是罗马帝国法律的基本特征；而崇尚“儒家道德”，力争创造“无讼”的社会状态则是两汉王朝法律的基本特征。不同的哲学思想造就不同的法律制度系统，使东西方民众形成了不同的规则观。西方世界强调个人权利、平等正义的契约关系；东方文化强调儒家礼法，致力于维护和谐社会。

可以说，第一章文献综述部分所罗列的中西国民规则观的重要特点，都能从罗马帝国时代和两汉王朝时代的法律哲学思想和法律制度找到历史根源。在访谈中所获得的语料也大多能从东西方法律制度兴起渊源中获得解读：比如规则对商业运作各方的制衡性正是契约精神的体现；规则作为一种保护与尊重是对平等人权的阐释；规则作为一种人伦和等级界定反映了儒家思想的核心内容；等等。鉴于我们的研究对象是外资企业环境下的中国员工，考察的是他们的职场规则观，因此如果尝试从经济形态的角度入手，或许会有新发现，毕竟经济发展是规则建设的重要推动力量。有鉴于此，下一节将目光转向中西近代经济形态发展。

第二节 中西近代经济形态差异

马克思和恩格斯曾经指出：法律没有自己的历史①。我们在理解和解释某一法律体系的形成历史时，必须深入考究这一制度背后的原因和推动力。近代资本主义经济和资产阶级的兴起构成了现代西方法律传统的基础。市场经济或资本主义经济的运作，其基本法律制度是所有权和契约法，前者是关于财产权利的静态保护，后者是关于市场经济运作的动态规范②。而在古老的东方，资本主义的萌芽被封建集权统治阶级一再遏制，因此长时期都未能形成以市场经济为基础的规则形态。

（一）中西方近代资本主义的兴起

世界近代史（1640—1919 年）是资本主义产生、确立和发展的历史。资本主义的诞生和发展一路伴随着契约精神的强化，它既是对罗马帝国时期法制精神的传承，又进一步拓展了商业社会的规则视野。资本主义脱胎于封建主义这一母体，但是其独立之路却无比艰辛。在泰格（Tigar）和利维（Levy）所著的《法律与资本主义的兴起》一书中，曾借用狄德罗（Diderot）的隐喻来描述资产阶级是如何取代封建地主成为统治力量的："异乡神来到本地神的祭坛旁，卑恭地屈居一角之地。他慢慢安顿得稳固了。后来在一个晴朗的早晨，他用手肘推了邻居一下——叭哒！——那偶

① 刘作翔．法律没有自己的历史——马克思、恩格斯关于法律的社会本质的深刻揭示［J］．甘肃政法学院学报，2010（6）：40-45.

② 徐忠明．中国历史上"民从私约"与西方"契约即法律"有差别吗？——明清契约制度的优劣［N］．北京日报，2018-12-10.

像便躺倒在地上了。[①]”在这一描述中，作为“异乡神”的早期资产阶级最开始只能谦卑地屈居角落、积蓄力量，待到时机成熟时终于一举推翻封建君主，取而代之。

早在公元前 2 世纪，随着罗马帝国的军事扩张和贸易扩张，以行贩、钱商、商人、地主以及保护他们利益的军队为主要人物的帝国阶级结构，正在迅速取代以村庄为基础的农业经济。古代罗马的“私法”体系也得以渐次形成。进入 13 世纪，欧洲贸易格局日益扩大，随之而来的则是城市的兴起、市民阶层的壮大、城市宪章的出现和城市公共生活的法律化与制度化。而封建规则和司法管辖办案缓慢不公的作风，已无法适应新兴商业经济的需要。因此新兴资产阶级企图通过复兴罗马法、商业法以维护他们的经济利益，同时希望通过夺取政治权力、建立资产阶级政府、实行他们的阶级统治。这一漫长而艰辛的过程跨越八百余年，见证了资产阶级与封建制度的不懈冲突与斗争。

如同在中国古代商人群体的兴起不被承认和尊重一样，早期在欧洲大地上奔波的商贾贩夫的社会地位也极为低下。他们带着货物徒步或骑马奔波游走于各个集市、城镇，通过买进卖出赚取差价，被封建主们称为 Pies Poudreux（泥腿子），是被嘲笑、侮弄，甚至憎恨的对象[②]，甚至他们贸易所得利润也被视为如同高利贷一般的不义之财。极具讽刺意义的一点是，封建贵族和教会在需要金钱打仗、维持生活开支和教会用度时，却不得不仰仗这些商人。

早期的商人们，为了在充满敌意的环境中保护自己的人身和财物，一般会结成武装商队从事长途贩运贸易。然而，这种自我保护的效用是有限的，商人们迫切需要一种制度化的保障，既可保证人身安全，又可使货款、保险、汇兑一类的交易业务都能方便稳妥地办理。同时，商品贸易依赖于制造业的发展，对技术水准有一定要求，因此更需要得到商务制度的保障。而这个时候，前文中所提到的以《十二铜表法》和《国法大全》为代表的罗马法再次登上历史舞台，并被赋予了新的生命力和创造力，尤其是

---

① 泰格，利维．法律与资本主义的兴起［M］．纪琨，译．上海：学林出版社，1996：6.
② 同上．

罗马法有关契约、所有权的各项原则得以再现，为扩大贸易关系提供了一个法律保护构架①。

泰格和利维认为，资产阶级18世纪为其自身设计的法律体系主要是根据和承袭了六个不同的法律体系，其中包括罗马法、封建法、公教法、王室法、商人法、自然法等②。尽管不同法制的影响力有大小不同，但是它们都代表着不同的社会利益集团（自然法或许可以除外），这六个不同体系之间的冲突斗争与分分合合极大地丰富了西方法制体系，也最终促成了西方现代法律的价值合理化和形式合理化。

新兴的资产阶级积极地借鉴了罗马法的精神和原则，但又并非简单照搬和抄袭，而是根据现实情况进行改造、创新和发展。例如“土地所有权”制度的变迁，有效地消除了封建土地的法权关系，从而使农村经济进入资本主义领域，并且按照资本主义经济法则运行。

再以契约制度为例，虽然有关契约的“诚信”和“自由”原则在罗马法中早有存在，但是新兴的资产阶级并不满足于此，他们在长期的贸易实践中发现，“在市场中唯有契约，才将有关各方联结起来，而不仅是家庭、村庄、公社或行会中某种持续关系的一个要素③”。经过教会的重新解释和强调，加之自然法思想的影响，契约法中的“诚信”和“自由”原则日益成为压倒一切的原则，从而导致契约制度的革命性变化④。正是这一革命性的变化，最终构成了日后“西方资本主义经济得以展开——在时间上的持续增长和空间上的不断开拓——的重要法律基础⑤”。正是围绕着“诚信”和“自由”的原则，早期的资产阶级积极地通过立法的方式去界定和规范自身的权益和行为，教会法和自然法对于契约制度的重新解释为之奠定了一个坚实的道德基础，日益强大的王权对于这种契约关系也提供了有力的司法保护。

行文至此，我们或可回顾中国古代明清时期的商人及当时的资本主义

---

① 泰格，利维．法律与资本主义的兴起［M］．纪琨，译．上海：学林出版社，1996：66.

② 同上，1996：7.

③ 同上，1996：145.

④ 同上，1996：104.

⑤ 徐忠明．通过西方思考：法律与经济的相互解释——读《法律与资本主义的兴起》随想［J］．南京大学法律评论，1997（2）：195.

萌芽的历史。可以说，明清时期资本主义的萌芽之所以未能形成气候，以契约为核心的法律制度的缺失正是关键因素之一。尽管明清时期商品经济和契约关系的“量”有了极大的增加，但是由于缺乏强烈的关于“诚信”和“自由”的道德基础和严密的法律规范，从而无法冲破原来的封建经济关系，无法超越原来相对粗糙的契约制度，最终无法促成商品经济的进一步展开并取得质的变化①。在这一问题上，韦伯也曾提出，资本主义萌芽时期的中国“缺乏资本主义经营的法律形式和社会学基础②”，或者说“缺乏像西方那样的一种自由的、通过协作来调节的商业和手工业所拥有的一套稳固的、得到公认的、形式的、并且可以信赖的法律基础③”。

事实上，明清资本主义萌芽阶段的商人们一直在尝试通过法律渠道为自己争取利益。历史上明清时期“海禁”政策连绵不断，如《大明律例》律文称：凡将马、牛、军需、铁货、铜钱、缎匹、绸绢、丝绵私出外境货买及下海者，杖一百；受雇挑担驮载之人减一等；货物、船只并入官；若将人口、军器出境及下海者，绞；因而走漏事情者，斩；其该拘束官司及守把之人，通同夹带或知而故纵者，与犯人同罪；失觉察者，官减三等，罪止杖一百，军兵又减一等④。尽管如此，受巨大的经济利润的驱使，从事海上贸易的商人仍然趋之若鹜，即使顶冒海上风暴之险也在所不惜。海外贸易的发展也最终促使明王朝出现了“弛海禁”与“严海禁”之争，最后为了适应经济形势的发展，明王朝下令“除贩夷之律”　“准贩东西二洋”⑤。

除了通过立法推进海上贸易外，明朝的手工业者在脱离农业生产后，也在积极伸张自己作为社会独立个体的权利，他们需要自由的身份作为雇工，才能广泛参与货物生产活动。鉴于自由雇工在当时社会生产的作用，明万历十六年（公元1588年）官方承认“凡请工作之人，立有文券，议

---

① 徐忠明．通过西方思考：法律与经济的相互解释——读《法律与资本主义的兴起》随想［J］．南京大学法律评论，1997（2）：195.

② 马克斯·韦伯．儒教与道教［M］．洪天富，译．南京：江苏人民出版社，1995：103.

③ 同上，1995：26.

④ 庞明进．浅谈明清法律对资本主义萌芽的摧残［J］．科技信息，2010（4）：424.

⑤ 侯欣一，高文和．浅议明代中后期商品经济及资本主义萌芽对法律的影响［J］．研究生法学，1997（3）：60.

有年限者，做雇工论；只是短雇受值不多者，以凡人论”。该条例规定了雇工以文契、年限为断，肯定了日雇、短工的“凡人”地位，这“不论对中国农业雇佣劳动者法律上人身隶属关系的解放，还是对中国农业资本主义的发展，都是具有重要历史意义的①”。但是，这些推动的力量都未能触及商业社会的重要基础，即契约的缔结。

契约思想历来是与商业社会共生的。明清时期的中国民间并非没有契约制度，只是与西方近代“契约即法律”相比，封建社会时期中国的法律制度仍深受儒家思想影响，在民法惯例部分皆是“情理”的表达，而“情理”的模糊性造成了律例和惯例的不可预测性和不确定性，这就使“契约即法律”和“契约自治”的理念，难以成为硬性的制度基础②。

近代西方既通过立法来规范契约制度，又通过司法来强制执行契约，最终实现了“契约即法律”的理念。比较而言，明清时期的商人们由于缺乏来自官方的法律支持，更多利用民间力量来执行契约，不但立法保护不足，而且司法保护也有欠缺，以致契约的约束力和强制性难以得到形式化的实现。换言之，由于未能严格执行契约，导致了契约行为的不可预测性和契约效力的不确定性，也使得经济秩序和社会秩序始终处于不断调整的状态③。

中国早期的资产阶级并非没有努力捍卫自己的立场，但是在强大的封建统治面前，这种努力仍然是杯水车薪的，资本主义萌芽时期的中国商人们不像欧洲资产阶级那样，可以从《罗马法》中借鉴现成的法律精神为自己摇旗呐喊，也没有能力在一穷二白中创造一套法律体系来维护自己的权益。面对着沉重的商业苛捐杂税和政府大面积产业垄断，中国早期的资本主义萌芽被摧残殆尽。

总而言之，西方资产阶级的崛起过程实际就是不断从法律基础上去建立、维护和夯实自身地位的过程，而中国明清时期的资本主义最终未能发

---

① 李文治，魏金玉，经君健．明清时代的农业资本主义萌芽问题［M］．北京：中国社会科学出版社，2007：247.

② 徐忠明．中国历史上“民从私约”与西方“契约即法律”有差别吗？——明清契约制度的优劣［N］．北京日报，2018-12-10.

③ 同上．

展起来，其中一个重要原因也正是由于法律基础的缺失。

（二）中西近代经济形态及其对现代人规则观的影响

早期资产阶级的法律思想有力地推动了西方政治格局，他们将契约思想和法律武器运用于社会生活的各个方面和各个阶段。以美国为例，早在17世纪的移民运动就体现出强烈的契约意识。1620年11月，102名来自英国的“移民始祖”横渡大西洋即将登上美洲大陆，登陆之前他们在船上签订了一份公约，宣布自愿结成平等的公民政府，制定自己的法律章程。这份后来被称为《五月花号公约》的文件，为在新大陆上建立自治和法治打下了基础，《五月花号公约》也被后人称为“北美民主的基石”。

18世纪末美国大地上演了另一场移民运动——西进运动。当来自不同背景的商队相继出发时，很自然地采取了会议方式来制定相关章程和细则，以维护集体和个人利益。据历史记载，1849年5月9日，一支西进团队通过了下列决议：“我们，下列签名人，都是向加利福尼亚移民的‘格林和泽西县同人公司’的成员，现齐集于圣约瑟夫。鉴于摆在我们眼前的漫长而艰苦的旅程，从我们本身的利益出发，为了安全、方便和亲善的目的，尤其重要的是，为了防止不必要的延误和耽搁，我们自愿接受在旅途中严格约束自己的全部章程和规则。我们通过在协议上签字的方式，相互宣誓并保证：我们将遵守集体为了管理旅途事宜而以多数票通过的全部章程和规则；当得到授权的人员严格执行所有可能制定的章程和规则时，我们将果断地给予支持和帮助；同时，当本集体的任何成员因牛或骡受损失、大篷车毁坏、遭到印第安人抢劫，或者由于其本人无法控制的原因而丧失按正常情况与集体同行的能力时，我们保证永不遗弃他们，以自己拥有的人力、物力、财力给予支持和帮助，使他们能够最终到达萨特堡。总之，我们发誓，在任何情况下，我们都将同生共死，永远站在一起①。”

如果说17世纪初殖民化时期的《五月花号公约》和18世纪末西进运动中商旅团队成员签订的协议代表了美国社会早期契约意识的启蒙，那么

---

① 丹尼尔·布尔斯廷．美国人［M］．时殷弘，谢延光，译．北京：生活·读书·新知三联书店，1993：76-77.

联邦化时期则见证了法制现代化的发展。联邦化时期是指从独立战争后到南北战争（1783—1865 年）这一时期。这一时期美国资产阶级民主法制思想的一种重要传播形式，便是各党派之间的政治辩论。资产阶级的自由、平等、人权、法制等观念，正是在这种争论和斗争中得以传播，并在人民群众的头脑中扎下根的。今天的美国宪法，就是在 1787 年制宪会议上经过代表们的激烈争论后才得以制定和通过的。正是这部宪法确定了三权分立制度，即立法、行政和司法三权各司其职、相对独立但又互相制衡的关系。19 世纪的美国处于经济自由放任的阶段，法律成为促进经济发展的动力。由于经济的发展，银行业和交通运输业也日趋繁荣，银行法以及关于桥梁、道路、渡口和运河的法律顺势而生。这一阶段法律紧随经济发展的脚步而前行，不断地努力调节来适应经济新环境。

南北战争结束后，美国进入国家化时期。这段时期美国工业化、城市化的加速和移民的大量增加，使实现了国家政治统一的美国在内部朝着一个更自由的多元化社会发展。19 世纪末，经济自由主义导致了经济垄断的形成，国家开始对经济进行宏观调控。1890 年美国国会制定了第一部反托拉斯法《保护贸易及商业免受非法限制及垄断法》，该法可对垄断或试图垄断州际贸易和对外贸易与商业的任何行为给予刑事处罚。这表明法律已积极介入维护经济社会秩序，政府能够通过及时合理的立法来解决社会经济发展过程中所出现的问题。

随着国家的政局稳定和法律制度的日臻成熟，企业管理对科学和效率的追求也水涨船高。从组织架构来看，美国企业经历了从资本家个人集权管理到集权的职能部制管理、再到分权的事业部制管理，最后到集权与分权相结合的管理组织结构①。与之相应的，美国企业呈现出企业人才选拔日益专业化、管理方法日益科学系统化、积极推行全面质量管理、采用多种形式刺激职工积极性的管理特点。可以说，美国企业积累了丰富的、行之有效的管理体制和管理方法，特别是在现代科技发达的条件下，美国企业充分地利用科技新成就，形成了一整套现代化高效率的管理和组织方法，适应和促进了现代化大生产的要求，使美国的企业管理在提高劳动生

---

① 张国际．美国企业管理组织结构的发展趋势［J］．外国经济与管理，1988（4）：4.

产率和经济效率方面，都处于世界先进水平的前列[1]。

早期的越洋移民和西进运动经历，使美国人尝试以契约的形式规范彼此的行为，相互守望，共同进退。独立战争之后的政党相争将美国资产阶级的民主法制思想广泛传播，随着经济发展应运而生的各项法律奠定了美国现代法制的雏形。国家化时期南北隔阂破除，美国政府为公民权利的平等保护清除了法律上的障碍，国家的高速运转促使法律制度快速跟上资本主义政治经济发展的脚步，美国现代法制日趋完善，国民法制意识日益成熟，美国企业的组织架构和管理制度更趋完善，这一点已在第一章文献综述作过分析，在此不再赘述。

综上所述，我们了解到西方资产阶级的兴起与法律基础的夯实紧密相连，而资本主义社会的经济发展更是从始至终贯彻着契约法律思想，至此我们可以理解为什么欧美企业会如此看重法制建设和契约精神；为什么现代西方企业会把企业法律顾问制度作为公司的重中之重来抓；为什么是否设立法律部门被视为衡量一个企业成熟与否的重要标志。可以说，正是从资本主义的兴起与发展，到资产阶级队伍的壮大和西方市场经济的扩展，才有了法制建设的日益成熟和西方企业文化的日趋完善，而企业文化对于员工规则观的影响已在第六章有详尽分析，在此不再赘述。

同一时期，当西方社会纷纷进入资本主义高速发展阶段，而中国仍然处于多种经济形态并行的局势。以家庭为生产生活基本单位的自然经济，依然是广大农民自给自足赖以生存的生存模式。鸦片战争后外国资本进入中国，伴随着资本主义生产方式的进入，推动了近代商品经济与市场经济的发展。洋务运动的兴起开启了洋务经济的序幕，试图以资本主义的先进生产力来维护清朝的专制统治，但其本质仍是封建垄断性的。民族资本主义以实业救国为己任，为近代民族革命提供了阶级基础，但苦于先天不足，后天畸形，只能在自然经济、官僚资本主义和外国资本主义经济的夹缝中生存。官僚资本主义作为一种封建买办国家资本主义，兼具垄断性和封建性，严重阻挠了中国民族工业的发展和中国现代化的进程。

可以说，在近代中国多种经济形态并存的情形下，资本主义无从获得

---

① 孙宪钧．美国企业管理的发展及其特点［J］．社会科学，1980（3）：37-42.

生存、发展与壮大的土壤，这使中国相比较其他西方国家，较晚进入商品经济社会形态，在市场经济法制建设和企业管理建设方面都落后于其他资本主义国家，客观上也导致中国民众的法制意识和企业管理理念明显落后。

回顾第五章的访谈语料，从“有些职员完全没有时间观念”（关键词93语料）可以发现有员工受计划经济时代企业管理经验的影响，在时间管理方面并不尽如人意，敷衍怠工痕迹明显。这一点在两位外籍受访者的访谈中也有所反映——“他们对时间的把握有点问题”（关键词94语料）和“行政法规就这样突然落地了”（关键词95语料）。

在“人的思维不会马上转变的”（关键词96语料）中，我们发现被外资收购的工厂老总对于投入巨资用于安全建设并不感冒，这其实反映的是部分中国企业尤其是中小企业“重效益，轻管理，重产出，轻投入”的经营理念①。受资本能力的限制和落后的管理理念的影响，有些中小企业仍然沿用传统的粗放式管理模式，主要依靠经验管理企业的日常安全生产，靠政府监管来发现企业存在的问题，安全生产日常管理流于形式，真正落到实处的少。因此类似该语料中被外企收购的工厂，即使外表都已符合企业统一管理的安全要求，但是员工的规则意识水平仍然停留在落后阶段。

再以过程管理为例，之所以部分中国员工提出程序过于烦琐导致内耗（关键词74、75语料），仍然可能是受计划经济时代的管理思想所束缚。那个时代缺乏过程管理的概念，或者虽然有些模糊概念，却不懂得实施方法；又或即使知道如何实施，却没有足够的能力展开。可见，普及基本管理知识和提高管理者水平是当务之急②。

本节简要回顾了近代东西方资本主义的兴起和发展。对法制和契约的重视，是资本主义精神最显性的特征之一，也是将资产阶级推上历史舞台的重要动力。普遍的法制和契约精神造就了新的经济形态，使商业社会正

---

① 董鲁燕．我国中小危化品企业安全管理现状与改进研究［J］．化工管理，2019（12）：80.

② 朱敬民．四家著名外资企业销售管理的比较研究［D］．成都：西南交通大学，2010：64-66.

常运行得到法律保障，使企业文化得以形成，顺势对于员工的规则观形成了重要影响。

小　结

本章从社会历史文化角度出发，针对影响在粤外企中国员工职场规则观的深层因素进行分析。从中西方的法律制度缘起来看，西方人更强调个人利益和平等正义的契约范式，中国则更强调等级人伦与社会和谐。相应地，本书的受访者在面对同样的企业规章时，也分别出现了倾向于契约精神的合规态度和倾向于维系关系的变通态度。

通过对中西方近代经济形态的梳理，我们发现资产阶级之所以顺利登上历史舞台，市场经济、商业社会和企业管理之所以迅速发展，契约精神和法制观念功不可没，而这些都是近代中国所未能经历的发展路径。这一方面决定了西方企业规则文化形成的历史缘由，另一方面反映了中国国民法制意识相对淡薄和企业规则管理理念落后的不争现实。

综合第六章和第七章对于影响在粤外企中国员工规则观的表层因素和深层因素的分析，可以发现，表层因素中占据关键地位的分别是个人因素和组织因素，个人因素主要是指学历、岗位职务与工作经历（尤指在外企的工作经历）；组织因素则包含企业管理文化与企业伦理文化两部分。而深层因素主要是指社会历史文化因素，主要涵盖中西方法律制度缘起和近代经济形态两个层面。如图 7-1 所示，在粤外企中国员工职场规则观主要受到三个方面的影响，即个人因素、组织因素与社会历史文化因素，这三大因素体现了从表层到深层、从微观到宏观的探索路径。

必须承认，图 7-1 所示只是基于质性访谈所得与作者的研究分析，与成熟的理论模型尚有距离，其价值在于从多层面、多角度对于影响在粤外企中国员工职场规则观的因素进行探索，避免仅仅停留在语料层面的浅层归纳，同时为未来的量化研究提供一定的维度依据。

同时也必须意识到，规则观并非处于静态，它完全可能受个人因素如学历提升、岗位调动以及工作经历的变化而有所转变。与此同时，企业内

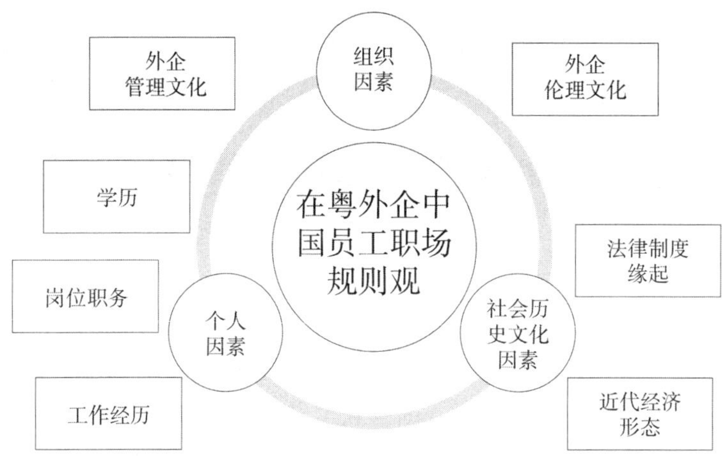

图 7-1 影响在粤外企中国员工职场规则观诸因素模型图

部管理文化和伦理文化的影响也将起到极大的推动作用，在第二章NVivo12 软件对访谈语料的词频分析就发现“文化”“培训”两个词出现的频率非常高，这说明企业十分重视员工培训，因此对于员工的规则观发展必然形成强大的影响。

当然，此处的“文化”既指代受访者身处的民族文化背景，也指代企业文化影响；而“培训”一词则无疑是指企业针对员工的企业文化培训，尤指企业管理和伦理相关理念的培训。这使研究者发出了一个疑问：外资企业落地中国后，为了保持其管理的全球统一化而对中国员工所做的企业文化培训，是否具备跨文化可移植性？其具体管理制度又是否具备跨文化移植性？这就涉及跨文化管理中的普世性问题，也是作者在本书中致力探索的终极问题。

第八章 跨文化管理模式的普世性与差异性

跨文化管理模式的普世性思考源于跨国企业全球一体化进程中的文化管理问题。本书使用了普世性一词，其主旨是从伦理价值观角度来探讨跨文化管理模式在全球推进的可能性。任何一家跨国公司在进入东道国伊始，会自然地将母公司的经营理念和运作方式一并带入，那么全球化是否意味着管理模式的全球一体化呢？对于美资跨国企业而言，全球化是否意味着管理模式的全盘美国化呢？

关于全球化，有一种观点认为，整个世界最终将被同质化为美国文化模式①，这是一种典型的全球单一文化论观点，多少带有一种民族中心主义的狭隘。美国政治学家塞缪尔·亨廷顿（Samuel Huntington）认为，“多元文化的世界是不可避免的，因为建立全球帝国是不可能的”②；不仅如此，他还直言“西方人眼中的普世主义，对于非西方来说就是帝国主义③”。

第一章的前人研究和第五章的部分质性访谈语料也反映，身处美资企业的中国籍员工对于美国人的傲慢多有微词，这并非中国籍员工的一面之词，连美籍员工也对本国管理人员的傲慢态度表示默认。贝格利（Begley）与伯伊德（Boyd）在反思为何“美资跨国企业被指傲慢”时认为，单一的美国企业文化看似为标准而生，实则对其海外子公司而言却意味着一种

① FRIEDMAN T. The Lexus and the Olive Tree：Understanding Globalization［M］. NY：Farrar, Straus and Giroux, 1999.

② 塞缪尔·亨廷顿. 文明的冲突与世界秩序的重建［M］. 周琪，刘绯，张立平，等译. 北京：新华出版社，2010：293.

③ 同上，2010：162.

“强加于人的、笼罩着企业殖民主义光环[①]” 的文化。

实际上回顾文献综述对于规则的哲学分析就发现，规则本身是空间样态与时间样态的辩证统一，也是历史样态与逻辑样态的辩证统一，因此任何一个现实的社会、任何一个真实的交往共同体都不可能只存在唯一一种样态的规则，多样态并存是必然规则的重要特点[②]，而全球化的迅猛发展，并不必然导致全球规则的一元化，而是导向规则的多样化。换言之，全球化是一种规则多样化、规则可选择的世界历史状态。

诚然，以本国的企业文化标准对地处其他国家的企业文化进行定义，这与根据个人经验去对他人的经历进行思考和判断一样，是人自然的本性。但是，在进行跨文化经营和管理的时候，积极地接纳每一种文化的价值，对其价值作出合理判断是极其必要的。文化差异是客观存在的，各民族文化本质上并无好坏之分。如果跨国企业管理层用一种狭隘的民族主义眼光去看待东道国的文化，必然会遭到东道国市场的排斥，这于其发展而言是极其不利的。所以，跨国企业应当尽可能将这种民族优越感消除，站在客观理性的角度来看待事物，和他国进行平等的交流和互动。如果能以这种平等的理念作为跨文化管理的前提，那么即使文化差异难以消除，至少会发现文化差异并不一定导致文化不能共存。

习（XI）的研究显示，相比较而言，如果母国文化和东道国文化的相似度较高，跨国企业成功将母国文化特征的管理制度完全移植带入海外子公司的可能性更高[③]。阿贾伊（Aljayi）等的研究发现，在理想的情况下，海外子公司的员工忠诚度能与母国公司员工忠诚度保持一致[④]。当然，在母国文化与东道国文化差异较大时则不尽然，塞高（Sirgal）等的研究指出，母国文化与东道国文化差异越大，跨国公司的运营成本就越高，其海

---

① BEGLEY T，BOYD D. Why don’t They Like Us Overseas? Organizing U. S. Business Practices to Manage Culture Clash［J］. Organizational Dynamics，2003，32（4）：357 – 371.

② 陈忠. 规则论——研究视阈与核心问题［M］. 北京：人民出版社，2007：138.

③ XI K K. Integrating the Global with the Local：Performance Measurement in Multinational Corporations［J］. Transnational Corporations Review，2011，2（4）：60.

④ ALJAYI Y，FJER A，GUENNIOUI M，et al. Multinational Companies’ Human Resource Management Practices and Their Organizational Culture Impact on Employees’ Loyalty：Case of Japanese Multinational Company in Morocco［J］. Procedia – Social and Behavioral Sciences，2016（230）：204-211.

外投资的成功率就越低[①]。这种成功率低下的根源正是由于文化差异太大，跨国企业管理者在战略控制体系、应对市场竞争、人力资源政策等方面可能遇到的冲突太多[②]。

一项针对“一带一路”背景下的中资跨国企业发展研究认为，在东盟地区，中国企业面临的文化差异较小，因此潜在的文化风险较小，可以采取以中国文化为主导的投资管理策略；而对于中亚、南亚和独联体国家[③]，中国企业面临一定的文化差异，其潜在文化风险中等，应当采取以中国文化与东道国文化融合为主导文化的投资策略；但是，在中欧、东欧和西亚地区，中国企业面临的文化差异较大，其潜在的文化风险很大，据此应采取适应性的投资策略即以东道国文化为主导文化[④]。

诚然，由于国别障碍、区域特征障碍、文化差异的客观存在，跨国企业的全球一体化进程常常受到不同程度的阻碍。对于管理者而言，完全推行母国管理制度，其缺点会体现在不能充分照顾东道国文化的多样性；如果采用更偏向于本地化的方法，由东道国公司自己制定标准和管理制度，其缺点则会体现为母国总部所期待的全球协调无法实现[⑤]。针对这种本地化与全球化的矛盾，习认为，“地方—全球”辩证法应被视为全球化进程的基础，全球化不应成为单边的、一维的线性趋同，本地化会影响和塑造全球化，而全球化则会对本地化形成制约[⑥]。巴雷特（Barrett）、库珀（Cooper）和贾马尔（Jamal）则将这一现象描述为“局部参与和全球化趋

---

① SIRGAL J I, LICHT A N, SCHWARTZ S H. Egalitarianism, Cultural Distance, and FDI: A New approach［J］. Organization Science, 2013, 24（4）: 1174-1194.

② GÓMEZ-MEJIA L R, PALICH L E. Cultural Diversity and the Performance of Multinational Firms［J］. Journal of International Business Studies, 1997, 28（2）: 309 - 335.

③ 注：由苏联大多数共和国组成的进行多边合作的独立国家联合体，简称“独联体”。

④ DANG Linjing, ZHAO Jingfeng. Cultural Risk and Management Strategy for Chinese Enterprises' Overseas Investment［J］. China Economic Review Journal, 2020（61）.

⑤ SCHULER R S, FULKERSON J R, DOWLING P J. Strategic Performance Measurement and Management in Multinational Corporations［J］. Human Resource Management, 1991, 30（3）: 365. Giddens. Anthony. Modernity and Self-Identity: Self and Society in the Late Modern Age［M］. Stanford: Stanford University Press, 1991: 1.

⑥ XI K K. Integrating the Global with the Local: Performance Measurement in Multinational Corporations［J］. Transnational Corporations Review, 2011, 3（4）: 62.

势之间的对立相互作用①”。

从以上理论归纳来看，全球化战略是跨国企业进行全球经营的根本指导原则，是实行全球化经营的核心，而本土化则是全球化在各个国家和地区的延伸及具体实现形式。本土化的过程表现为跨国公司将生产、营销、管理、人事等经营诸要素融入和根植于当地文化的过程，因此包括生产本土化、营销本土化、研发本土化、人力资源本土化、品牌本土化等，其彰显的正是跨国公司在全球化战略框架下针对东道国市场的独特性而作出的调整和再造。

哥隆噶（Grøgaard）和科曼（Colman）的研究认为，广泛的地域分布和员工背景的多样性是跨国公司的显著特征，创建一套共享价值观是指导和实现外国子公司之间有效整合的共同思路②，这种共享的价值观被喻为一种“在组织的成长、发展和多样化过程中将其凝聚在一起的胶水③”。在理想的状况下，跨国企业管理方式与东道国的市场环境最终能实现适应，并形成一种不同于母公司和东道国企业的混合型企业行为④。这种混合体的理念与霍夫斯泰德不谋而合，即任何一个组织通常带有其母国的文化烙印，而跨国企业在海外的子公司可能发展成为一种独特的文化——跨国企业文化与本地文化的结合体⑤。

理论归理论，问题是，这样一种结合体应该是怎样的呢？跨国经营与管理中是否存在一些普世性的准则？一家跨国企业从多大程度上应当遵循母国的企业管理制度，东道国的文化风俗又将占比几多？这是不是一个可以量化的概念？这些问题恐怕暂时无法精确解答。本书研究的是在华外企中国员工的职场规则观，或许这些访谈对象面对西方企业制度在知识、心

---

① BARRETT M, COOPER D J, JAMAL K. Globalization and the Coordinating of Work in Multinational Audits ［J］. Accounting, Organizations and Society, 2005, 30 (1): 1 - 24.

② GRØGAARD B, COLMAN H L. Interpretive Frames as the Organization’s “Mirror”: From Espoused Values to Social Integration in MNEs ［J］. Management International Review, 2016, 56 (2): 171-194.

③ REKOM J, RIEL C B M, WIERENGA B. A Methodology for Assessing Organizational Core Values ［J］. Journal of Management Studies, 2006, 43 (2): 175.

④ 朱晋伟. 跨国公司管理本地化理论探索 ［J］. 求索, 2005 (12): 83.

⑤ HOFSTEDE G. The Interaction between National and Organizational Value Systems ［J］. Journal of Management Studies, 1985, 22 (4): 351.

理和行为层面的表现，可为跨文化管理普世性这一议题提供某种思考角度。

第一节　跨文化管理基本原则的普世性

在跨国企业的本土化进程中，是否存在一种普世性的伦理准则，是放之四海皆准的呢？我们可以从质性访谈入手去听听在华外企中国员工的心声。正如第二章语料编码统计显示，本书六成以上的语料体现了明确的合规倾向，即对于企业管理制度的认可与尊崇。回顾第三章和第四章的语料呈现，可以发现受访者们认为公司制度为员工提供了尊重与保护，他们认同制度约束下的诚信与道德，他们享受制度赋予的平等与公正的待遇。相对地，在第五章“变通”中的“权威与等级”这一小节中，连续十余则语料所表达的都是对于不平等、不公正的待遇的愤懑无奈之情；同样地，在“其他声音”这一小节的语料中，受访者对于公司榨取员工工余时间的做法抱怨吐槽不断。

尽管这些语料归属于不同的章节、不同的范畴，但是都无一例外地指向一种共同的诉求，实际上这也是不同文化下的人群的普遍诉求，即个体对于平等与公正的天性诉求。可以初步推断的是，“平等”与“公正”应当属于典型的具有普世性的管理准则，换言之，无论在哪种文化之下，人们对于平等与公正的诉求都是基本一致的。这与前文中关于“美资跨国企业被指傲慢”和“强加于人的、笼罩着企业殖民主义光环”的文化的说法也不谋而合。事实证明，任何认为自己的民族是高高在上的、唯本国文化为尊的民族中心主义是不能在跨文化管理中立足的，究其原因，是其违反了平等与公正的基本原则。

何谓平等？广义的平等意味着人们在社会、政治、经济、法律等方面享有相等地位的待遇。平等强调的是基本权利的平等，它是人类生存和发展的起码的、最低的、必要的权利，是满足人们在政治、经济、法律等方面的基本权利。在此基础之上，刘杰认为，跨文化管理普世伦理关于平等原则的关注应当体现为基本权利平等、自由权利平等和互利平等①。

第一，基本权利平等。只有对来自不同文化背景的员工的基本权利予以切实的保证，才能够从最起码的底线意义上体现对组成跨国企业和在跨文化管理中的个体的基本尊重，同时从最实际的意义上为跨国企业的正常运转确立起必要条件。基本权利平等是不同文化相互尊重的理念基础，没有这种对不同文化下的个体的平等原则理念，便无法在跨文化组织中实现基本的运作，更无法在跨文化管理中实现管理效能。

第二，自由权利平等。人生而平等，企业应以人格平等为条件，尊重和保护员工的个体差异。权利平等并不意味着个体之间绝对相同，平等是对于个体权利和人格的尊重，尤其是对于个体差异的尊重。在跨文化管理中对自由权利平等的贯彻必须以差异性认知为前提，只有了解这种个体差异，才是切切实实掌握了自由权利的内涵。当然，自由作为人的一项基本权利，必须与理性相结合，必须受到自身理性的节制。

第三，互利平等。平等意味着权利，也意味着节制。对跨文化管理中的每一个体而言，不仅具有平等的权利，同时也必须担负相应的责任和义务。这种权利和义务是明示于跨文化管理中的各项管理规章制度之中的，也是保障每个个体的权利的法宝，其目的在于维护组织内个体之间的平衡。为了维护这一平衡，构成跨国企业组织的每个个体在享有平等的权利的同时，都应充分尊重其他个体的相应权利。正是由于每个个体的权利和利益是平等的，因此除非出于自愿，否则个体之间的权利和利益的转让也应该是对等的。

跨文化管理中的平等原则与公正原则既相互联系又相互区别。公正原则广泛涉及一个社会的主要制度、社会规范、社会主要规则，它是一种体系化的集合，而平等原则更多的是这种体系化集合的一项属性或一个层面②。

何谓公正？公正意味着公平与正义，是人类社会具有永恒价值的基本理念和基本行为准则。罗尔斯（Rawls）指出，正义是社会制度的首要价

---

① 刘杰．全球化境域中的跨文化管理［D］．苏州：苏州大学，2003：142-143.

② 吴忠民．公正新论［J］．中国社会科学，2000（4）：50-58.

值，如同真理是思想体系的首要价值一样①。公正与社会基本制度相联系，并以其为基础规定着社会成员具体的基本权利和义务，规定资源与利益在社会群体之间、在社会成员之间的适当安排和合理分配。从管理哲学和管理伦理学的角度看，公正代表着人、社会和组织相互关系的合理状态，而作为管理普世伦理的基本原则，公正所反映的是个人和组织在社会中的地位和利益关系，因此可以从人身关系、个人与社会的关系以及不同文化之间的关系三个层面来进行分析②。

第一，表现在人身关系上，公正反映的是权利和义务的关系，公正首先是人身权利的正当占有和维护，以及对自我和他人基本权利的承诺。公正是人身权利与义务的统一，每个个体都具有独立平等的人格尊严，既享有正当权利的自由，同时也承担平等待人、尊重他人正当权利的义务，这体现在跨国企业中便是每个个体对他人的权利的基本尊重。

第二，表现在个人与社会的关系上，公正代表了社会成员对其所在的社会的合理利益分配以及正当秩序运行的期待与要求，是利益分配的公平尺度，反映到跨国企业内部管理中，最为显性的便是对于合理的人力资源薪酬规范与晋升机制的诉求。跨国企业内部的公平分配不仅关系到企业自身的长远发展，也是实现收入公平分配的一个重要微观经济基础。反映到跨国企业运营的外部环境上，则体现为企业对于经营环境的法律公正的期待。近年来，跨国企业生态公正的问题同样成为热点，跨国企业应当履行生态责任，在经营中与东道国生态环境和合共生、协同发展。

第三，表现在不同文化之间的关系上，公正体现为对待不同文化体系下的伦理道德原则之间的一种平衡，这种平衡是对不同文化体系的一种认知和宽容，即承认不同价值体系、观念原则存在的合理性。公正的原则要求跨国企业在管理中不论组织内的个体或群体具有何种文化背景，都应秉持一视同仁的态度，唯有如此才能彰显对于多元文化背景的公正态度。

一直以来，人类对于平等与公正的追求是孜孜不倦的，但日常概念中

---

① 约翰·罗尔斯．正义论［M］．何怀宏，何包钢，廖申白，译．北京：中国社会科学出版社，2009：1.

② 刘杰．全球化境域中的跨文化管理［D］．苏州：苏州大学，2003：141-142.

的平等与公正更多的是代表着个体对权益的伸张，殊不知其中还蕴含着给予和遵从。本书第三、四、五章的语料中，受访者对于切实保障员工人格平等、人身安全的企业制度称道有加，对于宽容友好、单纯开明的工作环境点赞叫好；对于侵害员工正当权益的做法抱怨不迭，对于工作中的文化歧视愤懑不已，如此种种都是对于平等与公正的自然诉求。这种诉求是坚定不移的，其跨文化管理普世性，无论从理论上还是实践中都得到证实。尽管在第四章有“平等与公正”小节，第五章有“权威与等级”一节，尽管语料中描述的现实是相对的，但是仔细读来，实际上这两个小节里的受访者的态度却是一致的，即对于平等与公正的共同追求。

与此同时，我们还注意到，在第四章和第五章还有一组内涵相对的范畴即“道德与诚信”和“关系、面子与人情”。在语料中可以发现，当一部分中国员工恪守诚信准则，宁可不接单、少盈利也要坚守商业道德底线时，另一部分中国员工却在为暗箱操作摇旗呐喊，甚至将其标榜为国情使然。这种对立的态度与受访者对于“平等与公正”的共同诉求态度形成反差。

其实，这一现象大概并不难理解。诚如前文所述，日常概念中的平等与公正更多地代表着个体所能享有的权利，而诚信则要求个体节制私欲并付诸行动，相对来说的确是对于个体更高的要求。问题是，当第五章的语料中那些罔顾诚信的个体或组织出离规则、绕制度而行的时候，当他们口口声声称此举为顺应国情、维护公司团结的时候，我们应当如何看待？这种钻营关系、见利忘义的行为是否真正属于管理本土化的策略？第一章中所讨论的跨国企业全球化策略中又是否有提及这种“本土化”模式？答案是否定的。为什么呢？因为诚信原则作为一种普世伦理，并不接受在任何文化下的变通处理。

本书第七章论述了东西方法律制度起源和近代社会经济形态对于现代人规则观的影响。应当看到，诚信原则是古今中外不同文化体系、不同伦理道德系统强调得最多的原则之一，这也反映了诚信在调节人类社会关系中的重要作用。尽管不同文化体系中诚信的内涵和基础不同，但无一例外地反映了人类对调节彼此之间理解和信任关系的重视和追求①。

现代经济社会的诚信观是建立在商业经济和市场经济的基础之上的，信守契约应以法律的形式广泛存在。诚信是市场竞争的伦理要求中最核心的准则，诚信不仅代表着商业道德，更是现代企业的黄金品牌，由此可以理解为什么众多企业将“诚信”置于企业纲领性的原则之一。近年来，一系列重大的诚信事件被曝光（例如第五章提到的医疗设备“三巨头”在华行贿门事件），更加引起了国际社会对诚信问题与诚信原则的再思考。诚信原则已成为不同文化背景下的社会和个体共同追寻、共同构建的重要管理伦理原则。

在第四章中有受访者提到了美国个人信用体系的运用（关键词 28 语料）。众所周知，美国是世界上信用经济最为发达的国家，也是个人信用体系最为完善的国家。当然，金无足赤，人无完人，即使是信用体系相对完备的美国也不断受到不诚信问题的困扰，盗用身份进行欺诈的犯罪猖獗、超前信贷消费造成越来越多美国家庭申请破产等问题，引发了美国一系列严重的信用危机，也暴露出美国信用体系上的缺陷。可见，对于美国这样一个已经具备了比较完善的信用制度的国家来说，如何使这一制度更加完美，同样也是美国市场经济和美国法律制度未来研究的艰巨任务②。

中国政府建立社会信用体系的决心同样坚定不移。2020 年 5 月，十三届全国人大三次会议和全国政协十三届三次会议在北京召开。“两会”明确提出要加快推动社会信用法律建设，以信用建设支撑营商环境优化、让信用建设助力社会治理创新、使信用支持金融服务实体经济、加强政务诚信建设增强政府公信力、构建以信用监管为基础的新型监管制度。随着社会信用体系建设的纵深推进，社会信用体系建设支撑国家治理体系和治理能力现代化的重要作用日益凸显，社会信用立法研究论证工作深入推进并取得积极进展，加快推动社会信用法律建设的社会共识正逐渐形成。

2020 年 5 月 28 日，十三届全国人大三次会议表决通过了《中华人民共和国民法典》。民法典第七条规定，民事主体从事民事活动，应当遵循

① 刘杰．全球化境域中的跨文化管理［D］．苏州：苏州大学，2003：141-145.

② 美国个人信用体系的内容介绍源于“中国企业诚信网”：http：//www.ceccredit.org.cn/news.php？id=6923.

诚信原则，秉持诚实，恪守承诺，这等于以法典的形式再次明确了我国民商事法律规范的基本原则——诚信原则，由此可见国家对于诚信立法的高度重视。

众所周知，传统文化中诚信原则更多地被归属于道德标准范畴，而随着民法学的不断发展，诚信原则逐渐被立法吸收，甚至被喻为“帝王条款[①]”。诚信原则作为民法典最基本的原则，在民法的各个领域发挥着巨大的作用，其细则贯穿于企业市场进入、市场交易、市场退出的始终，是企业生存、经营、发展的重要法律基础。

以企业退出市场为例，在以往实践中，许多公司在停业、歇业、经营期满、被撤销、吊销营业执照时，往往不组织清算即自行退出市场。这种不合法的退出市场的行为，会造成公司债权人利益被损害，公司资产无法清偿债务，劳动者权益被侵害的后果。民法典要求，企业的退出应当在遵循诚信原则的前提下，严格依照法律成立清算组，清算组成员应当依法履行清算义务，通知债权人，清理公司财产，处理与清算有关的公司未了结的业务，清缴税款，清理债权、债务，以维护债权人利益，维护市场的交易安全和交易信用。只有当企业遵循诚信原则退出市场，才能使企业经营者免陷信用危机，并且最大限度地提升市场经济环境下企业的诚信度。更重要的是只有在诚信的大环境下，市场中的企业才能得到良性的生存与发展，最终成就整个市场的安全、繁荣与稳定。

应该说，每一个国家和政府对于诚信立法的决心是坚定不移的，这根源于诚信文化对于一个国家、一个民族的不容置疑的重要性。之所以需要以法规的形式来巩固诚信的地位，正是将其从相对抽象的道德领域中抽离出来，使其具象化、细节化，不仅清晰简明，而且易于操作。可以想象，只要一个国家的社会信用制度规范明确，对失信行为的社会惩罚严厉，威慑作用强大，守信或失信的风险和收益易于辨析，就会促使交易主体优选守信行为取向；反之，如果一个国家的社会信用制度不健全、不规范、难以操作，且对守信行为的保护性差，对失信行为的惩罚不力，守信或失信

---

① 李婵.《民法典》诚信原则对企业市场行为的规范意义［N］. 企业家日报，2020-07-02（3）.

的风险和收益难以辨析且失信的风险小，在这种扭曲的情形下，交易主体就会优选失信行为取向，而这正是“劣币驱逐良币”的现实写照，也是第四章关键词29语料“不傻的话就赚不到钱”中受访者林先生在言语中透露出来的无奈。

可喜的是，作为企业高层的林先生对于诚信的秉持是矢志不渝的，他深知，作为企业文化的核心内容，诚信对企业发展的大义。“诚者，天之道也；思诚者，人之道也”。人无信不立，企业和企业家更是如此。中国企业家调查系统发布的《2019中国企业家成长与发展专题调查报告》显示，在当代企业家精神所呈现的诸多新特征中，“诚信”最受企业家重视：14.6%的企业经营者认为诚信最能反映当前时期企业家精神的内涵，而“敬业”（13.1%）、“创新”（11.3%）、“奉献”（8.2%）等则依次排在后面。“诚信”位居第一，表明在现代中国，企业精神中的诚信维度重要性不断提升①。

2020年受新冠肺炎疫情影响，有部分企业因迟缴税费等问题被列入经营异常名录或严重违法失信企业名单，使这些企业的经营活动难以为继。针对这种情况，许多地方机构积极实施包容审慎监管机制，对那些情节轻微或未造成严重社会影响的纳税信用失信行为，给出相应的修复条件，令其在规定期限内纠正失信行为。信用修复机制的建立和启用，有利于鼓励和引导市场主体增强诚信意识，所反映的正是当下社会对“诚信”二字的重视。

诚信对于任何一个国家和民族的重要性不言而喻，对于企业管理尤为如此。众多管理学专家从企业运营的微观层面出发，论证了诚信原则对于企业管理的重要意义。俄尔德（Erhard）和金森（Jensen）的研究表明，诚信经营是企业文化的首要准则，对企业的生存和发展具有至关重要的作用②。邓尼森（Denison）和米什拉（Mishra）的研究发现，企业的诚信文

① 胡立彪．诚信是企业立身之本［N］．中国质量报，2020-07-28（5）．

② ERHARD W，JENSEN M. Putting Integrity into Finance：A Purely Positive Approach［J］. Capitalism Soc.，2017，12（1）：1-91.

化有助于吸引外来投资①，因为健康良好的经营环境是任何一位投资者所梦寐以求的。葛斯林（Gosling）和黄（Huang）的研究证明，诚信经营有助于降低交易成本，使各个交易环节更加顺畅无虞②。徐（Hsu）通过研究发现，诚信文化可显著提高企业运营效率，促进公司的盈利能力和绩效③。万（Wan）、陈（Chen）和柯（Ke）收集了从2008年至2016年所有中国A股上市公司的企业年度观察数据，试图研究以诚信为本的企业文化对企业社会责任的影响。实证结果表明，关注诚信文化的公司往往比其他公司具有更好的企业社会责任表现，这说明企业诚信文化可以对企业社会责任产生积极影响。换言之，诚信的企业文化鼓励公司以更负责任的方式行事，诚信的企业文化塑造了组织成员对社会责任的态度，从而激发了企业社会责任的行为④。

值得注意的是，尽管“诚信”二字在公司价值观中经常被提及，但实际上，标榜诚信文化的公司是否真的以诚信行事？或者，某些企业仅仅以此来向外界传递有关公司行为模式和公司道德的相关信息？毕竟，对于任何一家公司而言，夸口自身拥有一种诚信的企业文化是极其简单的事情，其目的仅仅只是为了管理公共形象并获得某种企业文化的广告效果⑤。换言之，企业所宣称的诚信文化有时候仅仅只是停留在字里行间，而不一定将其付诸实践。因此，将诚信作为企业价值并不意味着诚信的实质行为。从学术角度而言，判断一家企业诚信与否，仅从其官方宣称的文化价值观是远远不够的。同样地，判断一家企业是否如其行为守则所言地贯彻“平

---

① DENISON D，MISHRA A. Toward a Theory of Organizational Culture and Effectiveness [J]. Organ. Sci. , 1995, 6 (2): 204-223.

② GOSLING M，HUANG H. The Fit between Integrity and Integrative Social Contracts Theory [J]. J. Bus. Ethics, 2009 (90): 407-417.

③ HSU S. A New Business Excellence Model with Business Integrity from Ancient Confucian Thinking [J]. Total Qual. Manag. Bus. Excel, 2007, 18 (4): 413-423.

④ WAN P，CHEN Xiangyu，KE Yun. Does Corporate Integrity Culture Matter to Corporate Social Responsibility? Evidence from China [J]. Journal of Cleaner Production, 2020, 259 (20): 1-13.

⑤ JIANG F，KIM K，MA Y，et al. Corporate Culture and Investment-Cash Flow Sensitivity [J]. Journal of Business Ethics, 2019, 154 (2): 425-439.

GUISO L，SAPIENZA P，ZINGALES L. The Value of Corporate Culture [J]. Journal of Financial Economics, 2015 (117): 60-76.

等与公正”的原则，也切切不可停留于纸面言辞。实际上，在本书的质性访谈中所透露出来的不平等、不公正、不诚信的行为就已经证明了实践与言辞之间的差距，也恰恰证明了要实现“平等、公正、诚信”之难。

综上所述，“平等、公正、诚信”原则的跨文化普世意义已跃然纸上。需要说明的是，这并非从理论到理论的演绎，而是基于质性访谈语料的理论提升，其灵感大部分来自第四章“平等与公正”“道德与诚信”和“尊重与保护”小节以及第五章的“权威与等级”和“关系、面子与人情”等小节。刘杰在其博士论文《全球化境域中的跨文化管理》中，从跨文化普世伦理推演至跨文化管理普世伦理，最终提出了平等、公正、诚信的普世性原则，与作者的观点可谓不谋而合，其差别在于研究方法与演绎路径。

回顾文献综述对于规则类型的哲学分析，在技术规则、游戏规则与道德规则三种类型中，倡导平等、公正、诚信原本就是基于人类对自身行为所作的道德判断，是对“真善美”的追求，因此都可归结为道德规则的范畴。而作为道德规则，本身就不局限于某一小范围或某一情境，其价值通常具有普世性。这等于再一次强化了平等、公正、诚信的原则的普世性本质。回顾文献综述对于企业伦理的阐释，实际上平等、公正、诚信等道德准则已然构建了企业伦理的基本框架。借用亨廷顿的话来说，“文化是相对的，道德是绝对的①”。

综上可见，无论是基于规则类型的哲学思考、企业伦理的再审视，还是基于本质性调查与前人研究的理论升华，跨文化管理中平等、公正、诚信等原则的普世性已经获得在理论和实践上的证明。回到现实，需要再次明确的是，那些打着符合市场而钻营关系、行贿受贿、大肆作假、有失公允的行为在任何文化下都不应给予容忍之所，因为，丧失诚信是任何一家企业、任何一个个人都不可承受之重。同样地，对于打着普世伦理的旗号要求全球遵从同一准则的偏执也同样是不尽合理的，因为“真正具有普遍意义的现代全球理论只能建立在多元道德文化传统的相互对话和重叠共识

---

① 塞缪尔·亨廷顿．文明的冲突与世界秩序的重建［M］．周琪，刘绯，张立平，等译．北京：新华出版社，2010：293.

之基础上，而不能建立在单一的既定原则上①”。

目光推移至本节最初的问题，即在跨国企业的本土化进程中，是否存在一种普世性的伦理准则。可以肯定的是，平等、公正、诚信原则的跨文化管理普世性是毋庸置疑的，而在这些普世性原则框架下制定的企业规章制度，因其普世性而具备跨文化管理移植性，这实际凸显的正是企业伦理的可移植性和道德规则的普世性。那么第二个问题出现了，涉及企业伦理之外的具体管理制度是否可以全盘移植呢？这正是下一小节的关注焦点。

第二节　跨文化管理模式的差异性

诚如第一章针对规则文化与企业管理的论述所指出的，遵守法律和信守规范是现代企业的重要特征。然而仅从规则类型的哲学分析来看，这些法律与规范很大程度上是技术规则、游戏规则与道德规则的综合体，因此这一点就决定了管理制度跨文化移植的局限性。换言之，企业管理制度在跨文化移植中可能面临较复杂的情形，因此构成了一种可移植差异性。这样的论断似乎稍显笼统，以下可结合本质性调查所得予以探讨。

首先，从技术规则中最基本的安全规则角度来看，所有语料几乎一致性地对于企业的安保制度赞美有加，仅有受访者林先生提到自己的一位同事对于公司斥资添置安全逃生设施不理解和不赞同（关键词 96 语料）。平心而论，谁不希望拥有完善的安全保障呢？但事实上，安全规则作为一种技术规则，其履行情况受经验性知识、资源、费用、人力、风俗等因素影响极大。举例而言，一家财力不甚雄厚的企业，如何保证员工出差动辄入住安保一流的五星级酒店？当然，美资企业财力无碍这是另话，但是经验型知识、风俗习惯仍然可能使员工安全意识发展面临障碍。这就是为什么关键词 96 语料中的主人公虽位居经理级别，但不能理解和接受昂贵的安全设施的重要原因。

当然，无论如何，从对人的关注这一角度来看，安全规则的可移植性

① 万俊人．儒家伦理：一种普世伦理资源的意义［J］．社会科学论坛，1999（5）：42.

是值得期待的，是可形成跨文化共识的，因为其出发点本身就是维护人身的安全，是一种以人为本的思想。从这一层面来看，安全规则是同时具有道德规则的特点的，道德规则的普世性本质是促成安全规则跨文化可移植性的重要原因。

同样具有跨文化可移植性的还有产品制造标准与工艺准则。从质性调查来看，无人质疑复杂精细的产品制作流程与工艺要求。尤其是对于以制造业为主的跨国企业而言，母公司向海外子公司传递知识以提高其创新过程，这已成为必须而不是选择①。在工业生产高度规模化和精细化的当今世界，任何组织对于先进的生产设备和技术都是孜孜以求的，唯有以科技为核心生产力，大力提高生产力，才能保证企业在自身行业领域立于不败之地。从管理哲学思想角度来看，这种以生产技术为核心的制度不轻易受外界环境因素的影响，在不同文化背景和不同的国家、地区均具有广泛的适用性，因此的确具有较强的跨文化移植的可能性②。

邱（Qiu）和坎特威尔（Cantwell）的研究发现，以技术核心为发展驱动力的跨国公司通过在多个东道国和地区建立研发中心，可促进创新知识的积累、转移与共享，对于地理位置分散全球各地的跨国公司而言，这是提升其国际竞争力的上佳手段。以波音公司为例，其东道国和地区所在的研发中心在机械工程、化学工艺、材料、通信等广泛领域进行了创新，这些研发中心不仅利用了波音公司现有的技术从事发电厂和飞机工程方面的项目拓展，还可以帮助波音公司探索生物燃料、数字航空和太阳能等新领域的创新技术解决方案③。亚当斯（Adams）研究认为，随着不同跨国公司在行业内和跨行业之间的最终知识共享，使得东道国的创新中心正变得

---

① LAUGEN B T，ACUR N，BOER H，et al. Best Manufacturing Practices：What Do the Best-performing companies Do?［J］. International Journal of Operations & Production Management，2005，Vol. 25（2）：131-150.

PERSSON M. The Impact of Operational Structure，Lateral Integrative Mechanisms and Control Mechanisms on Intra-MNE Knowledge Transfer［J］. International Business Review，2006，Vol. 15：547-569.

② 刘杰. 全球化境域中的跨文化管理［D］. 苏州：苏州大学，2003：138.

③ QIU Ranfeng，CANTWELL J. General Purpose Technologies and Local Knowledge Accumulation—A Study on MNC Subunits and Local Innovation Centers［J］. International Business Review，2018，7（4）：826-837.

更加多样化，从而促进了创新型的深度探索和试验[①]。

问题是，技术制度的可移植性是否带来管理制度的移植呢？特龙彭纳斯（Trompenaars）认为，工业技术的全球性扩散伴随着产业结构的变迁——从小手工业单位向大型专门化单位转型，而产业结构的变迁必然会带动管理模式的变化，因为不论国家的背景如何，采用既定的技术就会对组织设计和工作中社会关系的构架方式产生同样的影响和结果[②]。但是，应该看到，技术的移植并不等于管理模式的移植，两者在内涵和外延上的范围都不等同。

管理模式的内容既包括了管理技术，更重要的是涉及如何处理组织中人与人之间的关系，这与所谓的"纯粹的技术"是不一样的[③]。米尔霍普（Milhaupt）与皮斯托（Pistor）通过对美国、日本、德国、中国、俄罗斯、韩国六大经济体的制度剖析发现，无论是发达国家还是转型经济体，公司治理法律制度均无法自足——换言之，"国别化的政治经济约束所产生的路径依赖，以及资本与产品市场的全球化所带来的制度趋同压力，都给公司法律制度打上了迥异于技术规则的社会烙印[④]"。

可见，针对提升生产效率的技术规则具有较强的跨文化可移植性，这一点已然得到证明，但是涉及人与人之间关系的管理效率，则极容易引发争辩，这在本质性研究语料中有清晰的呈现。同样一套管理制度，有受访者认为是"科学与效率"的体现，代表着现代企业的管理理念；有受访者却指责其招致"内耗与低效"，阻碍企业发展，打击员工积极性，这一点尤其体现在产品的研发流程和决策过程（关键词 74、75 语料）中，更有高级管理人员直指权力过于分散导致内耗严重，决策效率低下（关键词 76 语料）。

从规则类型的哲学分析角度来看，企业管理制度本身在很大程度上属

---

① ADAMS S B. Growing Where You Are Planted: Exogenous Firms and the Seeding of Silicon Valley [J]. Research Policy, 2011, 40 (3): 368-379.

② 丰斯·特龙彭纳斯，查尔斯·汉普顿特纳. 在文化的波涛中冲浪：理解工商管理中的文化多样性（第二版）[M]. 关世杰，译. 北京：华夏出版社，2003：67.

③ 郭萍. 关于跨文化背景下管理模式可移植性问题的思考 [J]. 四川行政学院学报，2007 (4)：85.

④ 柯提斯·米尔霍普，卡塔琳娜·皮斯托. 法律与资本主义——全球公司危机揭示的法律制度与经济发展的关系 [M]. 罗培新，译. 北京：北京大学出版社，2010：5.

于一种游戏规则，是基于人与人之间的一种约定，因此在不同情境下，不同立场的人们针对同一规则引发激烈辩论，这本是寻常事，因为游戏规则不具备非黑即白的绝对性。另外，由于质性调查的对象有限，因此以上几则语料或不能确保大范围群体针对效率的认知是趋同还是相异，据此，达斯特马契恩（Dastmalchian）、培根（Bacon）、麦克内尔（McNeil）等的研究也许可供参考。

关于管理效率之争，达斯特马契恩等针对 14 个国家 387 个组织中的 7187 名员工的定量调查揭示了一个颇具现实意义的现象。研究显示，在低权力距离文化中，增加机会的做法——如参与式的工作设计和决策、申诉程序和劳动管理参与①——对公司财务绩效和劳动生产力呈明显的积极影响；而在高权力距离文化中，更多的参与决策管理机会并不能促进企业财务绩效和劳动生产力；相反，整体工作绩效呈下降趋势②。换言之，高权力距离文化下的职员可能并不适应频繁参与设计与决策的管理模式，因此导致工作绩效降低。

根据霍夫斯泰德的研究，美国文化的权力距离指数为 40，中国文化的权力距离指数为 80，全球均值为 56.5③，由此可见，美国是典型的低权力距离文化，而中国则属于典型的高权力距离文化。结合达斯特马契恩等的研究，在美国这种低权力距离文化的国家中，给予企业员工更多的设计参与机会与决策机会，对于企业整体绩效推动效果明显；而在中国这种典型的高权力距离文化国家中，企业员工普遍不适应参与式的工作设计和决策行为，因此造成企业绩效下降。

这一结果对于本书的意义在于，大样本定量研究证明了在高权力距离文化下，如果员工被频繁要求积极参与设计与决策，实际上会对整体工作绩效形成反作用。回顾本质性访谈中，有多位受访者指出由于权力过于分散，在产品研发设计过程中，多个部门参与讨论决策，导致员工受挫心理

① PFEFFER J. Seven Practices of Successful Organizations［J］. California Management Review, 1998, 40（2）：96 - 124.

② DASTMALCHIAN A, BACON N, MCNEIL N, et al. High-performance Work Systems and Organizational Performance Across Societal Cultures［J］. Journal of International Business Studies, 2020（51）：353.

③ Geert Hofstede Website.

严重，研发效率与决策效率极其低下，用受访者贾先生的原话来说就是“开发效率相对民企要低得多”（关键词75语料），可见对于管理效率的质疑并非个体存在，低效管理确属客观存在的现象。

有研究认为，根据霍夫斯泰德的理论，在低权力距离文化的国家，组织结构呈现扁平化而非金字塔结构。换言之，组织是去中心化的格局，理想的上司是一位足智多谋的开明人士；而在高权力距离文化环境下，下属的理想上级则是“仁慈的专制者”和“慈父”。因此美国人发明的打包式管理方法（如目标管理），在高权力距离国家中效果不甚理想，因为这种管理方式需要上级与下级进行一定协商和谈判，而这样做双方都深感不适①。

尽管第四章中有受访者提到过“扁平化”的工作环境，但是极有可能我们看到的只是表面形式的“扁平化”：如上下级在同一个办公空间，领导没有配备专门的办公室，等等（关键词51语料），但实际上，“恰到好处”的等级观念似乎更吻合中国员工对于企业氛围的认识，因此更有益于整体工作绩效的达成。

之所以用“恰到好处”一词，是因为无论在质性访谈中还是在前人文献中，我们发现中国员工既追求人格的尊重和平等无差别的待遇，痛恨上级目中无人、自顾自发号施令的行为；但另一方面又对“同工不同酬”的现实表示理解，在关键时刻还期待上级强势决策，果断拍板。在这种背景之下，如何做到“恰到好处”，实在是需要跨文化管理者练就具体问题具体分析的能力与睿智。

实际上，不仅是效率管理在不同文化下表现出差异性，多项跨文化人力资源管理领域的研究还证明，招聘、薪资、绩效、沟通各个方面都与东道国文化息息相关，同一套人力资源制度无法直接转移到不同文化的国

---

① 邸燕茹．权力距离和不确定性规避文化视角的中国企业高绩效工作系统研究［D］．北京：首都经济贸易大学，2013：25.

家①。以招聘选拔为例，高权力距离和高集体主义倾向的国家文化偏好以个人推荐和关系选择的方式，对于严格的选拔程序并不感冒②，这意味着在高权力距离和高集体主义倾向的国家文化下进行的跨文化管理需要采用多样化的人才任用机制。

以薪资分配为例，研究发现，对组织等级制度的较高接受度、对地位/资历与薪酬水平挂钩的认同感，使基于绩效的奖励与高权力距离文化的相容性降低③。同样地，有研究表明在高权力距离文化中，职位升迁更多是基于资历而非绩效④。这些研究体现出高权力距离文化下个体对于资历（年龄、工作经验、服务时长等）的关注和认同，由此促使管理者采取相应的多样化的薪资分配手段，用以彰显对员工贡献的认可。

在员工的内部沟通方面，有研究指出，与高权力距离文化相比，低权力距离文化中的员工沟通更多被视为具有激励功能⑤，因此，频繁的沟通与讨论——即使双方观点相斥——都能有力地激发员工的工作效能。与之相应的是，在高权力距离文化中，要求员工参与项目设计方案的讨论，却会导致工作效率十分有限⑥，这一结论与前文中达斯特马契恩等的研究完全吻合，说明高权力距离文化下的员工不适应在参与式讨论中的针锋相

---

① CHIANG F F, BIRTCH T A. Appraising Performance Across Borders: An Empirical Examination of the Purposes and Practices of Performance Appraisal in a Multi-country Context [J]. Journal of Management Studies, 2010, 47 (7): 1365-1393.

SILVA M R, ROQUE H C, CAETANO A. Culture in Angola: Insights for Human Resources Management [J]. Cross Cultural Management, 2015, 22 (2): 166-186.

② NADEEM S, RAZA M, KAYANI N, et al. Examining Cross-cultural Compatibility of High-performance Work Practices [J]. International Business Review, 2018, 27 (3): 563-583.

③ TAYLOR J, BEH L. The Impact of Pay-for-Performance Schemes on the Performance of Australian and Malaysian Government Employees [J]. Public Management Review, 2013, 15 (8): 1090-1115.

④ FESTING M, BARZANTNY C. A Comparative Approach to Performance Management in France and Germany: The Impact of the European and the Country-specific Environment [J]. European Journal of International Management, 2016, 2 (2): 208-227.

⑤ PELTOKORPI V, CLAUSEN L. Linguistic and Cultural Barriers to Intercultural Communication in Foreign Subsidiaries [J]. Asian Business and Management, 2011, 10 (4): 509-528.

⑥ ELLIS D R. Exploring Cultural Dimensions as Predictors of Performance Management Preferences: The Case of Self-initiating Expatriate New Zealanders in Belgium [J]. International Journal of Human Resource Management, 2012, 23 (10): 2087 - 2107.

对，这在一定程度上会伤害他们的工作积极性，不利于同僚人际和谐。

再以授权制度为例，有研究显示，高权力距离文化对授权机制与工作自主权的接受度较低①，而身处低权力距离文化中的员工明显更满足于授权的管理机制②，同时其工作绩效的表现更令人满意③。从另一个角度来看，如果无法实现“授权”这一机制，对于高权力距离文化下那些对于“授权”并无期待的员工而言，并不会产生不利影响；相反，对于低权力距离文化下那些等级观念薄弱、重视决策过程的员工而言，无法实现授权可能对员工工作绩效造成影响④。一项针对中国企业在海外运营的研究也发现，由于西方企业更倾向于分权，而中国企业更注重集权，因此在中资企业工作的西方国家员工有时只能被迫听从上级指令，导致主观能动性被不同程度压制，长此以往形成抵触情绪，为跨文化冲突埋下隐患⑤。当然，并非所有高权力距离文化下个体都排斥授权制度，在关键词 42、43 语料中，受访者马先生十分享受公司成熟的授权制度，将其视为高效管理的做法，这一方面说明了个体的特殊性，另一方面也说明了母国企业管理精神在慢慢改变员工对于企业效率的认知，还说明了企业文化发展的动态性。

不同国家文化语境下的工会组织也大相径庭，给企业管理带来各种问题。卡普龙（Capron）和圭勒（Guillén）的研究表明，美国公司在并购重组德国当地公司后发现员工管理极其困难，究其原因，德国企业工会比美国企业工会的实力更为雄厚，影响力更为广泛⑥。同样地，邢（Xing）和刘

---

① OLLO-LÓPEZ A，BAYO-MORIONES A，LARRAZA-KINTANA M. The Impact of Country-level Factors on the Use of New Work Practices［J］. Journal of World Business，2011，46（3）：394-403.

② HUI M K，AU K，FOCK H. Empowerment Effects Across Cultures［J］. Journal of International Business Studies，2004（35）：46 - 60.

③ CHOW I H S，LO T W C，SHA Z，et al. The Impact of Developmental Experience，Empowerment and Organizational Support on Catering Service Staff Performance［J］. International Journal of Hospitality Management，2006，25（3）：478-495.

④ MINBAEVA D，RABBIOSIB L，STAHLC G K. Not Walking the Talk? How Host Country Cultural Orientations May Buffer the Damage of Corporate Values' Misalignment in Multinational Corporations［J］. Journal of World Business，2018，53（6）：880-895.

⑤ 王雪. 海外企业跨文化冲突管理［J］. 全国流通经济，2019（22）：9-11.

⑥ CAPRON L，GUILLÉN M. National Corporate Governance Institutions and Post-acquisition Target Reorganization［J］. Strategic Management Journal，2009，30（8）：803-833.

(Liu）在一项中国企业“走出去”的研究中发现，中国公司不了解非洲当地的工会组织的作用，因此在人力资源制度推进中遭遇重重困难①，这些都要求跨国经营管理者了解东道国企业文化习俗，制定相应的应对策略。

而值得一提的是，在访谈语料中有受访者提到公司成立的颇具中国特色的工会（关键词 15 语料），从其描述的工会组织的活动和派发的福利来看，与中国企事业单位的工会性质功能如出一辙。这说明管理者并没有照搬美资企业工会组织那一套，而是在认同中美文化差异性的基础之上，因地制宜地开展具有中国特色的工会活动。换言之，管理者注意到了跨国企业在东道国经营管理中不可完全复制和照搬在母国的经验，而应当在尊重文化差异的前提下，采取相应的管理模式，以提升公司整体绩效。

实际上，不仅仅是管理者，许多普通员工也意识到了因地制宜的必要性，在关键词 97 语料“默默地穿得比较休闲”中，受访者描述同事们去见不同客户时会根据对方所处行业来调整自己的服装，以免不合时宜。而“默默”说明了员工们理解这一做法与公司规定并不一致，但是这看似微不足道的装束变化并未引发上司的不满，这或可证明上司考虑现实客户情况，因此“默默”许可了这一做法。

当然，无论是因地制宜的工作装束还是中国特色的工会组织，其前提仍然是不违反跨文化管理的普世性原则即“平等、公正、诚信”。值得一提的是，有中国特色的工会组织并非不如西方典型的工会组织，而因地制宜的工作装束也并不能说明职业精神的缺失；相反，它们的存在说明管理者对于社会现实情形的准确把握与合理安排。这恰恰说明，当我们发现文化的差异性导致跨文化管理可移植的差异时，仍然应当坚守“平等、公正、诚信”的基本原则。

至此，本章第二个问题得到回答，即企业管理制度不像“平等、公正、诚信”等原则那样具有跨文化管理普世性，部分管理制度尤其是涉及技术规则的制度具有跨文化可移植性，但涉及人力资源管理、研发设计与决策制度时则体现出明显的跨文化移植局限性，这说明了跨文化管理模式

① XING Y，LIU Y. Linking Leaders' Identity Work and Human Resource Management Involvement：The Case of Sociocultural Integration in Chinese Mergers and Acquisitions [J]. The International Journal of Human Resource Management，2016，27（20）：2550-2577.

的差异性，而这一差异性的客观存在需要跨文化管理者秉持敬畏之心，在平等、公正、诚信的基本原则下创造性地开启企业文化建设的新旅程。

为何需要秉持敬畏之心？这种敬畏体现在对于文化差异的认同与尊重，即不以自我为标准去衡量他人的文化。诚如本章开篇引用的亨廷顿的话语“西方人眼中的普世主义，对非西方来说就是帝国主义”，如果管理者摆出一副高高在上、唯我独尊的民族文化中心姿态，就等同于无视各民族文化的多元性和客观存在，此种心态下的跨文化管理必不能长久。

前文中多次提到权力距离文化的概念，一般而言，在权力距离较高的国家，社会等级观念较强，在企业中表现为上下级之间的科层领导的体系，上级以个人权威领导下级。相比较而言，在权力距离较低的国家中，人与人之间更加注重公正平等的相处方式，管理层以及普通员工之间只是存在职位分工的差异，组织内部等级意识并不强。同样地，前文中也提到高集体主义倾向文化下的员工在招聘选拔方面，会更偏好以个人推荐和关系选择的方式，这实际上折射出高集体主义倾向文化对于日常人际和团队合作的关注。当然也应当看到，即使是在集体主义倾向者中也存在更关注集体目标达成的纵向集体主义者与更关注人际和谐的横向集体主义者。

我们不能简单武断地评价高权力距离文化与低权力距离文化孰优孰劣，也不能妄自断言集体主义文化与个人主义文化孰高孰低。就事论事，中国历来是高权力距离文化和高集体主义文化的代表，这是一种民族文化特征，是几千年中华民族传统的沉淀。中国人对于集体意志的遵从有利于会聚社会各方面的资源与力量，在关键时刻拧成一股绳，形成集中力量办大事的局面，而这种文化优势和制度优势在新冠疫情期间就表现得淋漓尽致。文化差异的存在并不代表文化的优劣高下，如果能从表象深入内涵去了解造成文化差异的历史根源和社会根源，或许能帮助人们以更为客观和公允的态度看待差异。这体现在跨文化管理中，便要求管理者正视文化差异，不以个人文化背景或个人喜好去评判他人或他国文化，而是根据东道国员工的实际情况，采取相应的管理策略以激发他们的工作积极性，提升整体效能。

何谓创造性地建设企业文化？如前所述，跨文化管理模式不具备完全的可移植性，在母国情境下运行良好的管理模式很可能在东道国情境下水土不服，与此同时，东道国国情各有差异，在顺应某一东道国的管理模式时有可能与另一东道国国情格格不入。这种情况下就需要跨文化管理者积极发挥主观能动性，权衡利弊、审时度势、因地制宜地采取相应的管理模式。

如前文中提到的“一带一路”背景下的中资跨国企业发展研究提出，在与中国文化差异较小的东盟地区可采取以中国文化为主导的投资管理策略；对于与中国文化有一定差异的中亚、南亚和独联体国家，则采取以中国文化与东道国文化融合为主导文化的投资管理策略；而在与中国文化差异较大的中欧、东欧和西亚地区，则采取以东道国文化为主导文化的适应性管理策略。这意味着面对不同的东道国运营背景，拒绝一成不变，敢于打破成规，有针对性地在跨文化管理策略方面予以创造性的调整转型。

当然，无论这种转型在形式上表现如何，其遵循普世性管理伦理的初衷保持不变。也只有在遵循“平等、公正、诚信”的基础之上开展跨文化管理，才可能确保对母国文化与东道国文化的同等尊重。有这种普世伦理价值观作为企业运营基础，才可能在复杂的形势面前，以无偏见的胸怀去看待文化差异、正视文化冲突，积极摸索管理模式的动态变化，从而在发展过程中构建出价值观融合的企业文化，积极推动跨国企业的未来发展。

小　结

本章在质性访谈所得与前人文献的基础之上，对跨文化管理基本原则的普世性以及管理模式的差异性进行了探讨。首先，跨文化管理中涉及企业伦理的部分即“平等、公正、诚信”的原则无疑是具有普世性价值的。平等意味着对组成跨国企业和在跨文化管理中的个体的基本尊重，这种尊重以文化差异认知为前提，以节制与互利为引导，是跨国企业正常运转的必要条件。公正代表了跨国企业员工对合理利益分配以及正当秩序运行的要求，对于企业经营环境的法律公正的期待，是不同文化体系下的伦理道德原则之间的一种平衡。诚信的重要性更是不言而喻，对于跨国经营而言，诚信是企业的立足之本，诚信文化有助于吸收外部投资、降低交易成本、提高运营效率、全面促进绩效攀升，这正是不少企业将诚信列为公司价值观之首的重要原因。尽管在质性访谈中，有个别受访者以所谓“传统国情”为托词，认为罔顾原则、暗箱操作是值得理解的，但是在作者看来，这违背了基本的管理伦理原则，因此是不可接受也不被允许的。

其次，涉及企业管理制度，应当看到技术的可移植性并不能说明管理制度的全盘可移植性，因此凸显了跨文化管理模式的差异性特点。技术规则中的安全规则是以不以人的意志为转移的客观规律为约束基础的，其目的是为了保护人身安全，对人的生命的尊重这一普世性的价值观决定了安全规则的跨文化可移植性。尽管安全规则的执行情况往往受经验性知识、资源、费用、人力、风俗等因素影响极大，但坚定不移以人为本的最高宗旨决定了安全规则的绝对必要性。同样具有跨文化可移植性的是以技术为核心的生产与研发制度，这是现代科技知识在全球范围内积累、转移和共享的必然结果。

但值得注意的是，技术规则的移植并不等于管理模式的移植，尤其是涉及如何处理跨国企业内部人与人之间的相处以及合作模式时。从前人研究来看，高权力距离与高集体主义倾向的民族文化下的员工并不适应需要频繁参与产品设计与决策的管理模式、更习惯权力的集中与领导拍板、更关注人际关系和谐、更认可资历与薪酬挂钩的模式，这些倾向在本书的质性访谈中也或多或少有所体现。当然这种倾向也一直处于动态变化之中，同时也具有个体特殊性。

在现实中，很多的跨文化管理者实际上也注意到了文化差异对于统一管理模式的冲击，因此早已针对性地作出了适应性的改变，受访者所提到的公司里颇具中国特色的工会组织就是明证。在理想的情况下，当管理者发现跨国企业在东道国经营管理中不可完全复制和照搬在母国的经验时，应当在尊重文化差异的前提下，采取相应的管理模式，以提升公司整体绩效。

跨文化管理的普世性要求管理者应当时刻秉承“平等、公正、诚信”的原则，这符合管理伦理的基本原则，是道德规则的核心组成，是一切的前提与基础。在此之上，跨文化管理者才可能客观地看待文化差异，清醒地认识文化差异，坦诚地接受文化差异，而不是一意孤行地固守本国的文化模式。这样做的原因，从最直观的角度来看，是因为跨国企业的经营管理的最终目的是全球化背景下，通过取长补短和配置资源，在更广阔的市场实现自身的价值。因此出于经济驱动，现代企业在跨国经营中，面对母国文化与东道国文化差异，必须求同存异，灵活管理，妥善处理文化冲突、融合给企业带来的挑战和机遇，最大限度挖掘员工的潜力和实现企业的战略目标。

值得一提的是，文化融合绝非文化“同化”，更不是简单机械的叠加，“求同存异、相互尊重、相互理解”是文化融合的基本准则。在这种融合策略理念之下，我们期待的是将不同文化相互融合形成一种新型企业文化，它具有一定的包容性和创新性，能促进企业内部多元文化的和谐共存、包容促进与协同发展，从而最大限度地发挥跨文化优势，规避跨文化冲突的消极影响，激发出文化相融的创造力，推动跨国企业的健康顺利发展。

第九章　结　语

在华外资跨国企业一直是各界学者的研究热点。就职于在华外企的中国员工是一个特殊群体，他们的成长背景扎根于中国文化，却身处以外国企业文化为主导的职场之中，他们的职场规则观之形成深受中外文化影响，能够在一定程度上体现不同文化核心价值观，但同时不可避免地会对在华外资企业的管理模式构成影响甚至促其改变。本书以就职于广东省的欧美企业中国员工为研究对象，通过质性研究方法，了解这一群体面对企业规则文化在知识、心理与行为层面的表现，对影响其规则观形成的因素加以分析，最终探讨跨文化管理模式的普世性问题。

（一）研究总结

从2016年5月到2020年2月，研究者深入访谈了50名在粤外资企业员工，其中中国籍员工45名，欧美国籍员工5名。针对外国籍员工的访谈主要用于从“他者”的角度对中国籍员工的自我描述辅以印证和补充。在这50名受访者中，男性女性比例近乎1：1，平均年龄近33岁，基本就职位于广东省的欧美企业，学历基本在本科及以上，在美资企业的平均工作年限约8年。针对50名受访者的访谈总时长约37.5小时，平均每位受访者约45分钟，转写文本字数约38万字（中文），平均每位受访者约7600字。

本书利用质性分析软件NVivo12内嵌的词频分析功能对50篇访谈语料文本进行可视化分析，形成了出现频率最高的20个词语所组成的词云。该词云显示，“文化”“关系”“培训”“管理”这四个词的出现频率最高，这说明受访者语料中频繁涉及企业与国家文化、组织或个人之间的关系、企业培训、企业管理等方面的内容。紧随其后频繁出现的是“销售”“财务”“法律”“制度”这四个词，这说明受访者频繁谈到了销售或财务领域的工作情况，同时提供了较多的对于法律和制度的描述和看法。位列该词云末端的是“领导”“能力”“项目”“规则”“业绩”“工资”“英文”“邮件”“沟通”“产品”等词，它们基本涵盖了受访者工作内容、工作绩效、工作语言、工作模式等方面的内容。该词云与访谈提纲基本呼应，说明了受访者提供了丰富的关于本书的受访语料，为质性编码提供了方向。在质性编码过程中，作者利用扎根理论以及质性分析软件 NVivo12 逐个对访谈语料文本作标签化、概念化和范畴化处理，最终形成标签 1301 个，概念 57 个，确定范畴即一级编码 10 个、二级编码 2 个和三级编码 1 个。

编码过程为质性访谈研究所得搭建了基本框架，是针对受访的在粤外企中国员工规则观的一个轮廓性的描述。通过第三章的个案分析与第四、五章的横向展示，一位位生动鲜明、有血有肉的受访对象跃然纸上。

受访者张嘉因其“5 年国企+7 年外企”的职场经历以及法务专员的身份成为个案研究的焦点。为了追求“一份干干净净的履历”，张嘉先后任职于两家外资企业。尽管她并不能做到绝对意义上的合规，但是总体而言，她本人的职场规则观与企业合规精神高度契合。在她看来，任职外企给予她被尊重、被保护的安心感觉。她对于公司尊重员工、诚信经营的精神心怀敬意，她对于公司恪守企业社会责任的做法认同不已，她相信在规章制度范围内行事，就是对自己最好的保护。

个案研究展示的仅仅是一位受访者的情况，而横向研究则展现了一幅形形色色的百态图。在二级编码“合规”与“变通”的统领之下，十大范畴依次呈现，100 组关键词语料提供了鲜活的描述，在粤外企中国员工规则观得见一斑。在这 100 组关键词语料中，合规类属下 60 组，变通类属下 40 组，这也是充分考虑了各类属下标签频次的占比后的安排（合规类属下的标签频次占总量的 60.4%，变通类属下的标签频次占总量的 39.6%）。在第四章合规类属下的 60 组关键词引领的语料中，主要从五个方面展示了在粤外企中国员工的合规倾向，即“约束与制衡”“尊重与保护”“道德与诚信”“科学与效率”“平等与公正”。第五章变通类属下的 40 组关键词引领的语料主要分布于五个小节，用以呈现面对规则权宜变通的态度和行为，其中包括“权威与等级”“内耗与低效”“关系、面子与人情”“消极怠工与阳奉阴违”“其他声音”。

从横向展示的结果来看，六成以上的语料描述了合规倾向明显的态度与行为，这与前人对跨国企业中国员工的规则观描述并不完全一致，体现了新时期下研究对象的发展变化，或可说明本书更具时代性，更贴近现实。近四成的语料中受访者分享了自己或者同事以“变通”方式对于企业规则的处理，这些与前人研究所得有一定重合之处，只是质性研究描述更为鲜活而已。

第三、四、五章所呈现的形形色色的规则观无疑使人陷入深思：是什么使身处同为外资企业文化的中国员工面对公司制度表现出迥异的态度？这些规则观的形成是否与个人经历及背景有关？外资企业文化培训对中国员工是否构成一定的影响？个体规则观是否能在其身后的社会历史文化大环境中找到根源性解读？带着这些问题本书进入第三部分：规则观与跨文化管理。

结合文献综述所得与质性访谈语料，本书展开了影响在粤外企中国员工职场规则观的因素分析，其中包括表层因素分析与深层因素分析，而最具关键意义的是个人因素、组织因素与社会历史文化因素。

研究发现，从受访者个人角度来看，受访者职场经历和职务等自身因素对其规则观有一定影响。根据针对受访者的观察，初进职场便任职外企的人在合规度上明显高于以社招或集团融资收购为渠道进入外企的职员。在外企任职时间较长的职员比任职时间较短的职员更趋向合规。身处财务、法务部门的职员更偏向于合规，而身处销售部门的职员更倾向于偏离合规。当然，规则观本身是一个动态发展的过程，合规意愿强烈的受访者在规则内化的过程中目标明确、一路向前；而本身抵触外企管理制度的受访者则无法实现与规则的情感和心理共鸣，在规则面前表现为阳奉阴违、貌合神离。

从组织因素来看，正如NVivo12词频分析功能所形成的词云所示，“培训”一词位居第三。“培训”一词被频繁提及，这说明外资企业对于员工培训之重视。美资企业的任职经历使得大部分受访者法律意识日益增强，他们对生产经营的标准化、岗位描述的规范化、人员分工的精细化和操作流程的程序化都高度认同，将其视为科学高效的管理制度。从企业伦理角度来看，受访者对于企业“以人为本”的价值观以及就此衍生的多项制度十分拥护；对于企业的商业道德要求和社会责任，大部分受访者体现出较高的合规性。

企业文化终究是社会文化的一部分，深入社会文化与历史经济的角度去考察规则观问题，我们发现西方人强调个人利益和平等正义的法制契约精神，东方人更重视等级人伦与社会和谐。体现在质性访谈中，面对同样的企业规章时，受访者中也分别出现了力争契约精神的合规行为和苦心维系关系的变通态度。通过对中西方近代经济形态尤其是资本主义的萌芽与发展路径分析，我们发现契约精神和法制观念是商业经济形成的两大中流砥柱，而这些在近代中国都未能蔚然成风，导致中国市场经济与商业经济起步落后，管理理念启蒙滞后。

通过质性访谈研究与语料编码，在粤外企中国员工的规则观在一定程度上得以呈现，这是本书的第一步，即描述性地说明“是什么”“怎么样”。通过从个人微观层面到企业文化、再到社会历史文化的宏观层面分析，影响研究对象规则观的表层因素和深层因素得以涵盖，这完成了研究的第二步，即分析“为什么”。而最终我们仍将回归“什么”的问题，确切地说，是“做什么”的问题，这才是现实的落脚点。

针对跨文化管理模式的普世性探讨，虽不能提供具体的跨文化管理建议和举措，但是可为全球化跨国经营企业指明未来发展方向。首先，跨文化管理模式中涉及企业伦理的准则如“平等、公正、诚信”无疑是具有普世性价值的。换言之，无论在哪一个东道国、哪一种文化环境下开展经营，这些准则都具有不可撼动的地位，应当不折不扣奉行到底。其次，涉及企业管理制度时应当差异对待，技术规则的可移植性并不能说明管理制度的全盘可移植性，一套在母国运行良好的管理制度在东道国遭遇滑铁卢者不在少数。因此，如何在东道国文化语境下，以尊重为前提，以普世性原则为根本，秉承以差异性态度，采取相应的人事管理手段、产品研发程序以及决策管理策略，谋取整体绩效的最大化，那才是有效的跨文化管理模式。

（二）研究创新性

本书的创新性主要体现在两个方面，首先是在研究视角上的创新，即聚焦于在粤外企中国员工规则观；其次是理论提升的创新，即对跨文化管理普世性原则的探索。

从研究视角来看，本书使用质性访谈法探究在粤外企中国员工的职场规则观问题，在国内尚未有其他学者从事同样的研究。以往跨文化管理研究多从跨文化交际、跨文化适应或跨文化冲突等角度切入，然而随着跨国企业人才本土化进程加剧，在华外企的母国外派人员一再减少，本地中国员工才是参与企业运作的主力军。这一现状客观上决定了公司内部真正的跨文化交际并不频繁，作为主要群体的中国员工更多时候所面临的是在美资企业管理制度下如何自处的问题。本书将落脚点定为规则观研究，这种从敏感处入手以求一窥全貌的扎根研究，对于跨文化管理极具现实意义。

从研究理论提升的层面来看，以访谈语料为基础，本书不仅绘制了在粤外企中国员工规则观现状图与影响员工规则观的因素模型图，更进一步探究了跨文化管理基本原则的普世性和管理模式的差异性的问题。以往研究在涉及跨文化管理的普世性思考时，基本遵循理论归纳推导的路径，或有案例分析也通常相对宏观，缺少基层员工的真实心声，从而导致理论性有余，实践意义不足。本书在质性访谈的基础之上，确定了跨文化管理的普世性原则即“平等、公正、诚信”的原则，而这些原则基本与企业伦理制度相吻合。在此基础上，本书进而分析了企业伦理制度之外的管理制度的可移植性。结合前人文献与本质性研究结果，跨文化管理制度中技术规则的可移植性得以确立，与此同时，涉及非技术规则如人事管理、产品研发与决策等管理制度的可移植局限性也得以论证，由此说明了跨文化管理模式的差异性。

（三）研究局限性

本书的研究局限性首先体现在前人文献不充分，没有可供借鉴的相对成熟的研究路径。其次，尽管在理论提升方面，跨文化管理制度可移植差异理论极具现实性，但是作者管理学理论广度与深度不足，客观上决定了理论凝铸仍有大量提升空间。

无论是在跨文化研究领域、管理学领域、心理学领域还是社会学领域，专门针对跨国企业员工职场规则观的研究都甚少，这使本书可供参考的研究路径有限。从社会调查方法来看，质性研究方法适宜于对研究者不熟悉的现象进行探索性研究，从微观层面对社会现象进行比较深入、细致的描述和分析，便于了解事物的复杂性。在众多质性研究方法中，深度访谈法能帮助研究者快速高效地获取调查数据，因此成为本书主要的研究方法。但是访谈法只能从受访者角度来了解其态度，不见得能反映其真实心理和行为。尽管通过吸纳不同背景的受访者（尤其是欧美国籍受访者的加入）可能使访谈更具客观性，但是远不及实地观察或参与式观察法那样精确捕捉到调查对象的真实状态与“事件的连贯性[①]”，有效“验证数据的真实性[②]”，是为研究路径缺憾之一。

质性研究对于人力成本要求较高，对研究者的学术敏感性要求更高，尽管历时三年作者不间断地挑选物色合适的访谈对象，同时通过社会调查方法培训及实践摸索以提升访谈技巧和编码技能，但是仍不能保证完备的语料获取与恰当的语料分析归纳。尤其是看到国外管理学领域质性研究专家在访谈前的大量准备工作如收集受访者公司的年度报告、浏览其公司官方网站获取相关书面公开信息以及要求受访者提供部分内部文件等[③]，无疑这些背景信息可用于与受访者语料交叉核对，以保证访谈的可信度，而本书中作者未能做到如此细致，是为研究路径缺憾之二。

定性研究一般在较小范围内的研究数据基础之上展开探讨，因此所得出的结论不见得适用于更广泛的情境。作者曾接受过定量研究方法培训，有运用国际认可的跨文化心理学量表撰写并发表论文的经验，曾一度计划在本书中使用混合型的研究方法。奈何质性访谈与分析已消耗太多精力，无奈最终作罢，是为研究路径缺憾之三。

---

① 乔金森．参与观察法．关于人类研究的一种方法［M］．重庆：重庆大学出版社，2015：2.

② MARTYN H，ATKINSON P. Ethnography，Principles in Practice，Third Edition［M］. Taylor Francis e-Library，2007：102.

③ OBARA L J，PEATTIE K. Bridging the Great Divide? Making Sense of the Human Rights-CSR Relationship in UK Multinational Companies［J］. Journal of World Business，2017，53（6）：781-793.

值得一提的是，此处所指的缺憾或局限，有的可能是研究方法本身的特点所致（毕竟没有放之四海皆无懈可击的研究方法），更多的则是作者本身的学术能力有限和时间精力不足所致，不宜混为一谈。

在理论提升方面，本书不仅论证了跨文化管理的普世性原则，还提出了跨文化管理模式的差异性理论，这些都是在质性调查的基础之上，结合前人研究而酝酿、发掘，继而得出的理论。作者是语言专业出身，博士期间从事跨文化交际研究，大量研读了国内外跨文化交际领域的相关文献，同时承担了学院“跨文化交际”课程的任教工作，在一定程度上拓展了自身的跨文化交际理论知识体系。近年来作者也积极从事管理学尤其是跨文化管理学文献的阅读，但是在研究最后的理论提升方面尚有考虑不周、论证不足之处，尤其是在跨国企业员工职场规则观影响模型的建立工作上还需要下功夫，对于各影响因素之间的交互作用有待论证探究。

（四）研究展望

凡是过往，皆为序章。本书写作至此似已接近尾声，殊不知正是全新旅程的开始，诸多局限与不足尚待未来补充精进。首先，作者应当夯实自身的理论基础，尤其是涉及管理学和心理学领域的理论。通过研读管理学领域文献，可帮助增进该学科知识储备，了解企业管理尤其是涉及企业制度与规章及其落地实施的相关知识与信息。通过研读心理学领域文献，有助于进一步厘清影响规则观的各方面因素，为日后从事定量研究奠定基础。

其次，作者将在质性研究所收集的数据基础之上，结合管理学和心理学领域的知识，争取早日开发出信效度俱佳的量表，从而在大范围基础上验证各个因子如学历、从业经历、职务、职位、企业文化、地域文化等对于员工规则观的影响，得出可测量、可统计、可大范围适用的结论，为推动该领域研究作出应有的贡献。

路漫漫其修远兮，愿诚如绪论所言，本书能帮助在华外资企业更好地了解中国员工职场规则观的情况，为跨文化管理模式提供现实与理论依据，引发跨国企业对于跨文化管理普世性原则的重视，以及对跨文化管理模式差异性理论的了解，真正有助于推动全球化进程下跨国企业在各个东道国的健康运营。

从社会层面来看，愿本书帮助大众了解基于规则的文化差异，对于违背普世道德规则的行为作出必要的反思，同时坦然面对仅由游戏规则引发的文化冲突。30 年前，费孝通先生提出的“各美其美，美人之美，美美与共，天下大同”十六字箴言犹在耳畔，我们后来者应当对自己的文化历史有清醒的认识，胸怀饱满的文化自信，与时俱进地实现文化转型，尊重世界各国的文化多样性，推动人类文明的健康发展与共同繁荣。

附录一　访谈提纲

访谈提纲中文版

一、基本介绍

1. 请您介绍一下所在的公司。
2. 请问您当时是通过什么方式进入这家公司的？具体担任什么职务？
3. 您还有在其他公司任职的经历吗？

二、工作情况

1. 您每天上下班需要考勤打卡吗？
2. 您公司会议多吗？会议流程如何？
3. 您需要频繁地与同事合作完成某个项目吗？可否举例说明？
4. 您需要出差吗？可否简要介绍出差的情况？
5. 您是否需要承担商务谈判与合同签订的工作？
6. 公司如何对员工进行年终考核？
7. 您觉得公司给员工的福利薪资如何？
8. 公司的培训多吗？培训内容是什么？

三、职场交际

1. 工作中您与同事频繁交际吗？交际的主要内容是什么？交际是否顺利？

2. 工作中您需要与供应商、客户、政府部门频繁交际吗？交际的主要内容是什么？交际是否顺利？

四、法律问题

1. 公司需要遵守哪些法律法规？实际遵守情况如何？
2. 您觉得中国员工的法律意识、维权意识怎么样？

五、总体感受

1. 公司最吸引您或者最令您满意的是什么？
2. 公司最令您不满的是什么？工作中感受到的最大的挑战是什么？

访谈提纲英文版

Ⅰ. Basic introduction

1. Please introduce your company.
2. How did you enter the company then? What position do you hold?
3. Do you have any experience in other companies?

Ⅱ. About work

1. Do you need to clock in and out every day?
2. Do you have many meetings? How is the meeting process?
3. Do you work with colleagues to complete a project? Can you give an example?
4. Do you have business trips? Can you describe one?
5. Do you sometimes conduct business negotiation and contract signing?
6. How does the company assess its employees at the end of the year?
7. How is the salary and allowance in this company?
8. Do you have many business trainings? What is the training content?

Ⅲ. Workplace communication

1. Do you communicate with colleagues frequently at work? What is the main content of communication? Is the communication smooth?

2. Do you communicate with suppliers, customers and government departments frequently? What is the main content of communication? Is communication the smooth?

Ⅳ. Legal issues

1. What laws and regulations does the company need to comply with? How is the actual compliance?

2. What do you think of the legal awareness and rights protection awareness of Chinese employees?

Ⅴ. Overall feeling

1. What attracts you/ satisfies you the most in the company?

2. What discontents /challenges you the most in the company?

附录二　受访者情况列表

中国籍受访者基本信息

编号	文中称谓	年龄（岁）	学历	所在行业	职务	公司所在地	工作年限（年）
C1	谢女士	45	硕士	玩具制造业	财务总监	东莞	20
C2	宋女士	37	本科	物流业	销售经理	广州	15
C3	马先生	35	本科	日用品行业	销售经理	广州	10
C4	杜先生	36	本科	银行业	软件开发经理	广州	14
C5	张女士	35	硕士	日用品行业	法律专员	广州	10
C6	文先生	36	本科	食品行业	高级采购经理	深圳	4
C7	高女士	34	本科	电子制造业	业务部副总经理	深圳	12
C8	林先生	46	本科	物流业	总经理	广州	18
C9	吴女士	24	本科	食品行业	市场部职员	广州	2
C10	龙女士	26	本科	广告业	客户经理	深圳	4
C11	金先生	50	本科	银行业	总经理	广州	15
C12	杨先生	40	本科	银行业	部门经理	广州	5
C13	殷先生	45	本科	银行业	部门经理	广州	12
C14	叶先生	26	本科	食品行业	销售经理	广州	4
C15	赵先生	27	本科	食品行业	IT 部职员	广州	5

续表

编号	文中称谓	年龄（岁）	学历	所在行业	职务	公司所在地	工作年限（年）
C16	臧先生	40	本科	电子行业	技术主管	珠海	10
C17	陆先生	27	本科	日用品行业	销售经理	广州	4
C18	陈女士	26	本科	会计事务所	客户经理	广州	4
C19	韦女士	25	本科	电子行业	客户主管	中山	2
C20	徐先生	30	本科	日用品行业	销售经理	广州	8
C21	周女士	30	大专	日用品行业	销售部职员	广州	5
C22	康先生	25	大专	机械行业	维修部职员	广州	3
C23	霍女士	38	本科	建材行业	人事部经理	广州	6
C24	夏女士	35	本科	电子行业	人力资源经理	广州	10
C25	贾先生	30	本科	软件行业	技术主管	深圳	8
C26	许女士	38	硕士	快消行业	人事经理	广州	13
C27	关先生	27	本科	食品行业	销售经理	广州	5
C28	朱女士	25	硕士	日用品行业	营销经理	广州	1
C29	郭先生	30	本科	软件行业	技术主管	广州	8
C30	曾先生	29	本科	化工制造业	销售经理	东莞	3
C31	肖女士	32	本科	日用品行业	销售经理	广州	8
C32	任女士	45	本科	日用品行业	营销经理	佛山	20
C33	夏女士	35	本科	电子行业	人力资源经理	广州	10
C34	郑女士	26	本科	咨询行业	销售部门	广州	3
C35	葛先生	27	本科	机械行业	工程部职员	广州	3
C36	蒲先生	37	硕士	电器行业	客户经理	广州	10
C37	梅女士	30	本科	电子行业	财务职员	深圳	6
C38	皇女士	25	本科	机械行业	财务职员	广州	2
C39	熊女士	25	本科	咨询行业	咨询经理	广州	3

续表

编号	文中称谓	年龄（岁）	学历	所在行业	职务	公司所在地	工作年限（年）
C40	王女士	28	硕士	化工制造业	人力资源职员	珠海	1
C41	赵女士	41	本科	电器行业	广告部经理	广州	15
C42	刘先生	39	硕士	医疗器械行业	供应链部经理	深圳	17
C43	潘先生	37	本科	会计事务所	税务部经理	广州	15
C44	常先生	30	本科	快消行业	销售经理	佛山	5
C45	张女士	27	本科	建材行业	营销经理	广州	3

外国籍受访者基本信息

编号	文中称谓	年龄（岁）	学历	所在行业	职务	公司所在地	工作年限（年）
F1	莱特先生	28	硕士	电器制造业	商务顾问	深圳	5
F2	盖茨先生	40	本科	石油工程业	技术经理	广州	10
F3	史密斯女士	34	硕士	电器制造业	人力资源经理	深圳	8
F4	亨特女士	35	本科	快消行业	人力资源经理	深圳	10
F5	琼斯女士	25	本科	化工行业	人力资源职员	广州	1

参考文献

中文文献

[1] 查尔斯·李．龙与牛仔［M］．于凤霞，译．北京：中国海关出版社，2004.

[2] 陈锐．唐代判词中的法意、逻辑与修辞——以《文苑英华·刑狱门》为中心的考察［J］．现代法学，2013（4）：48-62.

[3] 陈向明．旅居者和外国人：留美中国学生跨文化人际交往研究［M］．北京：教育科学出版社，2004.

[4] 陈向明．质性研究：反思与评论［M］．重庆：重庆大学出版社，2015.

[5] 陈镇雄．论中外合资企业的管理方式——以中美合资企业为例［J］．中山大学学报（社会科学版），1997（1）：55-60.

[6] 陈忠．规则论——研究视阈与核心问题［M］．北京：人民出版社，2007.

[7] 程月明．企业持续发展视角的企业伦理研究［D］．南昌：江西财经大学，2012.

[8] 崔永东．论汉代法律思想与法律制度的变革［J］．孔子研究，2000（1）：87-94.

[9] 丹尼尔·约瑟夫．I 服了 You ——中国商业游戏与我的美国规则［M］．曹杉，译．北京：中国友谊出版公司，1997.

[10] 邸燕茹．权力距离和不确定性规避文化视角的中国高绩效工作系统研究［D］．北京：首都经济贸易大学，2013.

[11] 董鲁燕．我国中小危化品企业安全管理现状与改进研究［J］．

化工管理，2019（12）：80-81.

［12］杜晓静．肯纳最大限度本土化——访美国肯纳金属有限公司亚太市场总监魏笑寒［J］．天津汽车，2008（9）：25.

［13］方潇．孔子“无讼”思想的变异及其原因分析——兼论对我国当前司法调解的启示［J］．法商研究，2013（1）：45-50.

［14］费孝通．美国人的性格［M］．上海：华东师范大学出版社，2013.

［15］费孝通．乡土中国 生育制度［M］．北京：北京大学出版社，1998.

［16］丰斯·特龙彭纳斯，查尔斯·汉普顿特纳．在文化的波涛中冲浪：理解工商管理中的文化多样性（第二版）［M］．关世杰，译．北京：华夏出版社，2003.

［17］郭俊义．论柏拉图的规则观［J］．南京大学法律评论，2014（1）：72-82.

［18］郭萍．关于跨文化背景下管理模式可移植性问题的思考［J］．四川行政学院学报，2007（4）：85-87.

［19］郭星华，王平．中国农村的纠纷与解决途径——关于中国农村法律意识与法律行为的实证研究［J］．江苏社会科学，2004（2）：71-77.

［20］郝旭娇．全球化背景下中国员工在外企的适应性研究——以箭牌公司为例［D］．西安：西安外国语大学，2013.

［21］何艇．在华美资跨国企业的企业文化本土化研究［D］．上海：上海社会科学院，2007.

［22］侯欣一，高文和．浅议明代中后期商品经济及资本主义萌芽对法律的影响［J］．研究生法学，1997（3）：59-62.

［23］胡立彪．诚信是企业立身之本［N］．中国质量报，2020-07-28（5）.

［24］黄承宁．美国杜邦公司安全管理工作经验介绍［J］．电力安全技术，2010（4）：19-23.

［25］霍夫斯泰德．文化与组织——心理软件的力量（第二版）［M］．李原，孙健，译．北京：中国人民大学出版社，1992.

［26］蒋传光．公民的规则意识与法治秩序的构建［J］．社会科学研究，2008（1）：28-29.

［27］焦国成．现代规则意识与社会文明［J］．伦理学与德育研究，2006（1）：27-36.

［28］柯提斯·米尔霍普，卡塔琳娜·皮斯托．法律与资本主义——全球公司危机揭示的法律制度与经济发展的关系［M］．罗培新，译．北京：北京大学出版社，2010.

［29］李春成．中国人的规则观［J］．领导科学，2012（11）：4-5.

［30］李和民．论大学生规则意识的培养［J］．中国林业教育，2007（1）：48-50.

［31］李文治，魏金玉，经君健．明清时代的农业资本主义萌芽问题［M］．北京：中国社会科学出版社，2007.

［32］梁邦福．论邓小平公正的规则观［D］．上海：华东师范大学，2006.

［33］斉毅．窥探中国社会规则观［J］．现代交际，2011（3）：58-59.

［34］刘超．“德主刑辅”法律思想对汉朝法律制定的影响［J］．兰台世界，2013（6）：109-110.

［35］刘杰．全球化境域中的跨文化管理［D］．苏州：苏州大学，2003.

［36］刘作翔．法律没有自己的历史——马克思、恩格斯关于法律的社会本质的深刻揭示［J］．甘肃政法学院学报，2010（6）：40-45.

［37］卢梭．忏悔录［M］．黎星，译．北京：人民文学出版社，1980.

［38］卢馨．对“中国跨国公司”的探讨［J］．大连大学学报，2003（5）：88-89.

［39］马尔库斯·图利乌斯·西塞罗．精神的超越［M］．长春：吉林大学出版社，2004.

［40］马克思．1844年经济学哲学手稿［M］．中共中央马克思恩格斯列宁斯大林著作编译局编译. 北京：人民出版社，2000.

［41］欧阳秋．美国的企业法律顾问制度及对我国的启示［J］．吉林省经济管理干部学院学报，1999（6）：39-40.

［42］庞明进．浅谈明清法律对资本主义萌芽的摧残［J］．科技信息，2010（4）：424.

［43］乔金森．参与观察法：关于人类研究的一种方法［M］．重庆：重庆大学出版社，2015.

［44］乔香兰．美资在华科技研发企业人力资源管理本土化问题研究［J］．企业经济，2015（3）：116-119.

［45］人民论坛问卷调查中心．《中国公众的责任与规则意识调查报告》（2016）［J］．国家治理，2016（4）：22-37.

［46］任志安．无讼：中国传统法律文化的价值取向［J］．政治与法律，2001（1）：19-24.

［47］萨利·安格尔·梅丽．诉讼的话语——生活在美国社会底层人的法律意识［M］．郭星华，译．北京：北京大学出版社，2007.

［48］塞缪尔·亨廷顿．文明的冲突与世界秩序的重建［M］．周琪，刘绯，张立平，等译．北京：新华出版社，2010.

［49］史广全，于逸生．对传统无讼立法的考察与反思［J］．北方法学，2010（5）：7-12.

［50］斯丹纳·苛费尔，斯文·布林克曼．质性研究访谈［M］．范丽恒，译．北京：世界图书出版公司，2013.

［51］孙宪钧．美国企业管理的发展及其特点［J］．社会科学，1980（3）：37-42.

［52］泰格，利维．法律与资本主义的兴起［M］．纪琨，译．上海：学林出版社，1996.

［53］童世骏．论规则［M］．上海：上海人民出版社，2015.

［54］童世骏．没有“主体间性”就没有“规则”——论哈贝马斯的规则观［J］．复旦学报（社会科学版），2002（5）：23-32.

［55］万俊人．儒家伦理：一种普世伦理资源的意义［J］．社会科学论坛，1999（5）：38-43.

［56］王二平，吉姆·华尔士，忻榕．以人为鉴：中美合资企业双方管

理者相互的评论［J］．管理世界，2000（1）：184-192.

［57］王富伟. 理解质性研究——基于历史和比较的视角［J］．民族教育研究，2016（4）：33-34.

［58］王建光．规则文化是建立企业强文化的第一要素［J］．甘肃科技，2013（9）：97-99.

［59］王雪．海外企业跨文化冲突管理［J］．全国流通经济，2019（22）：9-11.

［60］王战．企业文化及法雷奥案例分析［J］．法国研究，1999（1）：180-184.

［61］吴忠民．公正新论［J］．中国社会科学，2000（4）：50-58.

［62］肖巍．罗马帝国与两汉王朝的法律制度比较［J］．文史博览，2006（9）：12-17.

［63］谢冬慧．罗马法的借鉴价值［J］．现代法学，2005（4）：181-188.

［64］熊胜绪，黄昊宇．企业伦理文化与企业管理［J］．经济管理，2004（4）：4-12.

［65］徐忠明．通过西方思考：法律与经济的相互解释——读《法律与资本主义的兴起》随想［J］．南京大学法律评论，1997（2）：193-199.

［66］杨鲁新，王素娥，常海潮，盛静．应用语言学中的质性研究与分析［M］．北京：外语教育与研究出版社，2013.

［67］余卫东，费雪莱．论斯多葛学派平等思想［J］．湖北大学学报（哲学社会科学版），2013：26-29.

［68］袁明福．美国在华企业内部文化迁移及对跨文化沟通的启示——以中方员工为例［D］．北京：首都经济贸易大学，2005.

［69］约翰·罗尔斯．正义论［M］．何怀宏，何包钢，廖申白，译．北京：中国社会科学出版社，2009.

［70］张国际．美国企业管理组织结构的发展趋势［J］．外国经济与管理，1988（4）：4-6.

［71］张文显．二十世纪西方法哲学思潮研究［M］．北京：法律出版社，1996.

[72] 赵莹．中国人规则观的文化溯源 [J]．职业时空，2006 (14)：7-8.

[73] 郑立华．交际与面子博弈——互动社会语言学研究 [M]．上海：上海外语教育出版社，2012.

[74] 中国社会科学院语言研究所词典编辑室．现代汉语词典（第 7 版）[Z]．北京：商务印书馆，2015.

[75] 朱晋伟．跨国公司管理本地化理论探索 [J]．求索，2005 (12)：80-84.

[76] 朱敬民．四家著名外资企业销售管理的比较研究 [D]．成都：西南交通大学，2010.

[77] 许慎．说文解字 [M]．段玉裁，注．北京：中国书店出版社，2011.

[78] 论语全文．https：//so. gushiwen. org/guwen/book_ 2. aspx.

[79] 新华社评论．必须对“搞变通”者亮剑 [EB/OL]．(2013-12-08) [2021-09-21]．http：//politics. people. com. cn/n/2013/1208/c70731-23780147. html.

[80] 新华社电．刘云山：改作风不搞变通　不要花样 [N]．新京报，2013-04-01 (A04).

[81] 杨佩昌．看德国学界人士如何治学："钱学森之问" 在德不是问题 [N]．羊城晚报，2013-04-13.

[82] 人民日报评论员．推动不忘初心牢记使命制度落实落地——论学习贯彻习近平总书记在主题教育总结大会上重要讲话 [N]．人民日报，2020-01-14.

[83] 阎俏如．医疗设备“三巨头”在华行贿门：经销商成挡箭牌 [N]．中国经营网，2019-06-29.

[84] 电子版牛津英语大词典．https：//www. oed. com/.

[85] 人民智库．当前公众规则意识调查报告 [R/OL]．https：//baijiahao. baidu. com/s？id=1622352104813574845&wfr=spider&for=pc.

[86] 徐忠明．中国历史上“民从私约”与西方“契约即法律”有差别吗？——明清契约制度的优劣 [N]．北京日报，2018-12-10.

外文文献

［1］ ADAMS S B. Growing Where You Are Planted: Exogenous Firms and the Seeding of Silicon Valley ［J］. Research Policy, 2011, 40 (3): 368-379.

［2］ ALJAYI Y, FJER A, GUENNIOUI M, et al. Multinational Companies' Human Resource Management Practices and Their Organizational Culture Impact on Employees' Loyalty: Case of Japanese Multinational Company in Morocco ［J］. Procedia Social and Behavioral Sciences, 2016 (230): 204-211.

［3］ ANG D. A Study on the Tendency of Sole Proprietorship for American-funded Investment in China and Our Countermeasures ［J］. International Journal of Business and Management, 2009, 4 (9): 164-169.

［4］ BARRETT M, COOPER D J, JAMAL K. Globalization and the Coordinating of Work in Multinational Audits ［J］. Accounting Organizations & Society, 2005, 30 (1): 1-24.

［5］ BEGLEY T, BOYD D. Why Don't They Like Us Overseas? Organizing U. S. Business Practices to Manage Culture Clash ［J］. Organizational Dynamics, 2003, 32 (4): 357 - 371.

［6］ BECLEY T M, LEE C, FANG Y, et al. Power Distance as a Moderator of the Relationship between Justice and Employee Outcomes in a Sample of Chinese Employees ［J］. Journal of Managerial Psychology, 2002, 17 (8): 692-711.

［7］ BLAKELY G L, SRIVASTAVA A, MOORMAN R H. The Effects of Nationality, Work Role Centrality, and Work Locus of Control on Role Definitions of OCB ［J］. Journal of Leadership and Organizational Studies, 2005, 12 (1): 103-117.

［8］ BRUTON G D, AHLSTROM D. An Institutional View of China's Venture Capital Industry: Explaining the Differences between China and the West ［J］. Journal of Business Venturing, 2003, 18 (2): 233-259.

［9］ CAPRON L, GUILLÉN M. National Corporate Governance Institutions and Post - Acquisition Target Reorganization [J] . Strategic Management Journal, 2009, 30 (8): 803-833.

[10] CARTWRIGHT S, COOPER C L. Managing Mergers, Acquisitions and Strategic Alliances: Integrating People and Cultures [M] . Oxford: Butterworth-Heinemann, 1996.

[11] CHIANG F F, BIRTCH T A. Appraising Performance Across Borders: An Empirical Examination of the Purposes and Practices of Performance Appraisal in a Multi - country Context [J] . Journal of Management Studies, 2010, 47 (7): 1365-1393.

[12] CHEN C C, MEINDL J R, HUNT R G. Testing the Effect of Vertical and Horizontal Collectivism: A Study of Reward Allocation Preference in China [J] . Journal of Cross-cultural Psychology, 1997, 28 (1): 44-70.

[13] CHEN S, BOUVAIN P. Is Corporate Responsibility Converging? A Comparison of Corporate Responsibility Reporting in the USA, UK, Australia, and Germany [J] . Journal of Business Ethics, 2008, 87 (1): 299-317.

[14] CHIA-HAO M, HSIN-HONG K. Validation of the Mediation Effect between Cross - cultural Management and Employee Identification [J]. Psychology Research and Behavior Management, 2020 (13): 169-183.

[15] CHIN, TACHIA. Harmony as Means to Enhance Affective Commitment in a Chinese Organization [J] . Cross Cultural Management, 2014, 32 (3): 326-344.

[16] CHOW I H S, LO T W C, SHA Z, et al. The Impact of Developmental Experience, Empowerment and Organizational Support on Catering Service Staff Performance [J] . International Journal of Hospitality Management, 2006, 25 (3): 478 - 495.

[17] CLEGG E S, KOMBERGER M, PITSIS T S. Managing and Organizations: An Introduction to Theory and Practice (2nd ed.) [M] . London: Sage, 2008.

[18] DANG Linjing, ZHAO Jingfeng. Cultural Risk and Management Strategy for Chinese Enterprises' Overseas Investment [J] . China Economic

Review Journal, 2020 (61).

[19] DASTMALCHIAN A, BACON N, MCNEIL N, et al. High-performance Work Systems and Organizational Performance across Societal Cultures [J]. Journal of International Business Studies, 2020 (51): 353-388.

[20] DENISE R F, CARLSON D S, STEPINA L P, et al. Hofstede' s Country Classification 25 Years Later [J]. The Journal of Social Psychology, 1997, 137 (1): 43-54.

[21] DENISON D, MISHRA A. Toward a Theory of Organizational Culture and Effectiveness [J]. Organization Sci., 1995, 6 (2): 204-223.

[22] DENZIN N K, LINCOLN Y S. Introduction to the Discipline and Practice of Qualitative Research [A]. N. K. Denzin, Y. S. Lincoln (Eds). Handbook of Qualitative Research [C]. Thousand Oaks, CA: Sage, 2005.

[23] ELLIS D R. Exploring Cultural Dimensions as Predictors of Performance Management Preferences: The Case of Self-initiating Expatriate New Zea-Landers in Belgium [J]. International Journal of Human Resource Management, 2012, 23 (10): 2087-2107.

[24] ERHARD W, JENSEN M. Putting Integrity into Finance: A Purely Positive Approach [J]. Capitalism Soc., 2017, 12 (1): 1-91.

[25] FARH J L, EARLEY P C, LIN S C. Impetus for Action: A Cultural Analysis of Justice and Organizational Citizenship Behavior in Chinese Society [J]. Administrative Science Quarterly, 1997, 42 (3): 421-444.

[26] FESTING M, BARZANTNY C. A Comparative Approach to Performance Management in France and Germany: The Impact of the European and the Country-specific Context [J]. Social Science Electronic Publishing, 2016, 2 (2): 208-227.

[27] FLAMHOLTZ E, RANDLE Y. Corporate Culture: The Ultimate Strategic Asset [M]. Redwood City, US: Stanford Business Books, 2011.

[28] FRIEDMAN T. The Lexus and the Olive Tree: Understanding Globalization [M]. New York: Farrar, Straus and Giroux, 1999.

[29] FOUGÈRE M, MOULETTES A. The Construction of the Modern

West and the Backward Rest: Studying the Discourse of Hofstede's Culture's Consequences [J]. Journal of Multicultural Discourses, 2007, 2 (1): 1-19.

[30] FURUSAWA M, BREWSTER C. The Determinants of the Boundary-spanning Functions of Japanese Self-initiated Expatriates in Japanese Subsidiaries in China: Individual Skills and Human Resource Management [J]. Journal of International Management, 2019, 25 (4): 1-17.

[31] GAO H. Comparing Chinese Guanxi with American Networking for Foreign-born Chinese Job Seekers in the U.S. [J]. East West Connection, 2008 (2): 78-105.

[32] GAO H, PENELOPE P. Facilitators and Obstacles of Intercultural Business Communication for American Companies in China: Lessons Learned from the UPS Case [J]. Global Business Languages, 2010, 15 (1): 143-169.

[33] GIDDENS A. Modernity and Self-Identity: Self and Society in the Late Modern Age [M]. Stanford: Stanford University Press, 1991.

[34] GLASER B G. Doing Grounded Theory: Issues and Discussions [M]. Mill Valley, CA: Sociology Press, 1998.

[35] GOSLING M, HUANG H. The Fit between Integrity and Integrative Social Contracts Theory [J]. Journal of Bus. Ethics, 2009 (90): 407-417.

[36] GÓMEZ-MEJIA L R, PALICH L E. Cultural Diversity and the Performance of Multinational Firms [J]. Journal of International Business Studies, 1997, 28 (2): 309 - 335.

[37] GRØGAARD B, COLMAN H L. Interpretive Frames as the Organization's "Mirror": From Espoused Values to Social Integration in MNEs [J]. Management International Review, 2016, 56 (2): 171-194.

[38] GUISO L, SAPIENZA P, ZINGALES L. The Value of Corporate Culture [J]. Journal of Financial Economics, 2015 (117): 60-76.

[39] GUTMANN E. Losing the New China—A Story of American Commerce, Desire and Betrayal [M]. New York: Broad Book Inc., 2005.

[40] HACKLEY C, DONG Q. American Public Relations Networking Encounters China's Guanxi [J]. Public Relations Quarterly, 2001, 46 (2):

16-19.

[41] HAMMERSLEY M, ATKINSON P. Ethnography, Principles in Practice [M] . 3rd ed. Taylor Francis e-Library, 2007.

[42] HARZING A W, KÖSTER K, MAGNER U. Babel in Business: The Language Barrier and Its Solution in the HQ - subsidiary Relationship [J]. Journal of World Business, 2011, 46 (3): 279-287.

[43] HEWETT K, BEARDEN W O. Dependence, Trust, and Relational Behavior on the Part of Foreign Subsidiary Marketing Operations: Implications for Managing Global Marketing Operations [J] . Journal of Marketing, 2001, 65 (4): 51 - 66.

[44] HOFSTEDE G. The Interaction between National and Organizational Value Systems [J] . Journal of Management Studies, 1985, 22 (4): 347-357.

[45] HOFSTEDE G. Cultures and Organzations: Software of the Mind [M]. New York: McGraw-Hill, 1991.

[46] HUI M K, AU K, FOCK H. Empowerment Effects across Cultures [J] . Journal of International Business Studies, 2004 (35): 46-60.

[47] HSU S. A New Business Excellence Model with Business Integrity from Ancient Confucian Thinking [J] . Total Quality Management Business Excel, 2007, 18 (4): 413-423.

[48] JAEGER A M. Organization Development and National Culture: Where' s the Fit? [J] . Academy of Management Review, 1986, 11 (1): 178-190.

[49] JIANG F, KIM K, MA Y, et al. Corporate Culture and Investment-cash Flow Sensitivity [J] . Journal of Business Ethics, 2019, 154 (2): 425-439.

[50] JONES P. Studying Society: Sociology Theories and Research Practices, Sociology and Science [M] . London: Collins Educational, 1993.

[51] KIM Y Y, SHERRY P. Intercultural Challenges and Personal Adjustment—A Qualitative Analysis of the Experiences of American and Japanese Co-

workers [A] . WISEMAN R L, SHUTER R. (eds.) Communicating in Multinational Organizations [C] . California: Sage Publications, 1994.

[52] KWANTES C, ARBOUR S, BOGLARSKY C. Organizational Culture Fit and Outcomes in Six National Contexts: An Organizational Level Analysis [J]. Journal of Organizational Culture, Communication and Conflict, 2007 (11): 95-112.

[53] LAM S S K, HUI C, LAW K S. Organizational Citizenship Behavior: Comparing Perspectives of Supervisors and Subordinates across Four International Samples [J] . Journal of Applied Psychology, 1999, 84 (4): 594-601.

[54] LAUGEN B T, ACUR N, BOER H, et al. Best Manufacturing Practices: What do the Best-performing Companies Do? [J] . International Journal of Operations & Production Management, 2005, 25 (2): 131-150.

[55] LENCIONI P M. Make Your Values Mean Something [J] . Harvard Business Review, 2002, 80 (7): 113-117+126.

[56] LEUNG K, SMITH P B, WANG Z M, et al. Job Satisfaction in Joint Venture Hotels in China: An Organizational Justice Analysis [J] . Journal of International Business Studies, 1996, 27 (2): 947-962.

[57] LI H, NGO H. Chinese Traditionality, Job Attitudes, and Job Performance: A Study of Chinese Employees [J] . Evidence - Based HRM, 2017, 5 (2): 139-150.

[58] MARCH A. Harvey Golub: Recharging American Express [D]. Boston: Harvard Business School, 1996: 23-24.

[59] MCSWEENEY B. Hofstede' s Model of National Cultural Differences and Their Consequences: A Triumph of Faith - A Failure of Analysis [J]. Human Relations, 2002, 55 (1): 89-118.

[60] MINBAEVA D, RABBIOSIB L, GÜNTER K S. Not Walking the Talk? How Host Country Cultural Orientations May Buffer the Damage of Corporate Values' Misalignment in Multinational Corporations [J] . Journal of World Business, 2018, 53 (6): 880-895.

[61] MORTON H F. The Fabric of Chinese Society: A Study of the Social Life of a Chinese County Seat [M] . New York: Octagon, 1969.

[62] NADEEM S, RAZA M, KAYANI N, et al. Examining Cross-cultural Compatibility of High-performance Work Practices [J] . International Business Review, 2018, 27 (3): 563-583.

[63] OBARA L J, PEATTIE K. Bridging the Great Divide? Making Sense of the Human Rights-CSR Relationship in UK Multinational Companies [J] . Journal of World Business, 2017, 53 (6): 781-793.

[64] OLLO-LÓPEZ A, BAYO-MORIONES A, LARRAZA-KINTANA M. The Impact of Country-level Factors on the Use of New Work Practices [J]. Journal of World Business, 2011, 46 (3): 394-403.

[65] ORTEGA-PARRA A, SASTRE-CASTILLO M. Impact of Perceived Corporate Culture on Organizational Commitment [J] . Management Decision, 2013, 51 (5): 1071-1083.

[66] OUCHI W G. Markets, Bureaucracies and Clans [J] . Administrative Science Quarterly, 1980 (25): 129-141.

[67] PELTOKORPI V, CLAUSEN L. Linguistic and Cultural Barriers to Intercultural Communication in Foreign Subsidiaries [J] . Asian Business and Management, 2011, 10 (4): 509-528.

[68] PENG W, CHEN X, KE Y. Does Corporate Integrity Culture Matter to Corporate Social Responsibility? Evidence from China [J] . Journal of Cleaner Production, 2020, 259 (20): 1-13.

[69] PERSSON M. The Impact of Operational Structure, Lateral Integrative Mechanisms and Control Mechanisms on Intra-MNE Knowledge Transfer [J] . International Business Review, 2006, 15 (5): 547 - 569.

[70] PETERS T, WATERMAN R. In Search of Excellence: Lessons from America' s Best-run Companies [M] . New York: Warners Books, 1982.

[71] PFEFFER J. Seven Practices of Successful Organizations [J] . California Management Review, 1998, 40 (2): 96-124.

[72] PHENG L S, LEONG C H Y. Cross-cultural Project Management for

International Construction in China ［J］. International Journal of Project Management, 2000, 18 (5): 307-316.

［73］PRESBITERO A. Foreign Language Skill, Anxiety, Cultural Intelligence and Individual Task Performance in Global Virtual Teams: A Cognitive Perspective ［J］. Journal of International Management, 2020, 26 (2): 1-13.

［74］QIU R, CANTWELL J. General Purpose Technologies and Local Knowledge Accumulation—A Study on MNC Subunits and Local Innovation Centers ［J］. International Business Review, 2018, 27 (4): 826-837.

［75］REKOM J V, RIEL C B M V, WIERENGA B. A Methodology for Assessing Organizational Core Values ［J］. Journal of Management Studies, 2006, 43 (2): 175-201.

［76］SCHULER R S, FULKERSON J R, DOWLING P J. Strategic Performance Measurement and Management in Multinational Corporations ［J］. Human Resource Management, 1991, 30 (3): 365-392.

［77］SEARLE J R. Speech Acts: An Essay in the Philosophy of Language ［M］. Cambridge: Cambridge University Press, 1969.

［78］SILVA M R, ROQUE H C, CAETANO A. Culture in Angola: Insights for Human Resources Management ［J］. Cross Cultural Management, 2015, 22 (2): 166-186.

［79］SIRGAL J I, LICHT A N, SCHWARTZ S H. Egalitarianism, Cultural Distance, and FDI: A New Approach ［J］. Organization Science, 2013, 24 (4): 1174-1194.

［80］SMITH B J. Living on the Boundaries in America: An Exploration of Marginalized Youths' National and Legal Consciousness ［J］. Journal of Ethnicity in Criminal Justice, 2005, 3 (3): 87-107.

［81］STRAUSS A, CORBIN J. Basics of Qualitative Research: Grounded Theory Procedures and Techniques ［M］. Newbury Park: Sage, 1990.

［82］SUUTARI V, BREWSTER C. Making Their Own Way: International Experience through Self-initiated Foreign Assignments ［J］. Journal of World Business, 2000, 35 (4): 417-436.

[83] TANG L. The Direction of Cultural Distance on FDI: Attractiveness or Incongruity? [J] . Cross Cultural Management: An International Journal, 2012, 19 (2): 233-256.

[84] TAYLOR J, BEH L. The Impact of Pay-for-performance Schemes on the Performance of Australian and Malaysian Government Employees [J].Public Management Review, 2013, 15 (8): 1090-1115.

[85] TYLER T R, LIND E A, HUO Y J. Cultural Values and Authority Relations: The Psychology of Conflict Resolution across Cultures [J]. Psychology, Public Policy and Law, 2000, 6 (4): 1138-1163.

[86] WINDSOR D. BRIC Multinational Enterprises: The Roles of Corruption and Nationalism [A] . The Challenge of Bric Multinationals [C]. Emerald Group Publishing Limited, 2016: 145-174.

[87] XI K K. Integrating the Global with the Local: Performance Measurement in Multinational Corporations [J] . Transnational Corporations Review, 2011, 3 (4): 54-70.

[88] XING Y, LIU Y. Linking Leaders' Identity Work and Human Resource Management Involvement: The Case of Sociocultural Integration in Chinese Mergers and Acquisitions [J] . The International Journal of Human Resource Management, 2016, 27 (20): 2550-2577.

[89] YU X. Conflict in a Multicultural Organization: An Ethnographic Attempt to Discover Work-related Cultural Assumptions between Chinese and American Co-workers [J] . International Journal of Conflict Management, 1995, 6 (2): 211-232.

[90] YUAN Wenli. Intercultural Communication and Conflict between American and Chinese Colleagues in China-based Multinational Organizations [D] . Kentukey: Kentucky University, 2006.

[91] ZANDER M, JONSEN K, MOCKAITIS A I. Leveraging Values in Global Organizations: Premises, Paradoxes and Progress [J] . Management International Review, 2016, 56 (2): 149-169.